러시아
저널

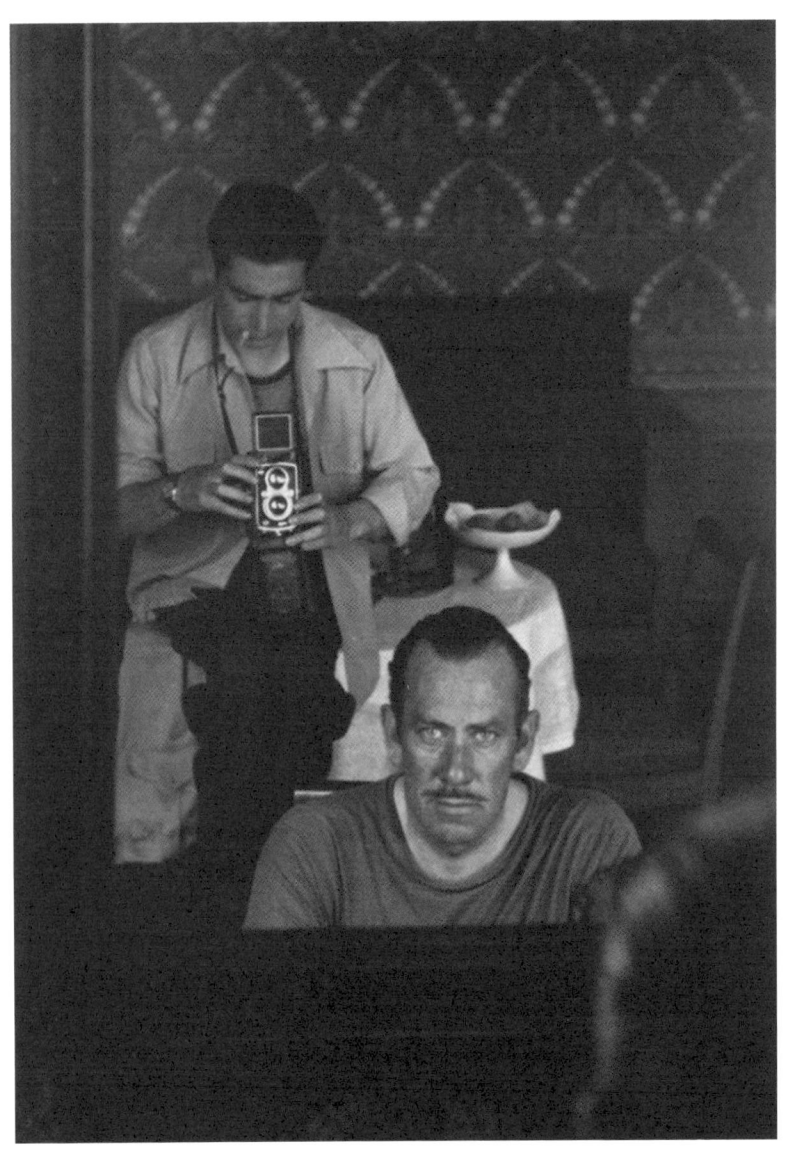

존 스타인벡과 로버트 카파, 러시아 모스크바, 1947.

러시아,
우크라이나,
조지아 여행

러시아 저널

존 스타인벡 / 사진 로버트 카파
허승철 옮김

A RUSSIAN JOURNAL

미음

일러두기

- 이 책은 존 스타인벡과 로버트 카파의 러시아 여행 기록 *A Russian Journal* (The Viking Press, 1948; Penguin Books, 1976)을 옮긴 것이다.
- 로버트 카파의 사진은 내용 이해를 돕기 위해 옮긴이가 캡션을 붙였다.
- 터키, 키예프, 스탈린그라드 등 원작의 옛 지명 표기는 시대상을 고려해 살려 썼다.
- 주는 모두 옮긴이의 주이다.

옮긴이 서문

전쟁을 이기는 휴머니즘

『분노의 포도』, 『에덴의 동쪽』 등으로 국내 독자들에게 잘 알려진 미국의 노벨문학상 수상 작가 존 스타인벡John Steinbeck이 냉전이 시작되던 1947년에 러시아, 우크라이나, 조지아를 돌아보고 『러시아 저널A Russian Journal』이라는 책을 출간했다는 사실은 잘 알려지지 않았다. 몇 년 전, 『제2의 천국, 조지아를 가다』라는 책을 쓰면서 조지아를 방문한 외국인들이 남긴 글을 찾다가 존 스타인벡이 쓴 이 책을 알게 되었다. 존 스타인벡은 조지아에서 받은 강렬한 인상을 다음과 같이 말하고 있다.

"러시아, 모스크바, 우크라이나, 스탈린그라드 등 내가 어디에 있든 마법 같은 조지아라는 이름이 계속 떠올랐다. 그곳에 가보지 못한 사람들과 절대 가볼 수 없는 사람들은 동경과 경탄의 마음으로 조지아를 이야기한다. 조지아 사람들은 슈퍼맨이고, 대단한 음주가, 뛰어난 무용가, 위대한 음악가, 위대한 노동자이고 사랑꾼이라고 이야기한다. 그리고 이들은 캅카스와 흑해 둘레에 있는 이 나라를 두 번째 천국이라고 말한다. 실제로 우리는 러시아인들이 선량하고 덕이 있는 생을 마치면, 그들은 천국으로 가는 것이 아니라 조지아로 간다고 믿게 되었다."

스타인벡은 조지아인들의 따뜻한 손님 접대, 풍요로운 식탁과 와인, 낙천적인 음주와 가무 문화를 현장에서 경험한 대로 기록했다. 몇 년 전부터 국내에 캅카스 여행 바람이 불어 코로나 발생 전 연 2만 명이 넘는 한국인이 조지아를 방문했는데, 조지아를 방문하는 사람은 스타인벡이 경험한 것을 일부라도 느낄 수 있다고 본다. 조지아의 풍요로운 자연, 오랜 역사와 독실한 기독교 문화, 음식과 연회는 이곳을 방문하는 사람들에게 지워지지 않는 인상을 남긴다. 개인적으로는 우크라이나 대사 시절, 겸임국이던 조지아를 공무로 몇 차례 방문했었고 조지아에 대한 인상은 오랫동안 사라지지 않았다. 스타인벡도 소련 여행 중 조지아에서 가장 큰 인상을 받았던 것이 분명하고, 이것은 조지아 여행 기록이 이 책의 가장 많은 분량을 차지하고 서술도 상세한 것을 보면 알 수 있다.

『러시아 저널』에는 조지아 외에 우크라이나, 스탈린그라드, 모스크바를 방문하며 받은 인상도 상세하게 기록되어 있다. 2차세계대전으로 철저히 파괴된 우크라이나 키예프시와 주변 집단농장을 방문한 부분을 읽다 보면 우크라이나 농민들의 전쟁 복구 의지와 강인한 생명력에 감동을 받을 수밖에 없다. 전쟁으로 인해 마을에 청년들 모습이 보이지 않고, 그나마 살아 귀환한 젊은이도 불구자가 된 경우가 많았다. 그러나 물질적으로 더 풍요로운 모스크바와 비교해도 낙천적인 분위기와 손님 환대, 절망스러운 상황에서도 미래에 대한 희망을 잃지 않고 다시 일어서는 우크라이나 사람들의 모습이 진지하면서도 탁월한 유머로 잘 묘사되어 있다. 이 대목을 읽고 옮기면서 현재 매일 뉴스에 등장하는 우크라이나 전쟁의 참상이 눈앞을 떠나지 않고, 언제 끝날지 모르는 이번 전쟁의 피해 복구도 2차세계대전 때만큼 힘든 작업이 될 것이라는 생각에 마음이 무겁다. 근면하고 낙천적이며 고난에 굴복하지 않는 우크라이나 국민들은 전쟁 전보다 더 풍요롭고 안전한 국가를 건설할 것이라고 굳게 믿는다.

2차세계대전 최대의 격전지였던 스탈린그라드를 방문해서는 영웅적 조국 방어의 현장과 폐허에서 다시 피어나는 생명을 그렸다. 호텔 창밖으로 바라본 땅굴에서 기어 나와 끼닛거리를 찾는 앳된 소녀의 모습과 매일 아버지를 만나러 묘지로 오는 소년의 이야기는 전쟁이 가져온 후유증을 무엇보다 잘 보여준다.

1947년은 2차세계대전의 동맹이었던 미-소의 관계가 냉전으로 넘어가는 시점이었는데 소련 당국이 존 스타인벡에게 입국 비자를 발급하고, 지방 여행을 주선한 배경이 궁금해진다. 내가 생각하기에 1930년대에 『분노의 포도』 등 캘리포니아 지역의 이주 노동자를 비롯한 노동 계층의 생활을 소재로 작품을 쓴 저자를 소련 당국은 사회주의를 지향하는 작가로 여겼을 수 있다. 존 스타인벡과 로버트 카파는 출발할 때 다음과 같이 마음을 먹는다.

"부정적이거나 호의적인 선입견을 갖지 않기로 했다. 우리는 솔직한 보도를 하고, 본 것과 들은 것을 편집적 코멘트 없이 적어두기로 했다. 우리는 잘 모르는 것에 대해 결론을 내리지 않고, 관료주의로 인한 문제에도 화를 내지 않기로 했다. 우리가 이해하지 못하고, 우리가 원하지 않고, 우리를 불편하게 할 일이 무수히 일어날 것이라는 걸 알았다. 이런 일은 외국을 여행할 때 항상 일어나는 일이다. 만일 비판을 한다면 우리가 무엇을 본 다음에 비판을 하지, 보지도 않고 비판하지는 않을 것이라고 마음먹었다."

과연 작품을 읽어보면 이러한 초심을 잃지 않고 2차세계대전 직후의 조지아, 우크라이나, 러시아에 대한 훌륭한 여행기를 썼다고 생각한다. '왜'보다는 '어떻게'에 초점을 맞춘 존 스타인벡 특유의 서술 덕분에 독자들은 대상에 대해 애틋한 마음을 갖는 동시에 적당한 거리에서 관찰하는 입장에서 당시 상황을 바라볼 수 있다. 저자는 작품 내내 러시아인, 우크라이나인, 조지아인 기타 모든 소련 시민들과 그들의 삶아가는 모습에 대한 따뜻한 사랑을 나타내고, 낙담할 수밖에 없는 비극적인 상황에서라도 생은 살 만한 것이라는 것을 보여준다.

 소련 말기인 1990년 중반 모스크바를 처음 방문한 나는 이 책에 서술된 여러 부분이 그때까지도 크게 바뀌지 않았었다는 것을 회상했다. 이해하기 불가능할 정도로 답답한 관료주의, '을'에 대한 배려 부재, 무표정한 시민들의 태도 등 모스크바의 겉모습도 그대로였지만, 반대로 일단 가까이 다가가면 한없이 정을 베푸는 러시아와 구소련권 사람들의 따뜻한 심성도 책에 나온 것과 크게 다르지 않았다. 소련이 무너지던 마지막 해에 모스크바, 레닌그라드, 카자흐스탄, 키르기지아를 방문했던 기억도 되살아났다. 당시에는 "되는 것도 없고, 안 되는 것도 없다."라는 말처럼 온갖 예상치 못한 일이 벌어지고, 수시로 일을 가로막는 사회주의 국가의 행정적 장벽을 뛰어넘어야 했고, 특히 당시 불편이 가장 컸던 교통과 여행과 관련해서는 돌발적인 일이 빈번하게 일어나지만 기지를 발휘하면 결국 목적지에 가게 되고, 여기서 나름 큰 성취감을 느끼던 것이 당시의 상황이었다. 저자가 짧은 기간 경험한 모스크바, 우크라이나, 조지아의 각각 다른 분위기와 차별되는 국민성도 이 책에서 상당히 정확하게 묘사되었다고 생각한다. 이 책을 번역하는 동안 가슴에 큰 여운을 남긴 에피소드는 우크라이나 집단농장 여인의 짙은 농담, 손님을 서로 자기 집으로 데려가겠다고 싸우는 농민들, 스타인벡과 카파를 재우고 먹인 마무치카와 암소 카투슈카의 끈끈한 정, 조지아 차밭의 연회와 트빌리시 마지막 밤 환송연 등이다. 아쉽게도 검열 당국에 압수된 카파의 사진 스탈린그라드 소녀의 형상은 내가 2차세계대전을 생각할 때마다 늘 상상 속에 떠오를 것이다.

공교롭게도 2008년 러시아와 조지아 사이에 전쟁이 벌어졌고, 2022년 2월 말 시작된 러시아와 우크라이나의 전쟁은 엄청난 인명 살상과 물적 피해를 내며 여전히 진행 중이다. 형제국이라는 두 나라 사이에 발생한 전쟁으로 인해 우크라이나 국민의 마음에 생긴 감정과 앙금은 오백 년, 천 년이 지나도 치유될 수 있을 것인지 참담한 심정을 금할 수 없다. 존 스타인벡과 로버트 카파가 이 전쟁이 끝나고 우크라이나를 방문하여 여행기와 사진 기록을 남긴다면 어떤 책이 나왔을지 궁금하다. 『러시아 저널』의 속편이 될 수 있는 이러한 보도가 몇 년 안에 나올 것은 분명하다.

여행을 모두 마치고 소련을 떠나는 비행기 안에서 스타인벡이 독백처럼 적은 글은 그 울림이 여전히 크다. 전쟁을 원하는 국민은 없는데 국가 지도자들은 왜 전쟁을 시작하는지, 국민은 그러한 결정에 순종해야 하는지 여러 생각이 든다.

"우리가 만난 사람들은 전쟁을 증오하고, 이들도 다른 모든 사람들이 원하는 것을 원하고 있었다. 좋은 생활과 나아지는 평안함, 안전, 평화를 원하고 있었다. 우리는 이 기록이 교조적인 좌파와 아둔한 우파 모두를 만족시키지 못할 것이라는 것을 안다. 전자는 이것이 너무 반러시아적이라고 할 것이고, 후자는 너무 친러시아적이라고 비판할 것이다. 그러나 이것은 너무 피상적인 게 분명하다. 어떻게 그렇지 않을 수 있겠는가? 우리는 러시아 사람들도 세계의 모든 다른 사람들과 같다는 것 외에는 아무 결론도 내리지 않겠다. 나쁜 사람도 그곳에 분명히 있지만, 훨씬 많은 사람이 좋은 사람들이다."

존 스타인벡과 여행에 동행하여 4천여 장의 사진을 찍은 로버트 카파Robert Capa는 여행의 인상을 훨씬 박진감 있게 시각적으로 만들어주었다. 뛰어난 문학가의 서술과 사진가의 현장 포착이 얼마나 훌륭한 협업이 될 수 있는지 이 책은 잘 보여준다. 사물이나 풍경보다 사람에 더욱 초점을 맞춘 카파의 멋진 사진들은 독자들의 상상을 구체적으로 입체화시켜주고, 또한 마치 톰과 제리를 보는 것 같은 두 사람의 장난기 어린 실랑이와 진한 우정도 이 작품을 읽는 재미를 더해준다. 2차세계대전 중 전선 위문을 온 당대 최고의 배우 잉그리드 버그먼과 사랑에 빠지기도 했던 카파는 낭만적 방랑 기질로 세계의 전장을 누볐는데, 극한의 상황도 유머와 직업 정신으로 이겨냈을 것이라는 생각이 든다. 스페인 내전에서 총탄에 맞아 쓰러지는 병사 사진으로 유명해진 로버트 카파는 수많은 전쟁터를 누비며, 월남전에 종군기자로 갔다가 지뢰를 밟고 사망했다.

이렇듯 당대 최고의 사진가와 서민들의 생활과 사회적 고난에 관심이 컸던 기자이자 훗날 노벨문학상을 받는 작가의 공동 작업으로 1947년이란 시점의 러시아, 우크라이나, 조지아의 생활상이 생생하게 우리에게 전달된다. 전쟁과 평화 시기 평범한 사람들의 일상과 감정을 본 그대로 기록했다는 점에서 영어로 '일기'를 뜻하기도 하는 'journal'을 작품 제목으로 단 것은 적절했다는 생각이 든다.

구소련권 전문가로서 영문학 작가의 작품을 번역한 일은 매우 흥미로운 경험이었다. 내가 외국인으로 본 조지아, 우크라이나, 러시아에 대한 감상과 존 스타인벡의 느낌이 그렇게 큰 차이가 있지 않다는 결론을 얻었다. 경쾌하면서도 구어체 표현이 종종 나오는 원문에서 이해가 제대로 되지 않는 부분을 잘못 번역하지 않도록 도와주신 고려대학교 영문과 이희경 교수님께 깊은 감사를 드린다. 더불어 몇 년간 잠자고 있던 이 번역 원고의 가치를 바로 알아보고 출간을 제안하고, 담백하고 멋진 책을 만들어주신 미행 편집진께 감사를 드린다.

2022년 11월
허승철

차례

	옮긴이 서문	5
1	여행 준비	15
2	러시아 입국	25
3	모스크바 체류	38
4	우크라이나 여행	88
5	우크라이나 집단농장	126
6	스탈린그라드 방문	188
	정당한 불평 – 로버트 카파	235
7	조지아 트빌리시	241
8	조지아 여행	260
9	모스크바 마지막 여정	316
	편집 후기	355

1
여행 준비

먼저 이 이야기와 여행이 어떻게 시작되었는지, 또 우리가 무슨 목적으로 러시아를 갔는지 설명할 필요가 있을 것 같다. 3월 하순, 나는(존 건서[1]는 '나'란 대명사를 특별한 배합으로 사용한다) 맨해튼 이스트 40번가의 베드퍼드호텔의 바에 앉아 있었다. 내가 네 번이나 고쳐 쓴 희곡은 어디 갔는지 분실된 상태였다. 나는 높은 바 의자에 앉아서 이제 무엇을 해야 하나 생각하고 있었다. 그때 로버트 카파Robert Capa가 다소 안담한 표정으로 바 안으로 들어왔다. 그기 몇 달 동안 매달린 포커 게임이 끝났고, 그의 사진집 원고도 출판사에 넘겨져서 그는 할 일이 없었다. 늘 상냥한 바텐더 윌리는 스위세스Suissesse 칵테일을 권했는데, 그는 세상 누구보다 이것을 잘 만들었다. 우리는 뉴스에 낙담하기보다는 사람들이 뉴스를 다루는 방법에 훨씬 낙담했다. 뉴스는 더 이상 뉴스가

---

[1] 존 건서(John Gunther, 1901-1970) 미국의 기자로 세계의 여러 지역을 주제로 한 사회정치적 연작으로 유명하며, 회고록 『죽음은 자랑스럽지 않다(Death Be Not Proud)』(1949)를 남겼다.

아니었고, 적어도 가장 관심을 끄는 것은 바로 이 부분이었다. 뉴스는 '전문가적 의견punditry'이 되었다. 워싱턴이나 뉴욕의 언론사 데스크에 앉아 있는 사람은 통신사가 보내준 뉴스를 읽고서 그것을 자신의 정신 패턴과 기사 작성자 이름에 어울리게 재배열한다. 우리가 읽는 것은 대체로 전혀 뉴스가 아니라, 뉴스가 무엇을 의미하는지에 대한 대여섯 명의 전문가 의견이다.

윌리는 우리 앞에 옅은 녹색의 스위세스 두 잔을 놓았고, 우리는 솔직하고 자유로운 사람이 이 세상에서 할 수 있는 일이 무엇이 남아 있는지 논의하기 시작했다. 신문에는 매일 러시아에 대한 수천 단어의 기사가 실린다. 스탈린이 무슨 생각을 하는지, 러시아 총참모부의 계획은 어떤지, 병력 배치, 원자탄과 유도미사일 실험 등 모든 보도는 그곳에 가보지 못한 사람들이 쓰는 것이다. 그들의 취재원도 책망을 피할 수 없다. 아무도 글로 쓰지 않은 러시아의 무언가가 있다는 생각이 우리는 들었다. 사람들이 옷을 어떻게 입고 다니는지, 저녁에는 무얼 먹는지, 러시아인들도 파티를 여는지, 파티에는 어떤 음식이 나오는지, 이 사람들은 어떻게 사랑을 나누는지, 또 어떻게 죽는지, 이들은 무엇에 대해 얘기를 나누는지, 이들은 춤을 추고, 노래하고, 여흥을 즐기는지, 애들은 학교에 가는지에 대해 쓴 사람은 없었다. 이런 것을 찾아내고, 사진을 찍으면 아주 좋겠다는 생각이 들었다. 러시아 정치도 우리의 정치만큼 중요하지만, 여기에서도 다른 중요한 일이 있는 것처럼 그 사회에도 중요한 다른 면이 틀림없이 있을 것이었다. 러시아 국민의 개인 생활도 있을 것이고, 아직 아무도 쓰지 않고, 사진으로 찍지 않아서 우리가 읽을 수 없는 부분도 많을 것이다.

윌리는 스위세스 칵테일을 한 잔 더 만들었고, 자신도 그런 일에 흥미를 가질 것이고, 그런 것이 자기가 읽고 싶은 거라고 우리 생각에 동의했다. 그래서 우리는 그 일을 시도해보기로 했다. 사진이 들어간 소탈한 보도를 하기로 하고, 우리는 같이 일하기로 했다. 정치와 거대한 이슈는 피하고, 크렘린, 군인, 군사 계획 같은 것 근처에도 가지 않기로 했다. 가능하다면 우리는 러시아 사람들에게 다가가기로 했다. 우리가 이 일을 할 수 있을지 아닐지 우리 스스로도 알지 못했다는 것을 고백해야 한다. 우리가 이런 계획을 친구들에게 말하자, 그들은 우리가 생각한 일을 할 수 없다고 확신했다.

우리는 이렇게 계획을 세웠다. 만일 우리가 할 수 있다면, 그것은 좋은 일이고, 좋은 이야기가 될 것이다. 그런데 설사 우리가 이 일을 하지 못한다 해도, 이것도 하나의 이야기가 된다. 우리가 그렇게 할 수 없었다는 이야기도 그 나름의 가치가 있었다. 이런 생각을 가지고 우리는 『헤럴드트리뷴Herald Tribune』 신문[2]의 조지 코니시George Cornish에게 전

---

[2] 정식 명칭은 뉴욕 헤럴드트리뷴(New York Herald Tribune). 1924년부터 1966년까지 발행되었으며, 많은 작가가 기고를 하여 "작가들의 신문(writer's newspaper)"이라는 별명으로 불렸다. 발행 당시 조간신문 사이에서 『뉴욕 타임스』와 경쟁할 정도로 영향력이 컸다.

화를 걸었다. 그와 점심 식사를 같이하며 우리 계획을 설명했다. 그는 이것이 아주 좋은 일이고, 어떻게든 우리를 도와주겠다고 말했다.

우리는 함께 몇 가지를 결정했다. 우선 러시아에 대한 이전의 감정을 가지고 떠나지 않기로 했다. 또 부정적이거나 호의적인 선입견을 갖지 않기로 했다. 우리는 솔직한 보도를 하고, 본 것과 들은 것을 편집적 코멘트 없이 적어두기로 했다. 우리는 잘 모르는 것에 대해 결론을 내리지 않고, 관료주의로 인한 문제에도 화를 내지 않기로 했다. 우리가 이해하지 못하고, 우리가 원하지 않고, 우리를 불편하게 할 일이 무수히 일어날 것이라는 걸 알았다. 이런 일은 외국을 여행할 때 항상 일어나는 일이다. 만일 비판을 한다면 우리가 무엇을 본 다음에 비판을 하지, 보지도 않고 비판하지는 않을 것이라고 마음먹었다.

필요한 절차를 거쳐 우리의 비자 신청서는 모스크바로 전달되었고, 얼마 후에 내 비자가 나왔다. 나는 뉴욕에 있는 소련 총영사관으로 가서 총영사를 만났다. 그는 이렇게 말했다. "이것이 좋은 일이라는 데는 동의하지만, 왜 사진사를 데리고 가려고 하는지요? 소련에도 사진사는 아주 많습니다."

나는 이렇게 대답했다. "그러나 당신들에게는 카파가 없습니다. 이 일을 제대로 하려면, 그와 협력해서 한 팀으로 일을 해야 합니다."

나를 소련에 들여보내는 데는 전혀 주저가 없었지만, 사진가를 들여보내는 데는 주저가 있었다. 우리에게 이것은 이상하게 여겨졌는데 검열로 필름은 걸러내면 되지만, 관찰자의 마음은 통제할 수 없기 때문이다. 여기서 우리는 여행 내내 진실로 발견한 중요한 것에 대해 설명하지 않을 수 없다. 카메라는 현대 무기 중 가장 무서운 것이었다. 특히 얼마 전까지 전쟁을 치렀고, 폭격과 포격을 당한 사람들에게는 특히 더 그랬다. 폭격 전에는 꼭 카메라가 등장했다. 파괴된 마을과 도시, 공장 뒤에는 보통 카메라가 동원된 공중 정찰, 스파이 정찰이 있었다. 이런 이유로 카메라는 두려움의 대상이 되었고, 카메라를 가진 사람은 어디를 가든 의심을 받고 감시를 받았다. 당신이 이것을 믿기 힘들면, 브라우니 No. 4 카메라를 가지고 오크리지[3]나 파나마 운하 근처나, 수많은 우리의 실험 현장 근처를 어슬렁거려 보아라. 오늘날 대부분의 사람들 생각에 카메라는 파괴의 전조라서 이것은 의심을 받고, 또 그렇게 되는 것이 당연했다.

    카파와 내가 원했던 일을 정말 할 수 있을 것이라고는 생각하지 못했다. 우리가 하려는 일에 대해 다른 사람들도 놀랐지만, 우리 스스로도 놀랐다. 입국 비자가 나왔을 때, 우리는 윌리가 바 안쪽에서 일하는 동안 작은 축하연을 가졌다. 그즈음 나는 사고를 당해 다리가 부러졌고, 두 달을 누워 있었다. 그러나 그사이 카파는 자기가 가져갈 장비를 모았다.

---

[3] **오크리지(Oak Ridge)** 테네시주 오크리지에는 2차세계대전 중 원자탄을 개발한 미국 에너지부 산하 오크리지 국립연구소가 있다.

오랜 기간 동안 미국인이 소련을 사진에 담아 온 적이 없었기 때문에 카파는 최고의 사진 장비를 챙겼고, 잃어버릴 경우를 대비해 똑같은 것을 두 개씩 준비했다. 그는 당연히 전쟁 중에 사용하던 콘탁스와 롤라이플렉스를 준비했고, 여분의 카메라도 가져갔다. 그가 너무 많은 여분 카메라와 필름과 플래시를 준비해서 초과 화물 비용이 300달러나 나왔다.

우리가 소련을 가게 되었다는 사실이 알려진 순간부터 우리는 셀 수 없이 많은 충고와 주의, 경고 세례를 받았다. 그러나 대부분은 한 번도 소련을 가본 적이 없는 사람들이 던진 것이었다.

나이 든 여자 한 사람은 무서움이 가득 찬 목소리로, "왜 거기를 가요? 당신들은 실종될 거예요. 국경을 건너자마자 실종될 거예요!"라고 말했다.

우리는 정확한 보도를 위해 이렇게 대답했다. "실제로 실종된 사람을 알고 있습니까?"

그러자 그녀는 이렇게 대답했다. "아니요, 개인적으로 아는 사람은 없지만, 많은 사람이 실종됐어요."

"우리는 잘 모르지만, 그건 사실일 수 있습니다. 실종된 사람 이름을 알려줄 수 있습니까? 실종된 사람을 알고 있는 사람을 혹시 알고 있습니까?"라고 우리는 물었다.

그러자 그녀는 이렇게 대답했다. "수많은 사람이 실종되었다고들 해요."

2년 전, 스토크클럽Stork Club에서 노르망디 상륙작전 전모를 설명했던 노인은 뭔가 알 만하다는 눈빛에 약간 놀란 표정으로 이렇게 말했다. "아마 당신들은 크렘린과 좋은 관계에 있는 게 분명하군요. 그렇지 않다면 당신들 입국을 허용할 리가 없지요. 당신들을 매수한 것이 틀림없어요."

우리는 이렇게 대답했다. "우리 생각에 우리는 매수당하지 않았습니다. 우리는 보도 작업을 하기 원할 뿐입니다."

그는 두 눈썹을 치켜올리고 우리를 흘기듯 쳐다보았다. 그는 자신이 믿는 것을 그대로 믿었고, 2년 전 아이젠하워의 마음을 알았던 그는 지금 스탈린의 마음도 알고 있었다.

또 다른 노인은 우리에게 고개를 끄덕이더니 이렇게 말했다. "당신들을 고문할 거야. 그게 그들이 하는 일이지. 당신들을 깜깜한 감옥에 집어넣은 다음 고문을 할 거야. 당신들을 강요해서 자기들이 듣고 싶은 말을 할 때까지 당신들을 굶길 거야."

"왜요? 무엇 때문에 그렇게 하나요?"라고 우리가 물었다.

"그들은 모든 사람에게 그렇게 해. 내가 언젠가 책에서 읽은 적이 있어."라고 그는 응수했다.

상당한 명성이 있는 사업가는 "뭐, 모스크바에 간다고요? 폭탄을 몇 개 가지고 가서 빨갱이 개자식들에게 떨어뜨리세요."라고 말했다.

우리는 충고로 몸살을 앓았다. 어떤 음식을 챙겨 가라고 했다. 그렇지 않으면 굶어 죽는다고 했다. 통신 수단을 유지하는 방법, 우리 물건을 반출해 나오는 비밀스런 방법에 대해 충고를 듣기도 했다. 우리가 하고자 하는 것은 러시아 사람들이 어떻게 생겼는지, 어떤 옷을 입고 다니는지, 어떻게 행동하는지, 농부들이 무슨 얘기를 하는지, 파괴된 나라를 어떻게 재건하는지를 보도하는 것이라는 설명을 하기가 가장 어려웠다. 세상에서 가장 설명하기 힘든 것이 바로 이것이었다. 우리는 수많은 사람이 급성 '모스크바혐오증 Moscowitis'에 시달리고 있다는 것을 발견했다. 그것은 엉뚱한 것은 믿고, 진실은 멀리하게 만드는 증상이었다. 그리고 결국 러시아인들도 같은 질병인 '워싱턴혐오증 Washingtonitis'에 시달리고 있다는 것을 발견했다. 우리가 러시아인들에게 뿔과 꼬리를 붙이고 있는 것과 마찬가지로 러시아인들도 우리에게 뿔과 꼬리를 붙이고 있었다.

한 택시 운전사는 이렇게 말했다. "몹쓸 러시아놈들은 남녀가 벌거벗은 채 목욕을 같이 한대요."

"정말요?"

"정말 그래요. 그건 도덕적이지 않아요." 그는 말했다.

그 사람이 핀란드식 목욕에 대해 읽은 걸 가지고 얘기하다가 여기까지 이른 것이다. 그러나 그는 러시아인들을 불쾌해했다.

이 모든 정보를 들은 후 우리는 존 맨더빌 경[4]의 세계가 아직도 전혀 사라지지 않은 것을 발견했다. 머리가 두 개 달

---

[4] 14세기 후반에 나온 『맨더빌 여행기』는 소아시아, 중동, 북아프리카, 인도 등의 여행 기록으로 『동방견문록』과 함께 모험가들에게 큰 영향을 주었다.

린 사람과 하늘을 날아다니는 뱀들은 사라지지 않았다. 우리가 멀리 가 있는 동안 비행접시가 나타났고, 이것은 우리의 주장을 뒤집는 데 아무 역할도 하지 못했다. 지금 세상에서 가장 위험한 경향은 사실을 정확히 찾기보다는 소문을 믿고 싶어 하는 욕망인 것 같았다.

우리는 한자리에 모인 엄청난 소문을 장비로 챙겨서 소련으로 들어갔다. 그리고 우리는 한 가지를 분명히 약속한다. 우리가 소문을 받아 적는다면, 그것을 소문이라고 부를 것이다.

우리는 베드퍼드호텔 바에서 윌리와 마지막 스위세스 칵테일을 마셨다. 윌리는 우리 프로젝트의 풀타임 파트너가 되었고, 그의 스위세스는 점점 더 좋아졌다. 그는 다른 누구에게 들은 것보다 더 훌륭한 조언을 우리에게 했다. 윌리도 우리와 함께 소련을 가보고 싶어 했다. 만일 그렇게 할 수 있었다면 더할 나위 없이 좋았을 것이다. 그는 우리에게 최고의 스위세스 칵테일을 만들어주었고, 자신도 한 잔을 마셨다. 우리는 드디어 떠날 준비가 되었다.

윌리가 말했다. "바 뒤에서 일하면 많은 것을 듣고, 말은 적게 하는 법을 배우게 됩니다."

이후 몇 달 동안 우리는 윌리와 그의 스위세스 칵테일이 많이 생각났다.

그렇게 우리는 출발했다. 카파는 약 4천 장의 음화를 가져왔고, 나는 수백 페이지의 노트를 적어 왔다. 우리는 어떻게 이 여행을 기록할 것인가를 놓고 고민하고, 많은 논의를 한 끝에, 매일매일 일어난 일을 그대로 적기로 했다. 경험 하나하나와 본 것 하나하나를 분류하지 않고, 그대로 적기로 했다. 우리는 보고 들은 것을 그대로 적기로 했다. 나는 이것이 현대 저널리즘의 주류적 경향과 반대된다는 것을 안다. 그러나 바로 그 이유로 이것은 큰 안도가 되었다.

이것이 우리에게 일어난 일이다. 이것은 총체적 러시아 이야기the Russian story가 아니라, '하나의' 러시아 이야기 a Russian story이다.

2
러시아 입국

스톡홀름에서 우리는 『헤럴드트리뷴』 모스크바 지국장인 조지프 뉴먼에게 전보를 쳤다. 예상 도착 시간을 알리고, 차를 가지고 나와 우리를 맞아줄 것과 호텔방을 잡아 달라고 부탁했다. 우리의 여정은 스톡홀름에서 헬싱키, 레닌그라드를 거쳐 모스크바로 가는 것이었다. 외국 비행기는 러시아로 들어갈 수 없기 때문에, 우리는 헬싱키에서 러시아 비행기를 타기로 했다. 산뜻하고 깔끔하고 번쩍이는 스웨덴항공 비행기는 우리를 발트해를 건너 핀란드만의 헬싱키에 내려주었다. 아주 예쁜 스웨덴 스튜어디스가 아주 멋지고 작은 스웨덴식 간식을 제공했다.

부드럽고 편안한 여행 끝에 우리는 헬싱키의 새 공항에 착륙했다. 최근 새로 완공한 공항 건물은 아주 컸다. 공항 식당에서 우리는 러시아 비행기를 기다렸다. 약 두 시간 후 러시아 비행기가 도착했다. 오래된 C-47[5] 비행기가 아주 낮게 날

---

[5] 여객기 DC-3의 군용 버전으로 2차세계대전에서 큰 활약을 한 수송기.

아왔다. 동체에는 여전히 갈색 칠을 한 상태였다. 비행기가 착륙할 때 뒷바퀴가 터지더니 납작해진 뒷바퀴 부분이 메뚜기처럼 활주로에서 튀었다. 우리가 이번 여행 중에 본 유일한 사고였는데, 이 시점에 발생한 사고는 우리의 확신을 되새기는 데 별로 좋은 역할을 하지 못했다. 여기저기 흠이 나고 갈색 페인트가 벗겨지고 전반적으로 단정치 못한 모습은 밝게 빛을 내는 핀란드나 스웨덴 비행기와 잘 대조가 되지 않았다.

튀어 오르며 이리저리 흔들린 비행기는 멈춰 섰고, 최근에 러시아에서 열린 모피 경매에 갔었던 미국 모피 상인들이 비행기에서 쏟아져 나왔다. 지친 모습을 한 이들은 조용했고, 비행기가 모스크바에서 오는 동안 내내 100미터 이상의 고도로 날지 않았다고 이들은 주장했다. 러시아 조종사 한 명이 내리더니 터진 뒷바퀴를 발로 차고 나서, 공항 터미널로 한가로이 걸어갔다. 얼마 안 있어 우리 비행기가 오후에 출발하지 못한다는 연락을 받았다. 우리는 밤을 보내기 위해 헬싱키 시내로 돌아가야 했다.

카파는 열 개나 되는 짐가방을 정리했고, 어미닭처럼 가방 주위를 살피며 돌아다녔다. 그는 짐을 수하물 보관소에 맡겼는데, 이것을 잘 지켜야 된다고 공항직원들에게 여러 번 경고했다. 그는 짐에서 멀리 떨어져 있을 때 절대 마음을 놓지 않았다. 평상시 느긋하고 명랑한 카파는 자신의 카메라와 관련된 일에는 폭군이 되고 걱정꾼이 되었다.

우리가 보기에 헬싱키는 슬프고 즐거움을 모르는 도시 같았다. 심하게 폭격을 당하지는 않았지만, 많은 총포탄을 맞았다. 호텔들은 우울했고, 식당들은 조용했으며 광장에서는 밴드들이 별로 유쾌하지 않은 음악을 연주했다. 거리에 보이는 병사들은 어린 소년들 같았다. 너무 앳돼 보이고 창백하고 촌스러워 보였다. 우리가 받은 인상으로는 핏기가 없고, 별로 즐거움이 없는 장소 같아 보였다. 2번의 전쟁과 6년간의 전투와 투쟁을 치른 후 헬싱키는 아직 새로운 시작을 하지 못한 것처럼 보였다. 이 모든 것이 경제적으로 사실인지는 잘 모르지만, 그런 인상을 주었다.

시내에서 우리는 이른바 '철의 장막' 뒤에 있는 나라들의 사회, 경제를 연구하고 있는 『헤럴드트리뷴』의 애트우드와 힐을 만났다. 이들은 보고서, 팸플릿, 조사자료, 사진에 둘러싸인 호텔방을 같이 쓰고 있었고, 예상 못 한 축하를 위해 간직한 스카치위스키 한 병이 있었다. 우리가 축하 대상이 되었다. 그러나 위스키는 오래가지 못했다. 카파가 잠시 쓸쓸하고 돈을 걸지 않은 진 러미gin rummy 카드게임을 한 후, 우리는 잠자리에 들었다.

다음 날 아침, 10시에 우리는 다시 공항으로 갔다. 러시아 비행기의 뒷바퀴는 교체되어 있었지만, 2번 엔진은 아직 수리하고 있었다.

다음 두 달 동안 우리는 러시아 수송기를 타고 많이 돌아다녔고, 모든 비행기에는 공통점이 있었다. 그래서 이 비행기를 다른 모든 비행기의 대표 격으로 설명할 수 있다. 모든 비행기는 무기대여 프로그램[6]으로 러시아에 넘겨준 C-47기종이었고, 아직 전쟁 중 색깔인 갈색이 그대로 칠해져 있었다. 활주로에는 러시아판 C-47기종이라고 할 수 있는 세 개의 바퀴를 가진 좀 더 최신 비행기들이 있었지만, 우리는 그 비행기를 타보지 못했다. C-47기는 의자 천과 바닥 카펫이 낡았지만 엔진은 잘 유지 보수되었고, 조종사들도 뛰어났다. 미국 비행기보다 승무원도 많았다. 우리가 조종실에 들어가 보지 않았기 때문에 이들이 무엇을 하는지는 알지 못한다. 조종실 문이 열리면 늘 6, 7명의 승무원이 보였고, 그중에는 스튜어디스도 있었다. 스튜어디스가 무슨 일을 하는지도 알 수 없었다. 그녀는 승객과는 전혀 상관이 없는 것 같았다. 비행기는 승객을 위한 음식은 싣고 다니지 않았고, 대신 승객 스스로가 상당한 양의 음식을 준비해서 탑승했다.

우리가 탔던 비행기는 하나같이 환기 장치가 작동하지 않아 신선한 공기가 들어오지 않았다. 음식 냄새와 때때로 나는 역겨운 냄새는 나도 어떻게 할 방법이 없었다. 이 비행기들은 새 러시아 비행기로 교체될 때까지 사용될 것이라고 들었다.

우리 비행기에 익숙한 미국인들에게는 이상하게 보이는

---

[6] **무기대여(lend-lease)** 2차세계대전 중 미국이 영국, 프랑스, 중국, 러시아 등의 동맹국에 석유, 식량, 무기를 공급한 프로그램. 루스벨트 대통령은 미국 의회의 외국 군사 원조 승인 절차를 피하기 위해 '대여'라는 용어를 사용했다.

것이 있었다. 비행기에는 안전벨트가 없었다. 비행기가 나는 동안 흡연은 금지되어 있었지만, 비행기가 착륙하자마자 승객들은 담뱃불을 붙였다. 야간 비행은 없었다. 만일 당신의 비행기가 해 질 때까지 목적지에 도달하지 못하면, 임시로 착륙하여 아침이 올 때까지 기다려야 한다. 폭풍이 있을 때를 제외하고, 러시아 비행기들은 우리 비행기보다 훨씬 낮게 날았다. 러시아 땅 대부분이 평지이기 때문에 이것은 비교적 안전했다. 비행기는 어디에서나 비상착륙이 가능한 들판을 찾을 수 있었다.

짐을 싣는 것도 미국인들이 보기에는 이상했다. 승객은 의자에 앉고 짐가방은 통로에 쌓아 놓았다.

첫날 가장 걱정한 것은 비행기의 겉모습이었다. 우리 비행기는 너무 많이 긁히고, 평판이 안 좋게 생긴 늙은 괴물 같아 보였다. 그러나 엔진은 아주 상태가 좋아서 멋지게 날았고, 우리는 아무것도 걱정할 게 없었다. 나는 미국 비행기들이 번쩍이는 금속을 가지고 있다고 해서 더 잘 나는 것은 아니라고 생각한다. 언젠가 나는 차를 세차하면 차가 더 잘 달린다고 주장하는 부인의 남편을 알았다. 아마도 우리는 많은 것에 대해 이런 느낌을 가지고 있다. 비행기의 첫 번째 원칙은 공중에 떠서 목적지까지 잘 가는 것이다. 러시아인들은 다른 누구보다 이 점에 대해 만족하는 것 같았다.

모스크바행 비행기에는 승객이 별로 없었다. 멋진 아이슬란드 외교관과 그의 부인, 아이, 외교 행낭을 지닌 프랑스 대사관의 연락관, 아무 말도 하지 않던 정체 모를 남자 넷이 전부였다. 그들이 누구인지 알 수 없었다.

카파는 러시아어를 빼고 모든 말을 할 줄 알았지만 이제는 자신의 능력 밖 상황에 부딪쳤다. 그는 각 언어를 다른 언어 억양으로 말했다. 그는 헝가리어 억양으로 스페인어를 말했고, 스페인어 억양으로 프랑스어를 했다. 독일어는 프랑스 억양으로 말하고 영어는 정체를 알 수 없는 억양으로 말했다. 그러나 그는 러시아어를 할 줄 몰랐다. 한 달 후 그는 러시아 단어 몇 개를 습득했지만, 통상 우즈베크어로 여겨지는 악센트로 말했다.

11시 우리는 이륙하여 레닌그라드 쪽으로 날아갔다. 공중에서 보니 오랜 전쟁의 상처가 지상에 뚜렷이 남아 있었다. 참호들, 움푹 파인 땅, 포탄 구멍들에 잡초가 무성했다. 레닌그라드로 점점 가까이 갈수록 상처는 더 깊었고, 참호들이 더 자주 보였다. 검게 불에 탄 농가와 벽만 남은 폐허가 여기저기 흩어져 있었다. 격렬한 전투가 벌어졌던 지역은 달 표면처럼 구멍이 나고 땅에 반점이 생겼다. 레닌그라드 인근이 가장 많이 파괴되었다. 참호와 방위 거점들과 기관총 위장막이 눈에 들어왔다.

비행 중에 우리가 레닌그라드에서 통과해야 하는 세관 검사에 대한 걱정이 들었다. 13개의 짐가방과 수천 개의 플래시 전구, 수백 통의 필름, 수많은 카메라와 플래시 전선줄 뭉치를 다 검사받으려면 며칠이 걸릴 것 같았다. 이 새 장비들로 인해 철저히 검사를 받을 것이라는 생각도 들었다.

    우리는 마침내 레닌그라드 상공을 날았다. 교외는 많이 파괴되었지만, 시 내부는 피해가 덜한 것 같았다. 비행기는 풀밭 활주로에 가볍게 착륙해서 비행기 계류장에 가서 섰다. 정비창 말고는 비행장 건물은 없었다. 커다란 총에 번쩍이는 칼을 착검한 두 명의 젊은 병사가 와서 우리 비행기 옆에 섰다. 그런 다음 세관원들이 비행기에 올라탔다. 세관반장은 웃음을 띤 키 작은 점잖은 사내였고, 웃을 때 금속 의치가 빛을 발했다. 그는 '예스'라는 영어 단어 하나만을 알았고, 우리는 러시아어의 '다'[7]만 알았다. 그래서 그가 "예스"라고 말하면 우리는 "다"라고 대답했다. 그러면 우리는 대화가 시작된 데로 다시 돌아갔다. 그들은 우리 여권과 돈을 검사했다. 그다음 우리 짐가방이 문제였다. 비행기 통로에 쌓인 짐가방을 열어야 했다. 이것을 꺼내서 열 수가 없었다. 세관원은 아주 정중하고 친절했고, 아주 철저했다. 우리는 모든 가방을 열었고 그 모든 것을 검사했다. 그러나 검사를 계속할수록, 그는 특별히 찾는 것이 있는 게 아니라, 단지 우리 물건에 관심이 많다는 것을 알았다. 그는 우리의 번쩍이는 장비를 뒤집어서 손가락으로 사랑스럽게 만졌다. 그는 우리 필름통을 하나하나 들어 올렸지만, 그것을 어떻게 하지 않았고, 아무것도 묻지 않았다. 단지 외국 물건에 흥미가 있는 듯했다. 그

---

[7] 예스라는 뜻이다.

리고 그는 무한정의 시간을 가진 것 같았다. 검사가 끝나자 우리에게 고맙다고 했다. 적어도 우리는 그가 그런 말을 했다고 생각했다.

이제 새로운 문제가 생겼는데, 우리 서류에 도장을 찍는 일이었다. 그는 튜닉 정복 주머니에서 작은 신문지 뭉치를 꺼내더니, 거기서 고무도장을 꺼냈다. 그러나 이게 그가 가진 전부였다. 그는 잉크패드를 갖고 있지 않았다. 아마도 그는 잉크패드를 가지고 다닌 적이 없는 듯했다. 그는 다른 주머니에서 연필을 꺼내더니 고무도장에 침을 바르고 연필심을 고무도장에 문지른 후 우리 서류에 도장을 찍었다. 전혀 아무것도 나타나지 않았다. 그는 다시 한번 시도했다. 그래도 아무것도 나타나지 않았다. 그를 돕기 위해 우리는 잉크가 새는 만년필을 꺼내 손가락을 잉크에 담근 후 고무도장에 문질렀다. 그러자 드디어 멋진 도장 자국이 났다. 그는 도장을 신문지로 다시 싸서 주머니에 넣고, 우리와 따뜻하게 악수를 하고 비행기에서 내려갔다. 우리는 짐을 다시 싸서 우리 좌석 하나에 쌓아 올렸다.

이제 트럭 한 대가 비행기의 열린 문에 바짝 차체를 댔다. 트럭에는 박스에 포장된 150개의 현미경[8]이 실려 있었다. 짐을 나르는 여자 노동자가 비행기에 올랐다. 그녀는 내가 이제까지 본 여자 중 가장 강한 처녀였다. 호리호리하고 날카

---

[8] 레닌그라드 지역은 광학기술산업이 발달하여 현미경, 카메라 등을 생산했다.

로운 인상의 그녀는 발트 지역 특유의 넓은 얼굴을 하고 있었다. 그녀는 무거운 짐꾸러미를 앞으로 날라 승무원 칸으로 밀어 넣었다. 거기가 다 차자 통로에 현미경 상자를 쌓았다. 그녀는 천 운동화를 신고 파란 통옷을 입고 머릿수건을 두르고 있었고, 팔에는 근육이 솟아 있었다. 세관원과 마찬가지로 그녀도 스테인리스 의치를 하고 있었고, 사람의 입을 훨씬 기계 조각처럼 보이게 했다.

나는 불쾌한 일이 일어날 것을 생각하고 있었다. 모든 세관은 사생활을 침해하므로 어쨌든 불쾌하다. 아마도 우리는 여기에 한 번도 와보지 않은 충고자들의 얘기를 절반은 믿고 있어서, 모욕을 당하고 부당한 대우를 당할 것을 예상하고 있었다. 그러나 그런 일은 일어나지 않았다.

드디어 짐을 잔뜩 실은 비행기는 다시 공중으로 솟아올라 모스크바를 향해 끝없이 펼쳐진 평지 위를 날았다. 숲과 정지된 농지들, 색이 칠해지지 않은 미울과 노란 밀짚난이 보였다. 비행기는 낮게 날다가 구름이 아래로 깔리자 그 위로 상승했다. 비행기 창밖으로 비가 쏟아져 내리기 시작했다.

우리의 스튜어디스는 몸집이 크고, 금발에 가슴이 나오고 엄마 같은 모습을 한 젊은 여자였다. 그녀가 하는 유일한 일은 높이 쌓인 현미경 상자를 헤치고 핑크색 소다수를 승무원 칸에 나르는 것이었다. 그녀는 한 번 흑빵 덩어리를 그들에게 가져다주었다.

우리는 심하게 허기를 느끼기 시작했다. 우리는 아침도 먹지 않았고, 무엇을 먹을 가능성도 없었다. 우리가 말을 할 줄 알았다면 그녀에게 빵 한 조각을 받을 수 있었겠지만, 그것도 할 수 없었다.

오후 4시경 우리 비행기는 비구름을 뚫고 하강했다. 우리 오른쪽으로 넓게 뻗어 나간 거대한 모스크바시와 시를 관통해 흐르는 모스크바강이 보였다. 비행장은 아주 컸다. 활주로 일부는 포장이 되어 있었고, 일부는 긴 풀밭 활주로였다. 거기에는 말 그대로 수백 대의 비행기가 서 있었는데, 낡은 C-47과 바퀴 세 개를 달고 밝은 알루미늄이 반짝이는 새 러시아 비행기들이 있었다.

우리는 새로 지은 커다랗고 인상적인 공항 건물로 들어서면서, 창문 밖으로 아는 얼굴을 찾아보았다. 누군가 우리를 기다리고 있어야 했다. 밖에는 비가 오고 있었다. 우리는 비행기에서 나와 비를 맞으며 우리 짐을 한데 모았다. 거대한 외로움이 우리를 덮쳤다. 우리를 맞이하는 사람은 아무도 없었다. 낯익은 얼굴도 하나 없었다. 우리는 무엇을 물어볼 수도 없었다. 우리는 러시아 돈도 전혀 없었다. 도대체 어디로 가야 할지 몰랐다.

헬싱키에서 우리는 조 뉴먼에게 하루 늦게 도착한다고 전보를 쳤다. 그러나 조 뉴먼은 보이지 않았다. 우리를 기다리는 사람은 없었다. 건장한 짐꾼 몇이 우리 짐가방을 공항 앞으로 옮긴 후 돈을 받으려고 기다렸다. 우리는 돈을 줄 수가 없었다. 버스들이 옆으로 지나갔지만, 행선지조차도 읽을 수 없음을 우리는 깨달았다. 게다가 버스 안은 이미 만원이고, 밖에도 사람이 많아서 13개나 되는 우리 짐을 가지고 타는 것은 불가능했다. 게다가 짐꾼들, 체격이 우람한 짐꾼들은 돈을 받으려고 기다리고 있었다. 우리는 배고프고, 몸은 젖었고, 겁이 났고, 완전히 버려졌다고 느꼈다.

그때 프랑스 대사관의 연락관이 자신의 행낭을 가지고 나왔다. 그는 짐꾼들에게 돈을 지불할 수 있게 우리에게 돈을 빌려주었고, 자신을 마중 나온 차 뒤쪽 칸에 우리 짐을 실어주었다. 그는 아주 친절한 사람이었다. 우리는 거의 자살할 지경이었는데, 그가 우리를 구해주었다. 만일 그가 이 글을 보게 된다면, 우리는 다시 한번 그에게 감사를 전하고 싶다. 그는 조 뉴먼이 머무는 곳으로 짐작되는 메트로폴호텔[9]까지 우리를 태워주었다.

나는 왜 공항들이 자신이 봉사해야 하는 도시에서 그렇게 멀리 떨어져 있는 이유를 모르겠다. 그러나 공항들은 그랬고, 모스크바도 예외는 아니었다. 공항은 시내에서 수십 마일 떨어져 있었고, 길은 소나무숲, 농장, 끝없는 감자밭, 양배추밭을 지나갔다. 거친 길도 있었고, 부드러운 길도 있었다. 프랑스 연락관은 모든 것을 미리 알고 있었다. 그는 운전사를 보내 가벼운 점심거리를 사 오게 했다. 그래서 우리는 모

---

[9] 1907년 완공된 모스크바의 대표적 호텔. 러시아혁명 전 모스크바에서 가장 큰 호텔로 혁명 후 1930년대까지 볼셰비키 지도부 숙소와 사무실로 사용되기도 했다. 현재도 5성급 호텔로 영업 중이다.

스크바로 들어가는 길에 피로시키[10]와 작은 미트볼과 햄을 먹었다. 호텔에 도착할 때쯤 우리는 훨씬 기분이 좋아졌다.

메트로폴호텔은 대리석 계단이 있고 붉은 카펫이 깔리고, 종종 운행되는 금도금을 한 엘리베이터가 있는 웅장한 호텔이었다. 그리고 프런트데스크에는 영어를 하는 여자 직원이 있었다. 우리는 방을 요구했고, 그녀는 우리에 대해 전혀 들은 바가 없었고, 우리 방은 없었다.

바로 그때 『시카고 선Chicago Sun』의 알렉산더 켄드릭과 그의 부인이 우리를 구해줬다. 도대체 조 뉴먼은 어디에 있느냐고 우리는 물었다.

"오, 조는 일주일째 출타 중입니다. 그는 모피 경매 때문에 레닌그라드에 갔습니다."

조는 우리의 전보를 받지 못했고, 아무것도 준비되어 있지 않았고, 우리를 위한 호텔방은 없었다. 아무 준비 없이 방을 구하는 것은 바보 같은 짓이다. 우리는 조가 이 문제를 책임지는 러시아 기관을 접촉했을 것이라고 생각했다. 그러나 그는 그렇게 하지 않았고, 전보도 받지 못했고, 러시아인들은 우리가 여기에 온 것도 모르고 있는 것이다. 그러나 켄드릭 부부가 우리를 방으로 데리고 가서 훈제 연어와 보드카를 내주며 우리를 환영했다.

잠시 후 우리는 외롭거나 낙오됐다는 생각을 더 이상 하지

---

10   안에 고기 등이 들어간 러시아식 만두빵.

않게 되었다. 우리는 조 뉴먼의 방으로 가서 그를 벌주기로 했다. 우리는 그의 수건과 비누와 화장지를 썼다. 그의 위스키를 마시고, 그의 소파와 침대에서 잤다. 우리는 비참한 상태에 있었던 우리에게 보상을 하기 위해 그는 최소한 그 정도는 해야 된다고 생각했다. 그가 우리가 오는 것을 몰랐다는 것은 아무 변명거리가 되지 못한다고 우리는 주장했다. 그는 징벌을 받아야 했다. 그래서 우리는 그의 위스키 두 병을 마셨다. 그러나 그때 우리는 이것이 어떤 죄인지를 몰랐다는 것을 인정해야 한다. 모스크바의 미국 기자들 사이에는 상당한 부패와 교묘한 속임수가 있었지만, 우리가 저지른 일 수준에는 도달한 적이 없었다. 남의 위스키는 절대 마시면 안 되었다.

3
모스크바 체류

우리는 아직 우리가 어떤 상황에 있는지 알지 못했다. 사실 우리는 어떻게 이곳에 왔고, 누가 우리를 초청했는지 확실히 알지 못했다. 그러나 모스크바에 주재하는 미국 특파원들이 단결해서 우리를 도왔다. 길모어, 스티븐스, 켄드릭과 나머지 사람들 모두 친절하고 동정심 많은 사람들이었다. 이들은 메트로폴호텔 안에 있는 상업적 레스토랑으로 우리를 데리고 갔다. 우리는 모스크바에는 두 종류의 식당이 있다는 것을 알았다. 배급권을 사용해서 식사를 할 수 있는 공공식당은 값이 아주 저렴했다. 그러나 같은 음식이라도 상업적 식당은 값이 엄청나게 비쌌다.

메트로폴의 상업적 식당은 아주 화려했다. 식당 한가운데 거대한 분수가 있었다. 천장은 3층 높이였다. 댄스 플로어와 밴드를 위한 무대가 만들어져 있었다. 러시아 장교들과 연인들, 수입이 많은 민간인들이 멋진 장식을 한 분수 주위에서 춤을 췄다.

밴드는 하필이면 우리가 들어본 것 중에 시끄럽고 시원찮은 미국 재즈 음악을 연주하고 있었다. 크루파[11]를 흉내 냈지만, 그 근처도 가지 못한 드럼 주자는 열중해서 연주하며 스틱을 공중에 흔들어댔다. 클라리넷 연주자는 베니 굿맨[12] 레코드를 열심히 들어서 가끔 굿맨 트리오를 엇비슷하게 흉내 내는 것을 볼 수 있었다. 피아니스트 한 사람은 부기우기 boogie-woogie를 좋아했는데, 상당한 기교와 열정을 가지고 연주했다.

저녁 식사로 400그램의 보드카, 검은 캐비아 큰 그릇, 양배추 수프, 스테이크, 튀긴 감자, 치즈와 와인 두 병이 나왔다. 다섯 사람이 식사했고, 대사관 환율인 1달러 대 12루블로 따져서 110달러가 나왔다. 음식이 나오기까지 거의 두 시간 반이 걸려서 다소 놀랐다. 그러나 러시아 레스토랑은 다 그렇다는 것을 알게 되었다. 그리고 나중에 왜 이렇게 오래 걸리는지도 알게 되었다.

소련에서 모든 거래는 국가가 통제하거나 국가가 인정한 독점기관이 관리하기 때문에 회계 체계가 어마어마했다. 그래서 주문을 받은 웨이터는 장부에 세심히 적은 다음 바로 주방으로 가는 것이 아니라 회계사에게 간다. 회계사는 주문된 음식을 일일이 적고, 주방으로 보낼 주문서를 발급한다.

---

[11] **크루파**(E. B. Krupa, 1909-1973) 미국의 재즈 드러머이자 밴드 리더, 작곡가, 영화배우.
[12] **베니 굿맨**(Benny Goodman, 1909-1986) 미국 스윙재즈의 황금시대를 연 클라리넷 연주자이자 악단 지휘자.

거기서 다시 한번 장부를 적고 일정한 음식이 주문된다. 음식이 준비되면, 음식 목록이 웨이터에게 다시 한번 발급된다. 그러나 웨이터는 음식을 바로 테이블로 가져오는 것이 아니라, 목록서를 회계사에게 가지고 간다. 회계사가 나온 음식 목록을 다시 적은 다음 주문서를 웨이터에게 주면, 웨이터는 이것을 주방에 제출한 다음 음식을 테이블로 가져간다. 웨이터는 어떤 음식이 주문되고, 어떤 음식이 나왔고, 어떤 음식이 최종적으로 테이블에 배달되었는지 다 적는다. 이러한 회계 체계는 상당한 시간을 잡아먹는다. 음식을 만드는 것보다 훨씬 많은 시간이 소요된다. 이 체계를 어떻게 할 수 없기 때문에 저녁 식사를 기다리며 인내심을 잃는 것은 좋은 일이 아니다. 이 과정은 어디나 똑같다.

그사이 오케스트라는 「롤 아웃 더 배럴Roll Out the Barrel」, 「인 더 무드In the Mood」를 연주했다. 한 테너가 마이크를 잡았는데, 그의 목소리는 홀을 가득 채울 만큼 커서 마이크가 필요 없었다. 그는 「올드맨 리버Old Man River」와 「올드 블랙 매직Old Black Magic」 같은 프랭크 시나트라 노래 몇 곡과 「나는 사랑에 빠지고 싶은 기분이에요I'm in the Mood for Love」를 러시아어로 불렀다.

음식을 기다리는 동안 모스크바의 특파원들은 우리가 이곳에서 기대할 수 있는 것과 어떻게 행동해야 하는지를 가르쳐주었다. 이곳에서 이런 얘기를 들은 우리는 아주 운이 좋았다. 이들은 우리가 외국인업무국에 등록되지 않는 것이 좋다고 말해주었다. 이들은 여기에 등록된 사람에게 적용되는 규칙을 설명해주었고, 그중 특히 중요한 것은 우리가 모스크바 지역을 떠날 수 없는 제약이 있다고 말해주었다. 우리는 모스크바에만 머물고 싶지 않았다. 우리는 지방에도 가보고, 농장에서는 사람들이 어떻게 사는지도 보고 싶었다.

우리는 검열국을 통해 우리의 기사를 보내고, 본사 연락을 받는 것을 원치 않았기 때문에 외교업무 등록을 하지 않는 것이 좋다고 생각했다. 그러나 우리는 누가 우리를 지원하는지 알고 있지 못했다. 이 기관은 작가협회일 수도 있고, 소련의 국제문화교류를 담당하는 대외문화교류처일 수도 있었다. 우리는 방문 목적을 문화교류로 생각하고 싶었다. 우리는 사전에 우리가 원하는 정보가 비정치적인 것이 되어야 한다고 정했다. 단지 정치가 지방과 관계되거나, 이것이 사람들의 매일의 생활에 관계되지 않는 한 그랬다.

다음 날 아침 외국인 방문자를 담당히고 있는 인투어리스트[13]에 전화를 걸었다. 그러나 인투어리스트가 관여하는 영역에서 우리는 아무런 지위를 가지고 있지 못하다는 것을 알았다. 우리는 존재하지 않았고, 방도 없었다. 그래서 대외문화교류처로 전화를 했다. 대외문화교류처는 우리가 온다는 것은 알고 있었지만, 우리가 도착한 것을 전혀 모르고 있었다. 거기서는 우리에게 방을 잡아주려고 했다. 그러나 모스

---

13 **인투어리스트(Intourist)** 1929년 세워진 소련의 국영여행사. 모든 외국인의 여행 안내를 담당하고 소련 각지에 자체 호텔을 보유하고 있었다.

크바에 있는 호텔은 늘 손님이 꽉 찼기 때문에 방을 잡기란 아주 어려웠다. 그래서 우리는 밖으로 나가 거리를 걸었다.

나는 1936년에 모스크바에 온 적이 있었다. 그 이후의 변화는 대단했다. 우선 도시는 이전보다 훨씬 깨끗했다. 예전에는 진흙탕이고 지저분했던 거리는 청소되고 포장되었다. 11년 사이에 건축도 대단했다. 수백 동의 아파트 건물이 세워졌고, 모스크바강에 새 다리가 건설되고 길도 넓혀지고, 사방에 동상이 세워졌다. 좁고 더러웠던 구모스크바 구역은 완전히 사라지고, 그 자리에 새로운 주거지와 새 공공건물이 들어섰다.

여기저기에 폭격의 흔적이 남아 있었지만 그렇게 많지는 않았다. 독일군은 비행기를 모스크바까지 보내는 데 큰 성공을 거두지 못한 것 같았다. 전쟁 기간 중에 모스크바에 있었던 일부 특파원은 방공작전이 아주 성공적이었고, 전투기가 아주 많아서 독일 공군은 몇 번의 공습에서 엄청난 손실을 입고 모스크바 폭격을 사실상 포기했다고 한다. 그러나 폭탄 몇 발이 떨어졌다. 하나는 크렘린에 떨어지고, 몇 발은 시 외곽에 투하되었다. 그러나 독일 공군이 런던을 주공격 목표로 삼았을 때, 방어가 잘된 모스크바 폭격에 많은 공군기를 희생시키려고 하지 않았다.

우리는 시의 외양을 치장한 노력도 발견했다. 모든 건물에 거푸집 비계가 있었다. 건물들에 페인트가 칠해지고, 부숴진 곳은 수리되었다. 몇 주 후 모스크바 정도定都 800주년 기념식이 거행될 예정이고, 성대한 경축 행사와 장식이 마련되는 중이었다. 그리고 몇 달 후에는 볼셰비키혁명 30주년 기념식도 예정되어 있었다.

전기공들은 공공건물에 장식등을 달고, 크렘린과 다리 위에도 전등을 달았다. 오랜만에 전쟁이 없는 상태에서 기념식을 진행하기 위해 페인트를 칠하고 치장을 하는 작업은 불을 밝힌 채 밤에도 계속되었다.

이러한 분주함과 준비에도 불구하고, 거리를 다니는 사람들 모습은 피로해 보였다. 여자들은 거의 화장을 하지 않거나 전혀 하지 않았다. 옷은 괜찮게 입었지만 예쁘지는 않았다. 거리에 다니는 많은 남자들은 군복을 입고 있었지만, 군인들은 아니었다. 이들은 제대했어도, 이것이 가진 유일한 옷이었다. 군복은 계급장과 견장이 떼어져 있었다.

카파는 가져온 카메라를 꺼낼 수 없었다. 왜냐하면 특파원이 서면 허가 없이 사진을 찍는 것은 좋은 일이 아니고, 외국인은 더더욱 그렇다고 했다. 허가서를 갖고 있지 않으면 경찰이 발견하자마자 당신을 데리고 가서 취조할 것이라는 경고를 들었다.

우리는 다시 외로움을 느꼈다. 감시되고 붙어 다니고 추적되는 대신, 우리가 이곳에 있다는 것을 인정하는 사람을 거의 만날 수 없었다. 그리고 워싱턴과 마찬가지로 모스크바의 기관들은 아주 천천히 움직일 것이라는 사실을 알고 있었다. 수백 통의 필름에 둘러싸인 남의 방을 살금살금 돌아다니면서, 우리는 걱정하기 시작했다.

  우리는 러시아 게임에 대해 들은 적이 있었다. 게임보다는 러시아 책략이라고 부르는 편이 더 좋겠다. 게임은 아주 간단하다. 당신이 만나고자 하는 정부 관리는 자리에 없다. 그는 아프거나 병원에 있거나 휴가를 간 상태이다. 이 상태가 몇 년이 지속될 수 있다. 당신의 공략 대상을 다른 사람으로 옮기면, 그도 역시 출타 중이거나, 병원에 있거나, 휴가를 가 있다. 어떤 청원을 가지고 있던 헝가리 대표단이 제대로 민원 처리가 되지 않아 석 달을 기다렸다. 처음에는 특정한 사람을 만나려고 했다가 후에는 누구라도 만나려고 했으나 그렇게 되지 않았다. 교환학생 제도를 시행해보려던 한 미국 교수는 아주 명석하고, 지적이고, 좋은 사람이었는데, 몇 주를 대기실에서 기다리다가 결국 아무도 못 만났다. 이 책략을 막을 방법은 없다. 마음을 편히 가지는 것 외에는 대항할 방법이 없다.

  조 뉴먼의 사무실에 앉아 있는 동안, 이런 일이 우리에게도 생길 것이라고 생각했다. 몇 군데 전화를 걸어본 후, 우리는 러시아 사무실에 대한 흥미로운 사실을 하나 알아냈다. 아무도 12시 전에는 사무실에 출근하지 않는다는 것이었다. 12시까지 사무실은 닫혀 있었다. 그러나 정오부터 사무실이 열리고 사람들은 자정까지 일한다. 아침에는 일을 하지 않는 것이다. 이런 공식을 따르지 않는 사무실도 있다. 그러나 우리가 두 달 동안 상대한 모든 기관은 이런 시간표를 지켰다.

우리는 인내심을 잃어서도 안 되고, 화를 내서도 안 된다는 것을 배웠다. 그렇게 하면 이 게임에서 5점을 잃게 된다. 그러나 우리의 두려움은 근거 없는 것으로 드러났다. 다음 날부터 대외문화교류처가 행동에 나선 것이다. 그들은 코너를 지나면 있는 사보이호텔[14]에 우리의 방을 잡아주었고, 우리를 자신들 사무실로 불러 우리의 계획을 논의했다.

메트로폴호텔과 마찬가지로 사보이호텔은 외국인 전용 호텔이었다. 메트로폴에 있는 사람들은 두 호텔 중 사보이가 더 낫다고 주장했다. 음식과 서비스가 더 낫다는 것이다. 반면에 사보이호텔에 있는 사람들은 메트로폴의 음식과 서비스가 더 낫다고 생각했다. 이 상호 칭찬 게임은 몇 년간 계속되었다.

우리는 사보이호텔 2층에 방을 배정받았다. 동상이 줄지어 서 있는 대리석 계단을 걸어 올라갔다. 우리가 가장 좋아한 동상은 나폴레옹과 함께 모스크바에 온 유명한 미인인 그라지엘라[15]의 동상이었다. 그녀는 제국 스타일의 옷을 입고 있었고, 테가 넓은 커다란 모자를 쓰고 있었다. 조각가는 실수로 그녀의 이름을 '그라지엘라Graziella'가 아니라 '크라지엘라Craziella'라고 새겨 넣었다. 우리는 그녀를 '크레이지 엘

---

14 1913년 문을 연 당대 최고 시설의 호텔로 엘리베이터, 객실 전화기, 객실 금고 등을 갖추고 있었다. 세르게이 예세닌과 이사도라 덩컨 등 많은 유명 인사가 투숙했다.

15 1852년 출간된 알퐁스 드 라마르틴(Alphonse de Lamartine)의 동명 소설에 나오는 여주인공. 스타인벡이 나폴레옹과 관련 있는 인물로 착각한 듯하다.

라 Crazy Ella'라고 불렀다. 계단 끝에는 거대한 박제 곰이 금방이라도 공격할 것 같은 모습으로 서 있었다. 그러나 어느 겁 많은 손님이 손에서 손톱을 뽑아내어 곰은 손톱 없이 공격해야만 했다. 위층의 어두컴컴한 분위기는 사보이에 오는 새로운 손님에게 가벼운 충격을 안겨준다.

　우리 방은 컸다. 사보이호텔 다른 방에 묵는 손님들이 보기에 아주 탐낼 만한 방이라는 것을 나중에 알았다. 천장 높이는 6미터나 되었다. 벽은 애절한 느낌이 드는 짙은 녹색으로 칠해져 있었다. 침대에는 보조 기둥이 있어서 커튼을 칠 수 있었다. 가장 좋은 것은 짙은 색의 참나무 소파, 거울, 이중 옷장과 벽 끝에 돌아가며 새겨진 벽화였다. 시간이 가면서 이 벽화가 우리 꿈에 나타났다. 그림의 내용을 한번 설명해본다면, 바닥과 그림 중심에는 자신의 다리를 등 뒤로 올리고 배를 대고 누워 있는 곡예사가 있다. 그 사람 앞에는 그의 손 아래서 미끄럼을 타는 똑같이 생긴 두 마리 고양이가 그려져 있다. 그의 등 맞은편에는 두 마리 녹색 악어가 있고, 악어 머리에는 박쥐의 날개를 하고 왕관을 쓴 미친 원숭이가 있다. 원숭이는 근육질의 긴 팔을 가지고 있는데, 날개의 구멍을 통해 뻗은 이 팔은 물고기의 꼬리를 가지고 있는 두 마리 염소의 뿔을 잡고 있다. 염소는 뿔에서 끝나는 흉갑을 걸치고 있었는데, 그 뿔에는 무섭게 생긴 물고기 두 마리가 찔린 채 있다. 우리는 이 벽화를 이해하지 못했다. 이 그림이 의미하는 바가 무엇인지, 왜 우리 호텔방에 이 그림이 있는지 이해하지 못했다. 그러나 이 그림이 꿈에 나타나기 시작했고, 꿈은 악몽의 일종이었다.

　세 개의 커다란 이중창이 거리를 내려다보고 있었다. 시간이 좀 지나자 카파는 점점 더 창에 몸을 가까이 기대고 창문 아래서 일어나는 소소한 사건들을 사진 찍기 시작했다. 길 맞은편 건물 2층에는 작은 카메라 수리점을 운영하는 사람이 있었다. 그는 오랜 시간을 앉아서 카메라를 수리했다. 우리가 그를 사진 찍는 동안, 그는 우리를 사진 찍고 있었다는 것을 나중에 알았다.

　목욕실에 대해 말하자면, 모스크바에서 개인 욕실을 갖는다는 것은 영광이었다. 그러나 이 목욕실은 특이한 면이 있었다. 우선, 목욕실로 들어가는 게 어려웠다. 욕조가 문이 열리는 것을 방해하고 있어서 단순히 문을 열고 안으로 들어갈 수가 없었다. 일단 안에 발을 들여놓으면 세면대가 있는 벽 쪽으로 몸을 쭈그리고 앉아서 문을 닫아야 했다. 그러면 그때서야 목욕실 안에서 자유롭게 움직일 수 있었다. 욕조는 바닥에 단단히 고정되어 있지 않아서, 물이 가득 찬 상태에서 몸을 갑자기 움직이면 욕조가 기울어지면서 바닥으로 물이 쏟아져 내렸다.

　욕조는 연식이 있는 것이었다. 아마도 러시아혁명 전에 만들어진 것 같았다. 욕조 바닥의 에나멜 칠이 벗겨져 사포같이 되었다. 섬세한 인간인 카파는 목욕을 하다가 피가 날 수도 있다고 말하고, 반바지를 입고 욕조에 들어갔다.

사보이호텔 맞은편, 러시아 모스크바, 1947.

이 목욕실에는 여느 소련 목욕탕처럼 똑같은 문제가 있었다. 아마 다른 형태의 목욕실도 있겠지만 우리는 발견하지 못했다. 모든 꼭지가 물이 샜다. 변기, 세면대, 욕조 수도꼭지도 물이 샜다. 그리고 모든 배수구는 막혀 있었다. 욕조에 물을 채우면 물은 그대로 있지만, 욕조 마개를 열어도 물이 제대로 내려가지 않았다. 조지아의 한 호텔에서는 수도꼭지에서 새는 물소리가 너무 커서 잠이 들기 위해서는 욕실 문을 꼭 닫아야 했다. 바로 여기서 나는 중공업 분야에 제안할 위대한 발명을 생각해냈다. 이것은 매우 단순한데, 과정을 바꾸는 것이다. 배수구가 있는 곳에 수도꼭지를 설치하고, 수도꼭지가 있어야 할 곳에 배수구를 설치하는 것이다. 그러면 모든 문제가 해결될 수 있다.

그러나 우리 목욕실은 하나 뛰어난 기능을 가지고 있었다. 그것은 언제나 뜨거운 물이 잘 나온다는 것이었다. 어떤 때는 거의 바닥에 쏟아지기는 했지만, 우리가 원할 때 온수가 나왔다.

이곳에서 나는 카파의 본성에서 유쾌하지 않은 특이한 면을 발견했다. 나는 그가 어떤 젊은 여자에게 청혼을 하는 경우를 생각해서 그것을 기록하고자 한다. 그는 욕실 독점자인데, 아주 신기한 독점자이다. 그가 욕실을 차지하는 방법은 다음과 같다. 그는 침대에서 일어나 욕실로 들어가서 욕조에 물을 받는다. 그러고는 욕조물에 누워 졸음이 올 때까지 뭔가를 읽다가 잠이 들어버린다. 이런 버릇은 아침에 한 시간,

두 시간, 세 시간씩 지속된다. 그가 욕실에 있는 동안에는 아무리 급한 일이 있어도 욕실을 쓸 수 없는 상황이 벌어진다. 나는 카파에 대한 이런 정보를 공공봉사 차원에서 제공하는 것이다. 욕실이 두 개 있는 방이었다면 카파는 매력적이고, 지적이고, 성격 좋은 친구이다. 그러나 욕실이 하나만 있는 상황에서 그는 ―[16]

우리는 러시아 돈의 복잡한 상황에 붙잡혔다. 러시아 돈은 공식 환율과 비공식 환율 등 다양한 가치를 가지고 있다. 공식 환율은 5루블이 1달러였다. 미국 대사관 환율은 12루블이 1달러였다. 암시장에서 루블화를 사면 1달러에 50루블을 받을 수 있었다. 남미 국가 공관들은 폴란드나 체코슬로바키아 같은 타국에서 루블을 바꿨는데, 1달러에 100루블을 받았다. 12루블에 1달러 환율을 엄격하게 지키는 미국 대사관은 너무 비싸게 물건값을 지불한다고 직원들이 불평했다. 일례로 미국 대사관이 파티를 열면 12대 1의 환율 때문에 큰돈을 써야 하지만, 앞에 말한 대사관들이 100대 1의 비율로 돈을 바꾸어 파티를 열면, 파티 비용은 훨씬 덜 들었다.

사보이호텔에 체크인을 하자 우리에게 식사 쿠폰이 지급되었다. 아침, 점심, 저녁 식사용으로 하루 세 장이 지급되었다. 공공식당에서는 이 쿠폰을 가지고 웬만큼 잘 먹을 수 있었다. 그러나 우리가 상업적 식당에서 식사를 하려면, 음식

---

[16] 욕을 대신해 썼다.

값은 아주 비쌌지만, 음식의 질은 뛰어나게 더 좋지는 않았다. 맥주는 신맛이 났는데, 아주 비싸서 맥주 한 병에 1달러 50센트나 했다.

오후에 대외문화교류처는 자신들 본부에서 면담을 하자며 차를 보냈다. 우리 느낌에 누가 우리를 책임져야 하는지를 놓고 작가협회와 대외문화교류처 사이에 싸움이 있었던 것 같고, 대외문화교류처가 져서 우리를 떠맡은 것 같았다. 대외문화교류처는 한때 상인이었던 대공이 쓰던 멋진 작은 궁전을 사무실로 쓰고 있었다. 우리를 담당한 카라가노프 씨는 천장까지 떡갈나무 장식이 되어 있고, 스테인드글라스가 천장에서 빛을 받아들이는 아주 쾌적한 사무실에서 일하고 있었다. 젊고 금발에 조심스러우며, 정확한 영어를 천천히 말하는 카라가노프 씨는 책상 뒤에 앉아서 우리에게 많은 질문을 던졌다. 그는 책상 위 메모지에, 한쪽은 파랗고 다른 쪽은 빨간 연필로 뭔가를 끄적기렸다. 우리는 징치를 피하고 러시아 농부들, 노동자들, 장터의 사람들과 얘기를 나누고 이들을 이해하고 싶다는 식으로 우리의 계획을 설명했다. 우리는 양국 국민 사이의 상호이해를 위해 러시아 사람들이 어떻게 사는지 직접 보고, 미국인들에게 이에 대해 얘기하려 한다는 뜻을 전했다. 그는 조용히 들으면서 연필로 네모난 마크를 만들었다.

그는 "그런 일을 하려고 했던 사람들이 전에도 있었습니다."라고 말하며, 소련에 대한 책을 쓴 여러 사람을 거명했다. "그들은 이 사무실에 앉아 있을 때는 한 방식으로 얘기하고, 미국으로 돌아가서는 다른 방식으로 글을 썼습니다. 만일 우리가 다소 신뢰를 하지 못하는 게 있다면, 다 이런 것 때문입니다."

"당신은 우리가 우호적이거나, 비우호적으로 생각하고 이곳에 왔다고 생각하면 안 됩니다."라고 우리는 대답했다. "우리는 우리가 보고 들은 것을 정확하게 쓰고 사진을 찍을 것이고, 논평을 달지 않을 것입니다. 우리 마음에 들지 않거나 이해할 수 없는 일이 있으면, 그것도 그대로 쓸 겁니다. 우리는 스토리를 쓰기 위해 여기 왔습니다. 우리가 여기에 온 목적인 스토리를 쓸 수 있다면 당연히 쓸 것이고, 만일 쓸 수 없다면, 그것도 스토리가 됩니다."

그는 생각에 잠긴 듯 천천히 고개를 끄덕였다. "그 말을 믿겠습니다. 그러나 여기 와서는 대단히 친러시아적이었다가, 미국으로 돌아가서는 대단히 반러시아적이 된 사람들에게 지쳤습니다. 우리는 그런 경험이 아주 많습니다."라고 그가 말했다.

그는 계속 말했다. "우리 대외문화교류처는 권한이나 영향력이 크지 않습니다. 그러나 당신들이 원하는 일을 할 수 있도록 노력해보겠습니다."라고 한 다음 그는 미국에 대해 많은 것을 물어보았다. "많은 미국 신문들이 소련과 전쟁을 하는 것에 대해 언급하고 있습니다. 미국 사람들은 정말 소련과 전쟁을 원하고 있나요?"

"그렇게 생각하지 않습니다. 전쟁을 원하는 국민은 없다고 생각하지만, 우리도 잘 모르겠습니다." 우리는 대답했다.

그는 말했다. "내가 보기에 미국에서 전쟁에 대해 크게 반대하는 목소리를 내는 유일한 사람은 헨리 월리스[17]라고 생각합니다. 그를 따르는 사람이 많은지 말해보세요. 그 사람을 지지하는 사람이 많나요?"

우리는 "잘 모르겠습니다. 그러나 우리가 아는 것은 헨리 월리스가 순회강연에서 입장료를 받았는데, 많은 돈이 걷혔습니다. 우리가 알기로 사람들이 정치 행사에 돈을 내고 간 첫 경우입니다. 그리고 많은 사람이 앉거나 설 자리가 없어 되돌아가야 했습니다. 이것이 다가오는 선거에 어떤 의미가 있는지는 모르겠습니다. 전쟁을 잠깐 경험한 우리는 전쟁을 좋아하지 않습니다. 우리같이 생각하는 사람이 많다고 알고 있습니다. 만일 전쟁이 지도자들이 우리에게 주는 유일한 답이라면, 우리는 정말 가난에 찌든 시대에 살고 있는 것입니다."라고 말한 다음, 다음과 같이 물었다. "러시아 사람들이나 러시아 정부, 아니면 정부의 어느 한 부문이 전쟁을 원하고 있습니까?"

그러자 그는 몸을 곧추세우고 연필을 놓더니 이렇게 말했다. "이에 대해 나는 확실히 말할 수 있습니다. 러시아 국민이나 정부의 어느 부문도 전쟁을 원하지 않습니다. 나는 그

---

[17] 헨리 월리스(Henry Wallace, 1888-1965) 미국의 농무장관을 지냈고 루스벨트 대통령 시기 부통령을 역임(1941-1945)했다.

이상을 말할 수 있습니다. 러시아 국민은 전쟁을 피하기 위해 모든 일을 할 것입니다. 이것은 내가 확신합니다." 그는 다시 연필을 집더니 메모지 위에 동그라미를 그렸다.

"미국 문단에 대해 얘기해봅시다."라고 그가 말했다. "미국 소설가들은 더 이상 아무것도 믿지 않는 것 같습니다. 실제로 그런가요?"

"잘 모르겠습니다."라고 나는 말했다.

"당신의 가장 최근작도 냉소적인 것처럼 보입니다."라고 그가 말했다.

"냉소적은 아닙니다. 작가의 임무는 자신의 시대를 자신이 이해하고 있는 것만큼 근접하게 쓰는 것입니다. 그것이 내가 하고 있는 일입니다."

그런 다음 그는 콜드웰E. Caldwell, 포크너 등 미국 작가들에 대해 묻고, 헤밍웨이의 새 책은 언제 나오는지 물었다. 그리고 어떤 젊은 작가들이 나타나는지 물었다. 우리는 몇 명의 젊은 작가들이 부상하고 있기는 하지만, 이들이 제대로 등장할지 예상하기에는 아직 이르다고 대답했다. 글 쓰는 것을 업으로 하는 젊은이들은 지난 4년을 군에서 보냈다. 이러한 경험은 이들을 크게 동요시켰고, 이들이 자신의 경험과 삶을 정리하고, 다시 글을 쓰는 데는 시간이 좀 걸릴 것이라고 말했다.

미국에서 작가들이 서로 뭉치지 않고, 서로 친밀히 교제하지 않는 것에 대해 그는 약간 놀란 듯했다. 소련에서 작가들은 아주 중요한 사람들이다. 스탈린은 '작가는 인간 영혼의 건축가'라는 말을 했다.

우리는 그에게 미국에서 작가들은 완전히 다른 위치를 차지한다고 설명했다. 미국에서 작가는 곡예사 아래, 물개 위에 있는 것으로 간주된다고 말했다. 그리고 우리 생각에 이것은 아주 좋은 것이라고 했다. 작가, 특히 젊은 작가가 너무 존중되면, 그것은 여자 영화배우가 상업잡지의 주목을 끄는 것과 같은 것이라고 했다. 미국 작가가 겪는 험하고 거친 비평의 세계는 길게 보면 그에게 아주 이로운 것이라고 말했다.

우리가 보기에 러시아인들과 미국인들 또는 영국인들 사이의 가장 큰 차이는 자신들의 정부에 대한 감정이었다. 러시아인들은 자신들의 정부가 선량하고, 정부의 모든 부문이 선량하고, 자신들의 임무는 정부가 앞으로 나아가게 하고, 모든 방법으로 정부를 지원하는 것이라고 배우고, 훈련되고, 고무되었다. 그 반면에 미국인과 영국인들 사이의 깊은 감정은 정부는 위험하기 때문에 정부는 가능한 작게 유지하여야 하며, 정부의 권력은 좋은 것이 아니고, 존재하는 정부는 항상 감시되어야 하고, 늘 방심하지 말고 긴장을 늦추지 말아야 한다는 것이다. 나중에 우리가 농장에서 농부들과 한자리에 앉게 되어 이들이 우리 정부가 어떻게 작동하는지 물었을 때, 우리는 한 사람이나 한 집단에 집중된 권력에 대한 두려움이 있고, 우리의 정부는 견제와 균형이 가능하도록 구성되며, 권력이 한 사람 손에 떨어지지 않도록 고안되었다고 설명하려 노력했다. 또한 우리는 정부를 만들고 이를 지속시킨 사람들은 권력을 두려워해서 강력한 리더십의 전례를 허용하기보다는 리더를 기꺼이 교체하기로 했다는 것도 설명하려 노력했다. 소련에서는 지도자는 선하고, 리더십도 선하다고 사람들이 훈련받았기 때문에 우리가 이런 생각을 제대로 설명했다고 확신할 수 없었다. 여기에는 성공적인 논쟁이 불가능했다. 두 개의 다른 체제가 서로 소통하는 것은 불가능했다.

카라가노프의 메모장은 붉고 파란 부호들로 가득했다. 마지막으로 그는 이렇게 말했다. "당신들이 하고 싶어 하는 일의 목록을 만들어서 나에게 보내면, 그 일을 주선할 수 있는지 알아보도록 하겠습니다."

우리는 카라가노프가 아주 마음에 들었다. 그는 직설적이고 분명하게 말하는 사람이었다. 후에 우리는 많은 미사여구와 공허한 말을 많이 들었지만, 그러나 카라가노프로부터는 이런 말을 들은 적이 없었다. 우리도 실제 우리를 벗어나는 연기를 한 적이 없었다. 우리는 특정한 세계관, 미국식 관점을 가지고 있었고, 그가 보기에 일정한 편견을 가지고 있었다. 그러나 그는 이것 때문에 우리를 싫어하거나 불신하기는커녕, 우리를 더욱 신뢰하는 것 같았다. 우리가 소련에 머무는 동안 그는 많은 도움을 주었다. 우리는 그를 아주 많이 만났는데, 그가 우리에게 요구하는 것은 단 한 가지였다. "진실을 얘기하세요, 당신들이 보는 것을 얘기하세요. 그것을 바꾸지 말고, 있는 그대로 쓰세요. 그러면 우리는 아주 기쁠 겁니다. 우리는 아부를 싫어합니다." 우리가 보기에 그는 솔직하고 선량한 사람이었다.

우리의 여행과 관련해서 조용한 싸움이 계속되고 있었다. 소련을 방문하는 사람은 특정 기관의 초청 손님으로 가거나 특별한 일을 근거로 가야 했다. 우리를 지원하는 기관이 작가협회인지 대외문화교류처인지 우리도 알 수 없었다. 두 기관이 이 불분명한 영예를 서로에게 떠넘기려고 하고 있는지도 몰랐다. 우리가 분명히 알고 있는 것 하나는 우리를 특파원 신임장을 가진 공식 특파원으로 등록하지 않겠다는 것이었다. 그런 경우 외국인업무국의 후원과 통제를 받아야 했다. 특파원들에 대한 외국인업무국의 규칙은 너무 엄격해서, 만일 우리가 그 기관의 통제를 받게 되면 특별허가 없이는 모스크바를 떠날 수 없었다.[18] 그리고 그 허가는 받기가 어려웠다. 우리는 자유롭게 여행할 수 없을 뿐만 아니라, 글을 쓰고, 사진 찍는 것도 검열을 받아야 했다. 미국, 영국 특파원들과 얘기를 해보니, 그들의 보도 작업은 러시아 신문이나 잡지에 나온 기사를 번역하는 정도였다는 것을 알게 되었고 우리도 그들과 같은 상황에 처하는 것을 원치 않았다. 그리고 이러한 번역문을 송고할 때도 검열 과정에서 많은 부분이 삭제된 후 전문으로 보낼 수 있었다. 이러한 검열 제도의

---

18 소련 시대 모스크바 주재 외교관과 특파원 들은 모스크바 30킬로미터를 벗어나기 위해서는 외무성의 특별허가를 받아야 했다.

일부는 완전히 어이가 없었다. 한번은 미국 특파원이 모스크바를 묘사하면서 크렘린이 삼각형 모양이라고 기술했는데, 이것이 검열 과정에서 삭제되었다는 말도 들었다. 검열에는 일관된 원칙이 없었다. 그러나 모스크바에 오래 주재한 경험 많은 특파원들은 무엇이 검열을 통과하고, 무엇이 통과하지 못하는지 대략 알 수 있었다. 특파원들과 검열 사이의 영원한 투쟁은 계속되고 있었다.

새로운 굴착기에 대한 유명한 이야기가 있다. 그 내용은 다음과 같다. 한 엔지니어가 굴을 파고, 터널을 파는 '땅 파는 두더지ground mole'라는 이름의 기계를 발명했다. 기계의 사진과 제원諸元이 소련 과학잡지에 실렸다. 이 내용을 미국 특파원이 발견해서 기사를 실었다. 그러자 영국의 한 신문이 자신의 특파원에게 이 기계를 취재하라고 지시했다. 영국 특파원이 과학잡지사에 가서 자료를 찾아 신문사에 보내려고 했는데, 기사 전체가 검열에 걸렸다. 몇 달 전에 이런 일이 일어났고, 내가 알기로는 이 기사는 아직 검열을 통과하지 못한 상태이다.

특파원들은 새로 시행된 규칙에 제약을 받는다. 농업, 산업, 인구에 대한 정보 노출은 군사정보 누출과 거의 같은 수준의 반역죄로 취급받았다. 그 결과 러시아 생산에 대해 어떠한 통계도 얻을 수 없게 되었다. 모든 것이 퍼센트로만 언급되었다. 기본 숫자가 없는 상태에서 이런 통계는 당신을 원점으로 돌아오게 만든다. 일례로 당신은 한 트랙터 공장이 얼마나 많은 트랙터를 생산하는지 정보를 얻을 수 없지만, 생산량이 1939년의 95퍼센트라는 정보는 얻을 수 있다. 당신이 1939년에 얼마나 많은 트랙터가 생산되었는지 알고 있다면 당신은 정확한 통계를 알 수 있지만, 만일 다른 숫자를 알고 있지 못하면, 아무것도 얻을 수 없다. 일부 경우에 이 모든 일은 완전히 말도 안 되는 상황을 만들어낸다. 일례로 스탈린그라드의 인구수를 물어보면, 전쟁 전의 87퍼센트라는 답을 듣게 된다. 그러면 전쟁 전의 인구수를 찾아서 이 숫자를 역으로 계산하여 현재 스탈린그라드에 살고 있는 주민의 수를 알아내야 한다.

모스크바의 특파원들과 검열 당국 사이에는 의도적인 '모호한 말double talk' 전쟁이 항상 진행되고 있었고, 우리는 여기에 말려들고 싶지 않았다.

이 시점에 조 뉴먼이 레닌그라드에서 열린 모피 경매 취재를 마치고 돌아왔다. 조는 좋은 친구일 뿐만 아니라 아주 수완 좋은 인물이었다. 그는 일본과 아르헨티나에 주재하며 훈련을 받았는데, 이 훈련 덕에 모스크바에 적임자가 되었다. 그는 직설적 대화가 드문 나라에서 일한 오랜 경험을 통해 여유 있는 마음을 갖게 되었다. 그는 뉘앙스와 암시에 예민한 감각을 갖게 되었다. 그는 말 뒤에 숨어 있는 의미를 파악할 줄 알았고, 이에 더해 아주 여유로운 사람이었다. 특파원으로서 그런 태도를 갖지 않으면 미쳐버리고 말 것이 분명했다. 우리는 그가 우리에게 준 정보와 우리를 적절히 훈련시켜주어 크게 감사한다.

　우리는 미국 대사관을 방문했고, 이곳은 다른 나라에서 본 것과 달랐다. 대부분의 대사관에는 미국 관광객들과 방문객들이 끝없이 밀려들지만, 모스크바의 미국 대사관은 사실상 아무도 방문하지 않았다. 방문할 사람 자체가 없었다. 관광객이 전혀 없었다. 극히 소수의 사람만 모스크바를 방문했다. 미국 대사관에는 꽤 많은 직원이 일하고 있었지만, 이들은 대체로 자기들끼리 교제하거나 다른 대사관 사람들을 만났다. 외국인이 러시아인과 관계를 맺는 것은 제한되어 있었다. 지금처럼 긴장이 높은 시기에 러시아인이 미국 대사관 직원들과 가까이 지내는 모습을 보이고 싶어 하지 않는 것은 당연했고, 충분히 이해가 되었다. 대사관의 한 직원은 이 상황을 이렇게 설명했다. 미 국무부 관리가 모스크바를 방문하여 러시아 사람들을 도대체 접촉할 수 없다고 불만을 토로했다. 대사관 직원은 말했다. "그러면 워싱턴에서 당신 사무실의 비서가 소련 대사관의 누군가와 사귄다고 생각해보세요. 당신은 어떻게 하겠습니까?" 그러자 국무부 관리가 말했다. "그녀를 즉시 해고할 거요." 대사관 직원은 대답했다. "자, 러시아 사람들도 똑같은 식으로 느낀다는 것을 당신도 알겠지요."

　미국 대사인 스미스 장군은 우리를 저녁 식사에 초대했다. 그는 지적이고 사려 깊은 사람이었고, 두 나라 사이의 관계를 증진시키기 위해 최선을 다하고 있었다. 그러나 그가 일을 하면서 많은 어려움을 겪고 있다는 것을 말하지 않을 수 없다. 외국에 나와 일하는 외교관들도 특파원들과 똑같은 제약을 받고 있었다. 이들은 모스크바를 벗어날 수 없었고, 지방을 돌아다닐 수도 없었다. 이들이 러시아 가정에 접근하는 것은 제약이 많았다. 이것은 러시아 사람을 초대할 수 없다는 말이 아니다. 러시아 사람을 초대하면, 꼭 무슨 일이 일어났다. 그는 아프거나, 올 수 없거나, 출타 중이다. 불행한 일이지만 사실이다. 미국에서도 어느 정도는 같은 상황이라는 것도 이와 비슷하게 안타까운 일이다.

우리는 세상에서 러시아 사람들이 최악의 선전가이고, 최악의 홍보맨이라고 생각한다. 외국 특파원들의 예를 들어보자. 보통 기자들은 최고의 선의를 가지고 자신이 보는 것을 최대한 이해해보겠다는 의욕을 가지고 모스크바로 온다. 그러나 그는 즉시 자신이 금기시된 인물이고, 기자로서 제대로 일을 할 수 없다는 것을 깨닫게 된다. 한 사람을 부정적으로 만드는 데 이보다 더 빠른 방법은 없다. 자신이 맡은 임무를 할 수 없게 된 기자는 신경질적이 되고 야비해진다. 자신이 맡은 역할을 할 수 없게 된 사람은 그렇게 만든 원인을 증오한다. 대사관 직원들과 특파원들은 외로움을 느끼게 되고, 격리되어 있다고 느낀다. 이들은 러시아 한가운데서 섬처럼 고립되어 있다. 이들이 외롭고 비참하다고 느끼는 것은 하나도 이상할 게 없다.

정규 특파원들에게는 외국인업무국의 엄격한 규정이 적용되었지만, 우리는 그들에게 허용되지 않은 많은 일을 할 수 있었다. 그러나 뉴스를 보도하는 일이 우리 임무였다면 우리는 외국인업무국에 등록을 해야 했고, 그랬으면 우리도 모스크바를 벗어나지 못했을 것이다.

대외문화교류처는 우리에게 통역사를 배정했다. 우리는 거리의 표지판도 읽을 수 없었기 때문에 통역사가 절대적으로 필요했다. 우리의 통역사는 젊고, 아담하고, 예쁜 여학생이었다. 그녀는 영어를 아주 잘 구사했다. 미국 역사를 전공하는 모스크바대학교 대학원생이었다. 그녀는 민첩하고, 예리하며 강인했고, 소련군 대령의 딸이었다. 그녀는 우리에게 큰 도움이 되었는데, 모스크바시를 아주 잘 알고 있었고, 일을 아주 민첩하게 처리하기 때문만 아니라, 그녀와 대화를 통해 우리는 최소한 모스크바 젊은이들이 무슨 생각을 하고, 무슨 대화를 나누는지 알 수 있었다. 그녀의 이름은 스베틀라나 리트비노바였다. 그녀의 이름은 스위트 라나처럼 발음되었고, 우리는 그 발음이 너무 예뻐서 이런 식의 이름을 확산시키기로 했다. 우리는 스위트 스미스 장군, 스위트 해리 트루먼, 스위트 캐리 채프먼 캣이라고 불러보려고 했지만, 제대로 되지 않았다. 최종적으로 스위트 조 뉴먼이 괜찮은 것을 발견했고, 계속 그렇게 쓰기로 했다. 그는 아직도 스위트 조로 알려져 있다.

스위트 라나는 열정과 민첩성의 화신이었다. 그녀는 우리를 돌보았고, 우리가 보고 싶어 하는 것을 보여주었다. 그녀는 의지가 결연한 어린 여자였다. 그녀의 의견은 그녀만큼 견고했다. 그녀는 모든 종류의 현대 예술을 싫어했다. 추상화가들은 타락한 미국인이었다. 미술에서의 실험도 역시 타락했다. 피카소는 그녀를 구역질 나게 했고, 우리 호텔방에 있는 정신없는 벽화를 그녀는 타락한 미국 미술의 예로 보았다. 그녀가 정말 좋아하는 유일한 그림들은 19세기의 사진 같은 사실화였다. 우리는 이것이 그녀 개인만의 취향이 아니고, 일반적 경향인 것을 발견했다. 우리는 화가에 대한 압력이 있다고는 생각하지 않는다. 그러나 화가가 자신의 그림이 국가 전시장에 걸리기를 원하고, 그것이 유일한 전시 공간이라면, 그는 사진과 같은 그림을 그릴 수밖에 없을 것이다. 그는 최소한 공공연하게 색과 선을 가지고 과감한 실험을 하지 않을 것이고, 새로운 기법을 만들어내지도 않고, 자신만의 주관적 접근을 하지 않을 것이다. 스위트 라나는 이 주제에 관해서는 한 발도 물러나지 않았다. 그리고 그녀는 모든 주제에 대해서도 똑같은 태도를 보였다. 그녀를 통해 우리는 소련의 젊은이들을 뒤덮은 도덕성의 물결을 이해할 수 있다. 이것은 한 세대 전의 미국 소도시의 도덕성과 비슷한 면이 있었다. 착한 여자애는 나이트클럽에 가면 안 된다. 착한 여자애는 담배를 피우면 안 된다. 착한 여자애는 립스틱을 바르거나 손톱을 물들이면 안 된다. 착한 여자애는 얌전하게 옷을 입어야 한다. 착한 여자애는 술을 마시면 안 된다. 착한 여자애는 남자친구를 조심해야 한다. 스위트 라나가 너무 도덕적이라서, 스스로를 그렇게 비도덕적이라고 생각하지 않았던 우리들이 외설적이라고 느끼게 되었다. 우리는 몸매가 좋은 여자를 좋아하고, 가는 발목을 좋아하고, 우리는 마스카라와 아이섀도에 끌린다. 우리는 스윙 음악과 스캣 노래를 좋아하고, 코러스라인의 미끈한 다리를 좋아한다. 스위트 라나에게는 이 모든 것이 퇴폐적이었다. 이것은 퇴폐한 자본주의의 산물이었다. 그리고 이런 태도는 스위트 라나에게만 있는 것이 아니었다. 우리가 만난 거의 모든 젊은이들이 이런 태도를 가지고 있었다. 우리나라의 가장 보수적이고, 낡은 집단의 태도를 소련의 젊은이들에게서 발견한 것은 흥미로웠다.

스위트 라나는 아주 깔끔하고 단정했다. 그녀의 옷은 잘 만들어졌고, 단순했고, 몸에 잘 맞았다. 그녀가 가끔 우리를 극장이나 발레 무대에 데려갈 때면, 모자에 작은 망사를 걸쳤다. 그러나 우리가 소련에 있는 동안 스위트 라나는 우리의 타락에 대해 조금 덜 걱정하게 되었다. 소련을 떠나기 전날 밤, 우리는 작은 파티를 열었다. 스위트 라나는 "나는 많은 사람들을 안내했는데, 전에는 결코 재미를 느껴본 적이 없어요."라고 말했다.

그녀가 대학에서 공부하는 미국 역사는 공부량이 엄청났고, 당연히 소련의 과학적 방식을 따르고 있었다. 그녀는 우리조차 미국 역사에서 전혀 듣지 못한 것들을 알고 있었지만, 그것들을 당연히 마르크스주의 관점에서 이해했다. 그래서 우리가 알고 있는 사건들을 그녀가 말할 때 이상하고 낯선 소리로 얘기했다. 우리가 러시아 역사에 대해 아는 것도 그녀 귀에는 이와 똑같은 방식으로 들렸을 것이다. 우리의 퇴폐에도 불구하고 나는 그녀가 조금씩 우리를 좋아하게 되었다고 생각한다. 한 가지 분명한 것은 우리는 그녀가 접촉했던 대부분의 관광객들과 달랐다는 것이다. 그러나 가끔씩 스위트 라나는 소련 젊은이의 진지한 심각성을 벗어나서 퇴폐적이지 않은 재미를 조금씩 즐겼다.

우리는 이런 심리상태를 알고 싶은 생각이 강했는데, 점차 조금씩 분명히 알게 되었다. 소련의 젊은이들은 해야 할 일이 아주 많다고 훈련을 받았다. 자신들이 성취할 수 있는 많은 일이 있다고 배웠다. 그래서 빈둥거리고 놀 시간이 없었다. 학교에 들어가서 시험을 치고 최고 점수를 받아야 한다, 최고 점수를 받아야 장학금을 받을 수 있다. 대학은 정원보다 늘 지원자가 많아서 경쟁은 치열하다. 그리고 모든 곳에서 영예와 보상은 최고로 뛰어난 사람에게 간다. 과거의 성과나 당신의 아버지, 할아버지가 이룬 일로 덕을 보는 법은 없다. 한 사람의 지위는 전적으로 자신의 지성과 노력에 달려 있다. 만약 이 방식이 소련의 젊은이들이 긴장을 풀지 못하고 유머를 잃게 했다면, 대신에 젊은이들이 아주 열심히 노력하게 만들기도 했다.

스위트 라나는 우리를 레닌언덕[19]으로 데려갔다. 우리는

---

19 모스크바강 우측에 자리 잡은 약 80미터(해발 200미터) 높이의 언덕으로 평지가 대부분인 모스크바에서 거의 유일한 언덕이다. 모스크바대학교가 자리 잡고 있다. 현재 명칭은 '참새언덕'이다.

레닌언덕에서 바라본 모스크바 전경, 러시아 모스크바, 1947.

시 전체가 내려다보이는 언덕에 섰다. 지평선까지 뻗쳐 있는 모스크바는 거대한 도시였다. 하늘에는 검은 구름이 깔려 있었고, 그 밑으로 해가 빛나며 크렘린의 황금 돔들이 햇빛에 반짝였다. 거대한 새 건물들과 창틀에 목조 장식을 두른 작은 목조 가옥들의 도시였고, 개성이 넘치는 신비스럽고, 운치가 있는 도시였다. 모스크바 인구에 대한 공식 통계는 알 수 없었지만, 6-7백만이라는 얘기를 들었다.

우리는 다시 시내로 천천히 내려왔다. 도랑에는 양배추가 심어져 있었고, 길 양옆에는 감자가 가득 심어져 있었다. 승리의 텃밭[20]이라고 우리가 알고 있는 밭이 계속되었고, 계속 이어질 것이다. 모든 사람이 자신의 텃밭에 양배추, 감자를 심고 있었고, 이 텃밭을 지키기 위해 눈에 불을 켰다. 우리가 모스크바에 있는 기간에 여자 두 명이 남의 밭에서 감자 1킬로그램을 훔친 죄로 10년 강제노동형을 선고받았다.

우리가 모스크바로 돌아오는 동안 거대한 먹구름이 몰려오더니 비가 쏟아졌다.

사람이 세상에서 하기 가장 어려운 일은 사물을 있는 그대로 관찰하고 받아들이는 것이다. 언제나 우리는 희망하고, 기대하고, 두려워하는 것으로 우리의 그림을 감싼다. 러시아에서 우리는 우리의 기대와 맞지 않는 것을 많이 보았다. 바로 그 이유 때문에 사진이 좋은 것이다. 카메라는 선입견이

---

20   승리의 텃밭(victory garden). 1차세계대전과 2차세계대전 중 식량 부족을 타개하기 위해 곳곳에 만들어진 채소밭.

없기에 자기가 본 것을 그대로 기록한다.

우리는 모스크바를 떠나 지방을 여행해도 좋다는 허가를 기다리고 있었다.

우리는 공보부의 책임자를 만나러 갔다. 그는 회색 유니폼에 어깨에는 외국인업무국의 사각 견장을 달고 있었다. 그의 눈은 터키옥처럼 밝은 푸른색이었다.

카파는 사진을 찍게 해 달라고 열변을 토했다. 지금까지 그는 사진을 찍을 수 없었다. 공보부 책임자는 가능한 한 빨리 사진 허가가 나오도록 최선을 다하겠다고 우리를 안심시켰다. 미팅은 공식적이고 점잖게 진행되었다.

그날 오후 우리는 레닌박물관을 방문했다. 방 하나하나마다 한 사람 생애의 모든 조각들이 전시되어 있었다. 나는 역사상 이렇게 철저하게 기록이 남겨진 사람은 없다고 생각한다. 레닌은 쓰던 물건을 하나도 버리지 않은 것 같았다. 방과 장에는 그의 저작, 메모, 일기, 선언, 선전 책자가 가득 전시되어 있었다. 그가 쓰던 펜과 연필, 그가 둘렀던 스카프, 옷 등 모든 것이 거기 있었다. 그리고 벽을 둘러 소년 시절부터 그의 생애의 모든 중요한 사건들을 묘사한 거대한 그림이 걸려 있었다. 그가 참여한 볼셰비키혁명의 모든 사건은 어마어마하게 큰 그림으로 벽에 전시되어 있었다. 그의 책들은 대리석 틀에 전시되고, 벽에도 전시되고, 제목은 황동으로 부조되었다. 모든 가능한 포즈를 취한 레닌 동상들이 있었고, 그의 생애 뒷부분에 스탈린이 등장했다. 그러나 박물관 전체를 둘러봐도 트로츠키 그림은 하나도 없었다. 러시아혁명과 관련해서 트로츠키는 존재하지 않는 것이다. 그는 존재한 적이 없었다. 이것은 우리가 이해할 수 없는 역사적 접근법이었다. 이것은 실제 역사라기보다 그렇게 되기를 바랐던 역사이다. 트로츠키가 러시아혁명에서 큰 역사적 영향력을 발휘했다는 것은 의심의 여지가 없는 일이다. 그리고 그가 제거되고 사라진 것도 역시 역사적으로 아주 중요한 사실이다. 그러나 젊은 러시아인들에게 그는 존재하지 않았다. 레닌박물관을 찾아서 혁명의 역사를 보는 어린이들에게 좋건 나쁘건 관계없이 트로츠키는 없었다.

박물관에는 사람이 넘쳐났다. 소련 병사들 그룹도 있었고, 어린이들도 있었다. 여러 공화국에서 올라온 관광객들도 있었다. 그룹마다 안내자가 있었는데, 안내자는 지시봉을 들고 설명하는 여러 주제의 대상을 가리켰다.

우리가 거기 있는 동안 자신들이 가진 가장 좋은 옷을 차려입은 여섯 살에서 열세 살까지의 고아들이 긴 줄을 이루어 입장했다. 이들은 박물관을 구경하면서 죽은 레닌의 기록된 생애를 큰 눈으로 쳐다보았다. 아이들은 그의 털모자와 넓은 깃의 외투, 그의 신발을, 그가 글을 쓰던 탁자, 그가 앉았던 의자를 경이롭게 쳐다보았다. 이 사람에 대한 모든 것이 거기 있었다, 유머를 뺀 모든 것이. 그의 생애를 통틀어 그가 가볍거나 유머가 있는 생각을 했다는 증거는 없다. 진심에서 터져 나온 웃음이나 재미있게 시간을 보낸 저녁도 없었다.

이런 일들이 있었던 것은 분명하지만, 역사적으로는 그런 일을 하도록 허용되지 않았다.

이 박물관을 둘러보면, 레닌은 자신이 역사에서 차지할 위치를 잘 알고 있었던 것 같은 느낌을 받는다. 그는 단지 자신의 모든 생각과 저술을 다 보존했을 뿐만 아니라, 그의 사진도 수백 장이나 되었다. 그는 모든 장소에서 모든 상황에서, 모든 나이에 걸쳐 찍은 사진이 있다. 마치 그는 언젠가 레닌박물관이라는 박물관이 세워질 것을 미리 알고 있었던 것 같다.

박물관 전체에는 조용히 속삭이는 소리가 났다. 사람들은 서로 속삭이며 말했고, 안내자는 지시봉을 가지고 이상한 멜로디의 장황한 설명을 했다. 러시아 사람들 마음에 사람은 사람으로 존재하지 않는다. 그는 더 이상 살로 만들어진 존재가 아니라, 돌, 청동, 대리석으로 만들어진 존재이다. 레닌의 대머리와 날카로운 턱수염은 소련 어디에나 있었다. 뚫어지게 쳐다보는 사시 눈은 그림 캔버스 밖을 쳐다보고 회반죽을 뚫고 내다본다.

저녁에 우리는 아메리칸클럽 파티에 갔다. 이곳은 대사관 직원들, 국방무관부, 해군무관부의 군인들이 어울리며 여가를 보내는 곳이다. 금주령 시기를 연상시키는 보드카와 포도 주스로 만든 바이퍼린펀치viperine punch가 나왔다. 스윙 음악 광인 에드 길모어가 이끄는 작은 스윙 밴드가 연주를 했다. 그는 밴드를 '크렘린 크로스Kremlin Krows'라고 불렀는데, 이 명칭에 따가운 눈초리가 보이자, '모스크바강의 쥐들Moscow

River Rats'이라고 이름을 바꿨다.

레닌박물관에서의 엄숙한 오후를 보낸 후 이 파티의 작은 소동과 소란, 웃음이 우리는 즐거웠다.

파티에 온 여자들 중에는 지금은 유명한 존재가 된 미국인, 영국인과 결혼한 러시아 여자들이 상당수 있었다. 이들은 소련을 떠날 수 있는 허락을 받지 못했다. 예쁘지만 불쌍한 여자들이었다. 이들은 영국이나 미국에 있는 남편과 결합할 수 없어서 최종 결정이 내려질 때까지 대사관에 고용되어 있었다.

소련에 대해 우리가 이해할 수 없는 많은 일이 있는데, 이것이 그중 하나였다. 이런 여자들은 50명이 채 되지 않았다. 이들은 소련에 도움이 되지 않았고, 의심을 받고 있었다. 러시아인들도 이들과 어울리지 않았고, 이들은 소련을 떠날 허가를 받지 못한 상태였다. 이 50명의 여자, 별로 중요하지 않은 50명의 어지 때문에 소련은 다른 어떤 것보다 나쁜 평판을 얻고 있었다. 이후 러시아는 자국인과 외국인의 결혼을 금했기 때문에 이런 일은 다시 벌어지지 않을 것이다. 그러나 이 여자들은 모스크바를 떠날 수가 없고, 이 슬픈 여인들은 더 이상 러시아인이 아니지만, 아직 영국인이나 미국인도 아니다. 그들을 여기에 붙잡아 두는 사고방식을 우리는 이해할 수 없었다. 아마도 이것은 러시아인들이 다른 사람으로부터 무엇을 하라는 말을 듣기를 원치 않기 때문일 수도 있었다. 그런 간단한 이유 때문일 수도 있었다. 영국 수상 클레멘트 애틀리Clement Attlee가 이 사람들을 출국하게 해줄 것을 직접 얘기하자, 그는 자신의 일이나 신경 쓰라는 말을 들었다. 우리가 사는 세상에 증가하고 있는 국제적으로 어리석은 일 중 하나가 아닐 수 없다. 어떤 때 보면 국가 지도자들은 서로를 쓰러뜨리려 반감을 가지고 달려드는 어린 소년들 같아 보인다.

아메리칸클럽에서의 시끄러운 파티는 아주 좋았고, 우리는 약간의 향수를 느꼈다. 그곳에 있던 사람들도 모두 향수를 느꼈다. 왜냐하면 러시아 사람들은 외국인에게 그다지 친절하지 않았고, 특히 외국 정부에 고용된 사람들에게 더욱 그랬다. 비록 우리는 소련에 오래 있지 않았지만, 여자들의 립스틱, 마스카라, 매니큐어 칠한 손톱이 아주 좋아 보였다.

다음 날 오후 우리는 에어쇼에 가보았다. 민간 행사도 있었지만, 쇼 대부분은 소련 공군이 주관했다. 소련의 여러 군은 각각의 기념일을 갖고 있다. 탱크의 날, 보병의 날, 해군의 날, 공군의 날이 있는 식이다. 이것은 군사적 성격이 강한 행사였기 때문에 카메라는 허용되지 않았다. 이것도 좀 말이 되지 않는 것처럼 보였다. 비행기를 제대로 아는 각 대사관의 무관들이 참석하기 때문이었다. 우리는 지상에 설치된 작은 구멍에서 비행기 한 대도 알아볼 수 없었다. 모든 무관들은 자신이 보는 비행기를 스케치하고, 자신이 보고 있는 비행기가 어떤 기종인지 알겠지만, 우리는 아무것도 알 수 없었다.

우리를 데리러 차가 왔다. 우리는 붉은기와 공군기가 늘어선 긴 길을 따라갔다. 고속도로는 거대한 스탈린, 마르크스, 레닌의 초상화로 경계가 나뉘어져 있었다. 수많은 사람들이 기차를 타고, 버스를 타고, 아니면 걸어서 비행장으로 몰려들었다.

우리 자리는 대관람석에 있었는데, 이것은 잘못된 것이었다. 수백만 명의 사람들이 서서 쇼를 보는 잔디밭에 있는 것이 더 나았다. 뜨거운 날이었고, 햇빛을 피할 수 있는 곳이 없었다. 평평한 풀밭에는 텐트가 쳐져 있었고, 거기에서는 음료수와 작은 케이크를 팔았다. 우리가 자리에 앉았을 때 낮은 소음이 일더니 커다란 굉음으로 변했다. 사람들이 모두 일어서서 지금 막 도착한 스탈린을 영접하는 것이었다. 우리는 관람석 반대편에 있었기 때문에 그가 앉은 자리가 보이지 않았다. 그의 도착을 대하는 사람들의 반응은 환호가 아니라 수백만 마리의 벌들이 내는 소리 같은 웅웅거리는 소리였다.

에이쇼는 비로 시작되었다. 처음에는 공장, 비행클럽에서 나온 민간기와 여자들이 조종하는 비행기가 등장했다. 비행기들은 정교한 대형을 만들며 날았고, 멋진 쇼를 펼쳤다. 긴 줄로 늘어선 비행기들이 선도기를 따라 원을 만들고, 기체를 뒤집고, 서로 꼬리를 물고 하강을 했다.

다음으로 군용기들이 나타났다. 3대, 5대, 7대가 밀집 대형을 만들어 서로 날개를 바짝 붙인 채 하나의 비행기처럼 움직였다. 멋진 비행이었다. 그러나 사람들은 이것을 보러 온 것이 아니다. 사람들은 제트기와 로켓 추진기를 단 비행기 같은 새 비행기 모델을 보려고 왔다. 드디어 이 비행기들이 나타났다. 어떤 비행기는 양쪽 날개의 로켓 엔진이 흰 연무를 뿜으며 빠른 속도로 거의 수직으로 상승을 했다. 마침내 제트기들도 나타났다. 내가 착각했는지 모르겠는데, 이 비행기들은 지상 100미터 높이로 날았다. 우리가 비행기 소리를 들었을 땐 비행기는 이미 멀리 가버린 뒤였다. 3, 4종의 새 모델을 선보인 것 같았다. 우리가 이것들을 다른 제트비행기와 비교해볼 수는 없었지만, 속도가 아주 빨라 보였다. 모습을 드러낸 모든 비행기 중에 폭격기로 보이는 두 대만 동체가 아주 컸다.

다음으로 공중에서 모의 공중전이 벌어졌다. 적기들이 나타나자 방어하는 비행기들이 상승해서 전투를 벌였고, 지상에서는 먼 곳에 있는 대공포가 섬광을 내며 굉음을 발했다. 땅이 진동으로 울렸다. 이 쇼는 아주 연출이 잘되어서, 비행기는 검은 연기를 내고 불이 붙은 채 빙글빙글 돌며 하강하더니 언덕 너머에 흰 섬광이 보이며 땅에 추락해서 불타는 모습을 연출했다. 아주 효과가 뛰어난 공중전 드라마였다.

에어쇼 마지막 순서가 가장 볼만했다. 수송기 편대가 들판 위에 나타나 각 비행기에서 낙하산을 쏟아냈다. 적어도 5백 개 이상의 낙하산이 동시에 펼쳐졌고, 낙하산은 붉은색, 녹색, 파란색이었는데, 마치 하늘에 꽃이 핀 것 같았다. 낙하산들은 들판으로 활강했고, 착륙 직전 각 낙하산에서는 두 번째 낙하산이 펼쳐져서 낙하 사병들은 넘어지거나 구르지 않고 곧게 선 채 땅에 닿았다.

에어쇼는 오랜 기간에 걸쳐 연습한 것이 틀림없었다. 시간이 정확하게 지켜졌고, 전혀 지연되지 않았다. 한 이벤트가 끝나면 바로 다음 이벤트가 시작되었다. 에어쇼가 끝나자 군중들의 웅웅 소리가 다시 일어났고, 수십만 명의 사람들이 가볍게 박수를 쳤다. 스탈린이 퇴장하는 중이었는데, 우리는 그를 볼 수 없었다.

대관람석에 최고의 자리를 얻은 불이익이 분명히 있었다. 우리는 사람들이 편하게 앉아 쇼를 보는 들판으로 나가고 싶었다. 그들이 우리보다 더 잘 보았다. 우리는 어디를 가더라도 VIP석에 앉는 실수를 다시는 하지 않았다. 이것은 당신의 자만심을 충족시켜줄지 몰라도, 많은 것을 보지는 못하게 한다.

다음 날 아침 사진을 찍어도 된다는 허락이 내려왔다. 카파는 드디어 카메라 가방을 풀었다. 그의 손가락이 근질근질했다. 우리는 모스크바의 재건, 모스크바 징도定都 기념식을 위해 정신없이 페인트칠을 하는 모습과 빌딩을 수리하는 모습을 사진 찍고 싶었다. 스위트 라나가 안내와 통역을 맡아서 우리와 함께 다녔다.

그러나 우리는 즉각적으로 외국인 사진사에 대한 통상적 의심에 맞부딪쳤다. 우리는 돌조각을 가지고 놀고 있는 아이들 사진을 찍었다. 아이들은 어른들 흉내를 내어 돌조각 위에 다른 돌조각을 올려놓으며 집을 짓고, 작은 장난감 차에 흙을 나르며 집중해서 놀았다. 갑자기 경찰 한 명이 나타났

러시아 모스크바, 1947.

다. 그는 아주 정중했다. 그는 우리의 사진 촬영 허가를 보자고 했다. 그는 허가서를 읽었지만, 다른 사람의 확인 없이 작은 종잇조각 하나만을 보고 자리를 뜨려고 하지 않았다. 그래서 우리를 가까운 전화박스로 데려가더니 본부 같은 데로 전화를 걸었다. 우리는 그 자리에서 기다렸다. 약 30분이 지나자 평상복을 입은 사람을 가득 채운 차가 한 대 왔다. 그들은 한 사람 한 사람 돌아가며 일일이 허가서를 읽었다. 그러더니 작은 회의를 했다. 우리는 그들이 무슨 말을 하는지 알 수 없었다. 그들은 다시 한번 전화를 하더니 드디어 우리에게 다가와 웃으며 경례를 했다. 우리는 이 근처에서 자유롭게 사진을 찍을 수 있었다.

우리는 상점, 식품점, 옷가게, 백화점 등을 사진 찍으러 도시의 다른 곳으로 이동했다. 그러자 다시 아주 정중한 경찰이 다가오더니, 우리 허가서를 읽고, 우리를 기다리게 하고 전화박스로 가서 전화를 걸었다. 그러자 평상복을 입은 사람들이 탄 차가 오더니, 한 사람 한 사람 우리 허가서를 읽고 서로 논의를 한 다음 전화박스에서 전화를 걸었다. 똑같은 과정이 진행되었다. 그들은 미소를 지으며 우리에게 다가오더니 경례를 붙이고 그 지역에서 사진을 찍을 수 있다고 했다.

이것은 소련에서 일반적인 관행 같았다. 이것은 정부 기관이 작동하는 장소에서는 늘 있는 일 같았다. 아무도 다른 사람의 확인을 받지 않은 상태에서 결정을 하지 않으려 했다. 어떤 제안에 대해 아무도 예스나 노라고 즉각 답하지 않았다.

어딘가 상부 기관에 가야 했다. 이런 식으로 그는 자신을 비판으로부터 보호했다. 군대나 정부를 상대하는 사람은 모두 이런 이야기를 잘 알고 있다. 우리 카메라에 대한 반응은 한결같이 정중했지만, 아주 조심스러웠고, 모든 것이 제대로 되었다는 것을 경찰이 확신할 때까지는 셔터를 누를 수 없었다.

   모스크바의 식품점들은 아주 컸다. 레스토랑과 마찬가지로 두 종류가 있었다. 하나는 배급권 상점으로 값이 쌌고, 배급권으로 식품을 살 수 있었다. 다른 종류인 고급 상점도 정부가 운영했는데 사실상 모든 식품을 살 수 있었지만, 값이 아주 비쌌다. 캔에 들어 있는 식품이 산처럼 쌓여 있고, 조지아산 샴페인과 와인이 피라미드처럼 쌓여 있었다. 우리는 여기서 미국에서 온 것으로 보이는 상품도 보았다. 일본 상표가 그대로 붙은 게 통조림도 있었다. 독일 식품도 있었다. 그리고 소련에서 생산된 고급 식품들도 있었다. 큰 캐비아 통조림, 우크라이나산 소시지, 치즈, 염장된 생선, 오리고기, 도요새고기, 능에고기, 토끼고기, 새고기, 들꿩처럼 보이는 흰 새도 있었다. 모든 종류의 훈제 육류가 판매되었다.

   그러나 이 식품들은 모두 고급 식품들이었다. 평범한 러시아 사람들에게 중요한 것은 빵값과 그 양이고, 양배추와 감자 가격이었다. 올해 같은 풍작인 해에는 빵, 양배추, 감자 가격이 내려갔다. 이것이 올해 농사의 성공과 실패의 지표가 되었다.

   배급 식품점이나 상업 식품점 진열장에는 밀랍으로 만든

식품 모형이 전시되어 있었다. 햄, 베이컨, 소지지, 육류 밀랍 모형이 전시되었고, 심지어 밀랍으로 만든 캐비아도 있었다.

다음으로 우리는 백화점을 가보았다. 옷, 신발, 스타킹, 양복, 드레스가 판매되고 있었다. 품질은 그렇게 좋지는 않았고, 재단도 잘된 것 같지 않았다. 소련에서 실용품은 필요한 만큼 생산되고, 실용품 수요를 다 채운 다음에야 고급 상품을 생산했다. 날염 원피스, 모직 양복 몇 벌이 전시되어 있었고, 우리가 보기에 가격은 상당히 높았다. 그러나 여기서 우리는 일부를 보고 일반화하는 위험에 처할 수 있다. 우리가 소련에 머무는 짧은 기간 동안 가격은 등락했고, 상품의 질도 향상되었다. 오늘 진실인 것이 내일은 아닐 수도 있는 것이다.

우리는 중고품을 파는 상점에 가보았다. 여기는 전문점식으로 운영되었다. 한 곳에서는 그릇과 램프를 팔았고, 다른 상점은 보석을 팔았는데, 현대식 보석은 거의 만들어지지 않았기 때문에 석류석, 에메랄드, 귀걸이, 반지, 팔찌 등 골동품 보석 장신구를 팔았다. 세 번째 상점은 사진용품, 카메라 등을 팔았고, 2차세계대전 때 노획한 독일 카메라가 대부분이었다. 네 번째 상점에서는 중고 의류와 신발을 팔았다. 우랄 산맥에서 온 희귀 광석류를 파는 상점도 있었고, 녹주석, 황옥, 남옥을 팔고 있었다.

이 상점들 밖에서는 다른 종류의 장사가 이루어지고 있었다. 카메라 가게에서 나오면 두세 명의 남자가 당신에게 다가온다. 이들의 가방에는 카메라가 있었다. 콘탁스, 라이카,

모스크바 굼(GUM) 백화점, 러시아 모스크바, 1947.

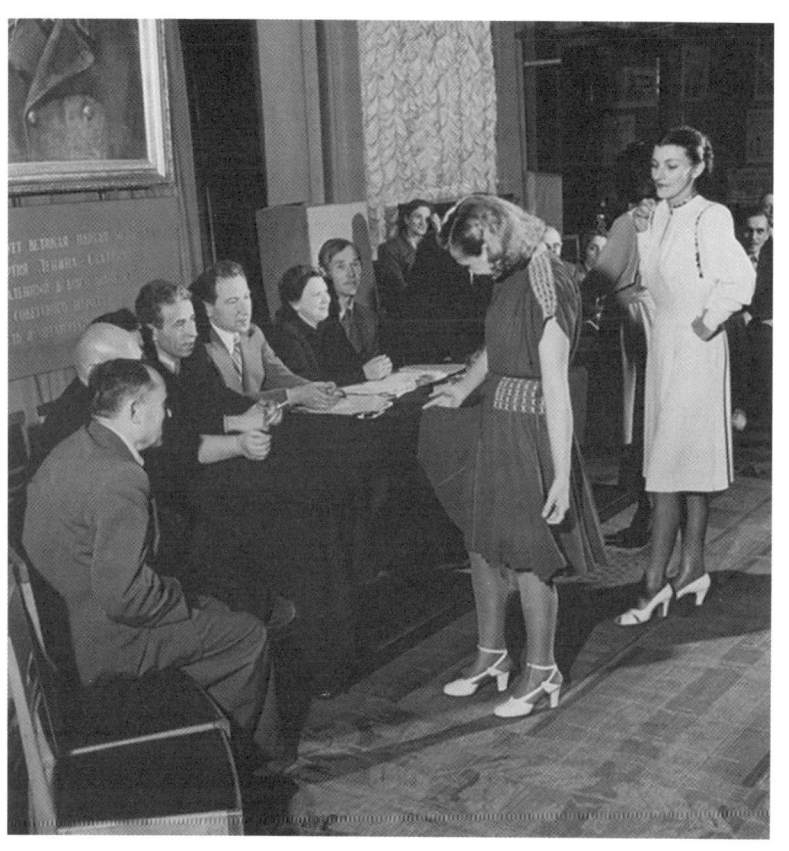

소련 여성들의 새 의상을 검토하는 검사위원회, 러시아 모스크바, 1947.

롤라이플렉스를 가지고 있었다. 이 사람들은 카메라를 슬쩍 보여주고 가격을 부른다. 보석 가게 밖에서도 같은 일이 벌어진다. 신문 뭉치를 든 사람이 기다리고 있다가, 당신에게 다이아몬드 반지를 보여주고 가격을 말한다. 그가 하는 일은 아마도 불법일 것이다. 이 비공식 판매원들이 부르는 가격은 상업 상점의 가격보다 조금 높았다.

이러한 상점들 안에는 늘 인파가 몰렸다. 많은 사람들이 물건을 사려고 하고, 다른 사람들이 물건 사는 걸 구경했다. 당신이 물건 하나를 보면, 이것을 보려는 사람들이 몰려와서 당신이 물건을 사는지 구경한다. 그들에게 작은 극장인 셈이었다.

우리는 미친 벽화가 있는 우리의 녹색 방으로 돌아왔지만, 기분이 많이 가라앉은 상태였다. 처음에는 이유를 몰랐지만, 이런 생각이 들었다. 거리에는 거의 웃음이 없었고, 미소도 보기 어려웠다. 많은 사람들이 걸어 다녔지만, 머리를 푹 숙인 채 종종걸음으로 걸었다. 아마도 이들이 너무 힘들게 일을 하거나, 일하러 가기 위해 먼 길을 걸어가야 했기 때문일 수도 있다. 거리에는 진지함만이 있었는데, 늘 그런지 우리는 알 수 없었다.

우리는 스위트 조 뉴먼과 『타임』의 존 워커와 저녁 식사를 했다. 우리는 웃음을 도무지 찾을 수 없는 것을 당신들도 느꼈는지 물었다. 둘은 그렇게 생각한다고 했다. 그리고 잠시 후, 자신의 웃음을 속으로 숨기면 정말 자신이 심각해진다고 말했다. 이들은 우리에게 소련의 유머 잡지 『악어』를 보여주며, 몇 이야기를 통역해주었다. 그러나 웃음을 유발하는 농담은 아니었다. 이것은 정곡을 찌르고 비판하는 농담이었다. 스위트 조는 모스크바를 벗어나면 분위기가 다르다고 들었다고 했다. 농촌 지역에는 웃음이 있고, 우크라이나, 스텝 지대, 조지아에는 웃음이 넘친다고 했다. 그러나 모스크바는 아주 진지한 도시였다.

한 특파원은 자신의 차와 운전사로 고생을 하고 있었다. 그는 차가 필요했고, 외국인은 러시아 운전사를 고용할 수밖에 없다. 그러나 그는 마음에 들지 않는 운전사를 바꿀 수 없었다. 그의 문제는 이랬다. 운전사는 운전은 잘했는데, 특파원을 태우고 다니지 않을 때는 단거리를 가는 데 100루블을 주겠다는 다른 사람을 태우고 다녔다. 운전사는 돈을 아주 많이 벌었고, 차는 문제가 자주 생겼다. 그러나 그는 어떻게 할 수가 없었다. 그가 운전사를 야단치면 그는 잠시 부루퉁해진다. 그리고 운전사의 기분이 상하면 차에 무슨 문제가 생겼다. 차에 한 번 문제가 생기면 2, 3주는 수리하는 곳에 가 있어야 했다. 그가 차를 계속 잘 사용하고 싶으면 운전사를 행복하게 해주는 편이 훨씬 좋았다. 그는 다른 운전사도 고용해보았지만, 늘 같은 문제가 발생했다.

어떤 때는 운전사 문제가 아주 코믹해진다. 에드 길모어의 운전사는 그를 태워다주는 운전사를 따로 두고 있었다.

우리는 이 모든 이야기가 정말 사실인지 의아해했다. 그러다가 어느 날 버스를 통째로 빌린 다음, 이런 이야기를 믿게 되었다. 우리는 공항에서 급히 시내로 들어와야 했는데, 버스를 빌리는 것 외에 다른 대안이 없었다. 우리는 400루블을 냈다. 이것은 다소 거창한 여행이 되었다. 30명을 태우는 버스에 단지 우리 둘만 타고 들어왔다.

모스크바에서는 운전사가 아주 부자이고 행복하다. 그러나 외국인은 운전면허증을 따기가 쉽지 않고 운전사가 꼭 필요했다. 한 특파원이 운전면허 시험을 보았는데, 그는 '다음 중 자동차에 속하지 않는 것은?'이라는 문제를 답할 수 없었다. 그는 자동차에 속하지 않는 많은 것을 생각해보고, 답을 골랐는데 틀렸다. 정답은 '진흙탕'이었다.[21]

그날 저녁 우리는 미국 대사관에서 〈랩소디 인 블루Rhapsody in Blue〉 영화를 보았다. 전에도 이 영화를 보았지만, 이번 판이 훨씬 재미있었다. 영화필름이 뒤섞여서, 영화는 모든 사람이 죽은 장면으로 시작했다. 그러다가 사람들이 하나하나 살아나고, 영화 끝부분에서 조지 거슈윈George Gershwin은 작은 소년이 된다. 우리는 이런 식의 전개가 훨씬 마음에 들었다.

카파는 호텔방 창문으로 수시로 거리에 다니는 사람 사진을 찍었다. 그는 커튼 뒤에 카메라의 긴 렌즈를 숨기고, 빗속에 거리를 걷는 사람 모습이나 길 맞은편 작은 가게에서 물

---

21 당시 소련은 도로 사정이 너무 좋지 않아서 미국인 응시자는 진흙탕을 자동차와 밀접히 연관된 단어로 생각했을 가능성이 크다.

건을 사는 사람들 모습을 찍었다. 카파와 카메라 수리점 남자는 서로를 사진 찍는 대결을 계속 벌였다.

우리 두 사람은 집으로부터 소식을 오랫동안 듣지 못했다. 편지가 배달되지 않아서 우리는 뉴욕으로 전화를 걸어보기로 했다. 그러나 아주 어려웠고, 결국 포기했다. 뉴욕에 전화를 걸려면 뉴욕의 러시아 계좌에 달러로 돈이 예치되어 있어야 했다. 또한 뉴욕에 전화를 하려면, 정확히 어느 시간에 어느 길이로 할 것인지 미리 말해야 했다. 그러면 이 통화 비용이 계산되고, 그 돈이 우리가 모스크바에서 전화를 거는 시간에 예치되어 있어야 했다. 그러나 이 모든 절차가 일주일에서 10일 정도 걸렸고, 우리가 할 수 있는 가장 간단한 일은 계속 편지를 쓰고, 결국은 우리도 편지를 받을 수 있다고 희망하는 것이라는 결론을 내렸다.

우리가 편지를 받기 시작했을 때, 우리는 뉴욕에서 모스크바로의 항공우편이 10일에서 3주 걸린다는 사실을 알게 됐다. 왜 이렇게 오래 걸리는지 이해할 수 없었다. 뉴욕에서 스톡홀름까지는 이틀이면 편지가 도착하지만, 스톡홀름에서 모스크바까지 가는 데 나머지 시간이 걸렸다. 이러한 우편 지연 때문에 외국인들은 더욱 고립되고 외롭다는 느낌을 받았다.

우리는 잠시 모스크바에 죽치고 있어야 했다. 모스크바를 떠날 수 있는 허가가 나지 않아 일주일을 그대로 머물러 있어야 했다. 허가를 기다리며 여름을 통째로 나야 하겠다고

위에서 내려다본 레스토랑, 러시아 모스크바, 1947.

생각하고 있을 때, 갑자기 허가가 나왔고, 우리는 지방 방문 계획을 실행에 옮겼다.

스위트 조 뉴먼은 우리를 위해 칵테일파티를 베풀었고 파티는 밤늦은 시간까지 계속되었다. 우리는 동이 트기 전 키예프[22]로 출발할 계획이었다. 칵테일파티는 우리와 다른 50명의 기분을 돋우었다.

소련에서 이곳저곳을 여행하는 데 한 가지 문제가 있음을 우리는 발견했다. 당신은 키예프에서 스탈린그라드를 가고, 스탈린그라드에서 스탈리노[23]를 갈 수 없었다. 매번 당신은 모스크바로 돌아와서 다시 목적지를 향해 가야 했다. 교통 체계는 마치 바퀴의 살처럼 되어 있었다. 전쟁으로 도로가 완전히 파괴되어 지방에서 지방으로 이동하는 것은 불가능했다. 또 다른 어려움은 비행기가 낮 시간에만 운행되고, 야간 비행이 없어서 새벽 일찍 출발한다는 점이었다. 스위트 조의 칵테일파티 후에 우리는 정말 이른 시간에 공항으로 출발해야 했다.

---

22 '키이우'의 옛 명칭.
23 '도네츠크'의 옛 명칭.

4
우크라이나 여행

스위트 라나는 우리와 함께 키예프로 갈 수 없었다. 대신에 흐마르스키라는 사람이 통역이자 안내로 같이 가게 되었다. 키가 작고 좋은 사람인 그는 미국문학 전공 학생이었다. 영어에 대한 그의 지식은 너무 학술적이었다. 늘 그랬던 것처럼 카파는 그의 이름을 가지고 장난을 쳤다.

흐마르스키는 계속해서 카파의 발음을 고쳐주었다. "카파 씨, 후마르스키가 아니라 흐마르스키입니다."

그러면 카파는 "잘 알겠어요. 호마르스키 씨."라고 답했다.

"아니에요. 카파 씨, 후마르스키도 아니고 호마르스키도 아니고, 흐마르스키에요!"라고 그는 짜증을 냈다.

이런 식으로 장난이 계속되었다. 카파는 매일 그의 이름을 새롭게 발음하는 법을 생각해내며 즐거워했다. 흐마르스키는 우리가 말하는 것에 대해 늘 불안해했다. 우리에게 익숙한 미국식 모호한 말 double talk을 궁금해했다. 한동안 그는 이해하려고 애를 쓰다가 결국 포기하고, 우리가 말하는 것에 신경을 쓰지 않았다. 그런데 그가 우리를 위해 계획한 일이 제대로 이루어지지 않는 일이 종종 벌어졌다. 예약한 차가 우리를 만나러 오지 않거나, 타고 갈 비행기가 출발을 하지 않았다. 그래서 우리는 그를 크렘린의 그렘린[24]이라고 불렀다.

"그렘린이 무엇입니까?" 그가 물었다.

우리는 그렘린의 기원에 대해 자세히 설명해주었다. 이것이 어떻게 영국 공군에서 시작되었는지, 그리고 어떤 습관을 갖고 있는지 설명했다. 공중에서 비행기 엔진을 멈추게 만들고, 날개를 얼게 하고, 연료관에 이상을 일으키는 유령이라는 것을 설명했다.

그는 큰 흥미를 보이며 얘기를 듣고 나더니 한 손가락을 들고 이렇게 말했다. "소련 사람들은 유령을 믿지 않아요." 아마도 그에게 장난을 너무 심하게 친 것 같았다. 우리는 그가 기분이 상하지 않았기를 바랐다.

한 가지 당신이 절대 제대로 말할 수 없는 것이 있는데, 비행기가 언제 이륙할 것인가였다. 그것을 미리 아는 것은 불가능했다. 그러나 당신이 알 수 있는 것 한 가지는 비행기는 늘 아침 이른 시간에 출발한다는 것이다. 또 한 가지 분명히 알아야 할 것은 비행기가 이륙하기 훨씬 전에 비행장에 도착

---

24 **그렘린(gremlin)** 기계나 도구에 고장을 일으킨다는 가상의 존재. 기계류에 들린 요정의 일종. 2차세계대전 중 영국 공군 소위가 비행기를 긴급 발진하려고 할 때마다 고장이 있었고, 한밤중에 격납고 비행기 위에서 놀고 있는 요정이 목격되었다고 한다. 여기서는 '크렘린'과 발음의 유사성 때문에 사용되었으며, 소련 여행 중 일어나는 모든 불편한 일의 원인으로 쓰였다.

해야 한다는 것이다. 여행을 떠날 때면 언제든지 해가 뜨기 전 으스스한 어둠 속에 공항에 도착해야 한다. 거기에 자리를 잡고 몇 시간 동안 차를 마시며 비행기가 출발하기를 기다려야 한다. 새벽 3시 호텔방의 벨이 울리고, 전날 스위트조의 칵테일파티에서 늦게 돌아온 우리는 정말 일어나고 싶지 않았다. 우리는 12시간의 수면이 필요했지만, 겨우 한 시간 눈을 붙였다. 우리는 차 뒤에 장비를 잔뜩 싣고 모스크바의 황량한 거리를 지나 교외로 나갔다.

우리는 계속 반복적으로 일어나는 일을 주목하게 되었다. 소련의 운전사들은 차 속도를 높인 후 기어를 빼서 차가 동력 없이 달리게 한다. 이들은 언덕을 만날 때마다 기어를 빼서 차가 혼자 가게 한다. 휘발유를 아끼는 방법이며, 모든 운전사가 이런 훈련을 받는다는 얘기를 들었다. 운전사는 일정한 거리를 갈 수 있는 휘발유를 지급받는다. 그는 받은 휘발유로 일정 거리를 주행해야 하는 것이다. 그 결과 운전사는 휘발유가 지속될 수 있게 하는 모든 방법을 동원해 쓴다. 이것은 소련이라는 거대한 회계 체계의 한 부분이었다. 식당에서 회계장부 기록하는 것과 비교할 수 있다. 클러치와 기어가 닳고 상하는 것은 고려하지 않는다. 이렇게 해서 절약되는 휘발유는 정말 얼마 되지 않는다. 우리가 보기에 이런 관행은 신경에 거슬린다. 차는 시속 60마일 정도로 속도를 높인 다음, 갑자기 클러치를 뺀다. 그러면 차는 거의 기어갈 정도로 속도가 줄 때까지 동력 없이 간다. 그런 다음 다시 속도를 60마일로 높인 후 다시 기어를 뺐다.

해 뜨기 전인데도 모스크바 공항은 사람들로 넘쳐났다. 모든 비행기가 아침 일찍 출발하기 때문에 사람들은 자정이 지나면서부터 공항에 모여든다. 사람들은 온갖 차림의 옷을 입고 있었다. 어떤 사람은 백해白海나 북부 시베리아의 북극 추위로부터 몸을 보호하기 위해 모피를 입고 있었다. 다른 사람들은 흑해 주변 아열대 날씨에 충분한 가벼운 옷차림이었다. 모스크바에서 비행기를 타고 6시간만 가면 당신은 세계의 모든 기후를 경험할 수 있다.

대외문화교류처의 공식 손님인 우리는 공용 대기실을 지나서 식탁, 소파, 편안한 의자가 있는 별실로 들어갔다. 그곳에 걸려 있는 스탈린 초상화의 엄한 눈초리 밑에서 우리는 타고 갈 비행기가 준비되었다는 소식을 받을 때까지 차를 마셨다.

벽에 걸려 있는 거대한 유화로 된 스탈린 초상화는 군복을 입은 모습이었고 훈장을 달고 있었으며, 훈장이 아주 많았다. 그의 목에는 최고의 훈장인 금별로 된 소비에트 사회주의 노동영웅 훈장이 걸려 있었다. 그의 왼쪽 가슴 높은 곳에는 모두가 탐내는 소련영웅 훈장인 금별이 또 걸려 있었다. 이것은 미국의 의회 명예 훈장과도 같은 것이었다. 그 아래에는 그가 참가한 전투를 보여주는 전쟁 훈장이 줄줄이 그려져 있었다. 그의 오른쪽 가슴에는 많은 금색, 붉은색 에나멜 별이 그려져 있었다. 미군 부대에게 수여되는 장식 리본 대신에, 스탈린그라드, 모스크바, 로스토프 전투 등 소련 군대의 위대한 작전에 대한 표창으로 메달이 수여된다. 소련군의 원수로서 그는 이 모든 작전을 지휘했다.

여기서 우리는 미국인들 신경에 매우 거슬리는 한 가지 사실을 얘기할 수 있다. 소련에서는 석고상, 동상, 유화, 자수로 만들어진 스탈린의 눈에 벗어나 있는 것은 아무것도 없다. 그의 초상화는 모든 박물관에 걸려 있을 뿐만 아니라, 모든 박물관의 모든 방에 걸려 있다. 그의 동상은 모든 공공건물 앞에서 행진하는 포즈를 취하고 있다. 그의 흉상은 모든 공항, 기차역, 버스역 앞에 설치되어 있다. 소련의 모든 교실에 그의 흉상에 세워져 있고, 바로 그 뒤에 그의 초상화가 걸려 있다. 공원에는 석고로 만든 벤치에 스탈린은 레닌과 문제를 논의하며 앉아 있다. 학생들은 그의 그림을 자수 작품으로 만든다. 상점에는 수백만 개의 스탈린 얼굴을 팔고, 모든 가정에는 그의 그림이 적어도 한 개는 걸려 있다. 스탈린 초상화 그리기, 모델 세우기, 형틀 찍기, 주물 만들기, 자수 만들기는 소련의 가장 큰 산업 중 하나임에 틀림없다. 그는 어디에나 있고, 그는 모든 것을 보고 있다.

한 사람에게 집중된 권력과 권력의 영구화를 두려워하고 불편해하는 미국인들에게 이것은 무섭고도 구역질 나는 일이다. 기념행사에 걸리는 스탈린 초상화의 크기는 모든 이성적 한계를 초월한다. 8층 건물 높이에 폭이 15미터가 되는 초상화도 만들어진다. 모든 공공건물에는 스탈린의 초상화가 그려져 있다.

공원의 레닌과 스탈린 동상, 러시아 모스크바, 1947.

우리는 이에 대해 러시아인들과 얘기를 나누었고, 몇 가지 답을 얻었다. 하나는 러시아인들은 차르와 그의 가족 그림에 익숙해져 있었고, 차르가 제거되자 그를 대체할 무언가가 필요했다는 것이었다. 다른 대답은 아이콘icon 숭배는 러시아인 마음에 습관이 되었고, 이것이 아이콘의 일종이라는 것이다. 세 번째 대답은 러시아인들이 스탈린을 너무 사랑하여 그가 모든 곳에 있기를 원한다는 것이었다. 네 번째 대답은 스탈린은 이런 현상을 좋아하지 않아 이를 그만두라고 말했다는 것이다. 우리가 보기에 스탈린이 어떤 것을 좋아하지 않으면, 그것은 바로 제거될 것이지만 이 현상은 지금 확대되고 있는 중이다. 이유가 어찌 되었건, 미소를 머금거나, 생각에 빠져 있거나, 아니면 엄격한 스탈린의 눈초리를 벗어날 수 있는 순간은 없었다. 이것은 미국인들이 감정적으로 도저히 이해할 수 없는 일 중 하나이다. 물론 다른 사람의 초상화와 동상도 있다. 스탈린 초상화와 상대적 크기를 보면 누가 그의 후계자가 될 것인가를 짐작할 수 있다. 1936년에는 스탈린 다음으로 큰 초상화 주인공은 보로실로프[25]였다. 지금 두 번째로 큰 초상화는 한결같이 몰로토프[26]이다.

---

[25] **보로실로프(K. Voroshilov, 1881-1969)** 22세에 볼셰비키에 가담하여 러시아 내전 때 우크라이나에서 백군과 싸워 공을 세웠다. 1953-1960년 연방최고회의 간부회 의장을 역임하고 1961년 흐루쇼프의 비판을 받고 정계에서 물러났다.

[26] **몰로토프(V. Molotov, 1890-1986)** 1926년 정치국원, 1939년 외무 인민위원에 임명되어 스탈린의 오른팔로 외교정책을 수행했다. 1953년 스탈린 사후 좌천되어 몽골 대사, 국제원자력기구 상임대표를 맡다가 은퇴했다.

차를 네 잔 마신 다음 우리 비행기가 출발 준비가 되었다는 안내가 나왔다. 우리는 짐꾸러미를 비행기로 옮겼다. 이번에도 다시 오래된 갈색의 C-47 수송기였다. 사람들은 자신들 짐을 비행기 통로에 쌓아놓았다. 모두가 음식, 흑빵 덩어리, 사과, 소시지, 치즈, 훈제 베이컨을 싸 들고 탔다. 이 사람들은 언제나 음식을 챙겨 다닌다. 이것이 아주 좋은 생각이라고 우리는 깨달았다. 가방에 흑빵 한 덩어리만 챙겨 다니면, 뭔가 잘못되어도 이틀은 배를 굶지 않을 수 있다. 늘 그렇듯이 냉난방 장치가 가동되지 않아서 비행기 문이 닫히자마자 안은 후덥지근했다. 비행기 안에는 내가 한동안 무슨 냄새인지 알아차리지 못한 이상한 효모 냄새가 났다. 나는 결국 무슨 냄새인지 알아차렸다. 사람들 숨에서 나는 호밀 흑빵 냄새였다. 당신이 이 빵을 먹고 시간이 좀 지나면, 이 냄새에 적응이 되고, 결국 아무 냄새도 느끼지 못하게 된다.

카파는 여행하며 읽을 책을 가지고 왔다. 당시 나는 이 책들을 그가 어떻게 구했는지 알지 못했다. 그러나 나중에 밝혀진 바로는 카파는 책도둑이었다. 그는 이것을 책을 빌려오는 것이라고 말했다. 그는 아무렇지도 않게 남의 책을 자기 주머니에 집어넣는다. 덜미를 잡히면 그는 "돌려드릴 거예요. 난 책을 잠시 빌려 가는 거예요. 난 이 책을 읽고 싶어요."라고 태연하게 답한다. 책은 돌아가는 법이 거의 없다.

카파는 에드 길모어의 책을 슬쩍 가져오면서 책도둑질의 절정에 다다랐다. 모스크바 특파원들 사이에서 책은 아주 소중한 물건이었다. 탐정소설이나 최근 소설이 배달되면 모두가 기뻐하고 행복해했다. 에드 길모어는 막 발간된 엘러리 퀸Ellery Queen 신간을 받았다. 우리가 그를 방문했을 때, 그는 이 책을 5장 정도 읽은 상태였다. 우리를 보자 그는 읽고 있던 책을 옆으로 치워놓았는데, 우리가 떠나고 책이 없어진 것을 발견했다. 카파가 책을 빌려 간 것이었다. 만일 카파가 에드의 사랑스러운 부인 타마라를 빌려 가거나 훔쳐 갔다면 그는 큰 충격을 받았겠지만, 책을 잃어버린 것만큼 격노하지는 않았을 것이다. 나는 오늘까지도 엘러리 퀸이 어떻게 도둑맞았는지를 그가 알 거라고 생각하지 않는다. 길모어가 얼마나 화가 났는지 소문으로 들은 카파는 한동안 그를 피해 다녔다. 모스크바 특파원들 사이에는 서구에서 발전한 말에 대한 규칙과 같은 명예의 규칙이 나타났는데, 특히 겨울에는 남의 책을 훔쳐 가는 사람을 폭력적으로 징벌하는 것이었다.[27] 카파는 이 규칙을 배우지도 못했고, 바뀌지도 않았다. 러시아에 머무는 마지막 순간까지 그는 책을 훔쳤다. 그는 여자와 담배도 훔쳤는데, 이것은 좀 더 쉽게 용서를 받았다.

우리는 비행기에서 잠시 뭔가를 읽어보려 했지만 바로 잠이 들었다. 잠에서 깨었을 때 미국의 중서부처럼 평평하고 그만큼 비옥한 우크라이나의 곡창지대를 날고 있는 것을 알았다. 유럽의 거대한 빵 바구니, 오랜 세월 모두가 탐을 낸

---

[27] 밤이 긴 모스크바에서는 겨울에 책을 읽는 것이 큰 소일거리다.

땅과 끝없는 들판이 우리 아래 펼쳐졌다. 밀과 호밀이 덮인 누런 들판은 이미 추수가 끝난 곳도 있었고, 아직 추수 중인 곳도 있었다. 언덕은 전혀 보이지 않고, 튀어나온 땅은 없었다. 평원은 둥글게 이어진 지평선까지 펼쳐졌다. 개울과 강들은 평원을 뱀처럼 휘감아 돌았다.

마을 주변에는 지그재그로 도랑이 흐르고, 전투가 있었던 곳에는 포탄 자국으로 움푹 파여 있었다. 지붕이 날아간 집들과 불에 타 검게 그을린 건물 잔해가 보였다.

우리 비행기는 이 평원을 끝없이 날아갈 듯이 보였지만, 마침내 드니프로강에 다다르고 키예프가 보였다. 강 위에 솟은 절벽은 주변 수 마일 지역에서 유일하게 솟아오른 곳이었다. 우리를 태운 비행기는 파괴된 도시 위를 날아 교외에 착륙했다.

모스크바를 벗어나면 모든 것이 달라지고, 엄격함과 긴장은 사라질 것이라고 사람들이 말했었다. 이것은 사실이었다. 활주로에서 우리는 키예프 대외문화교류처에서 나온 많은 우크라이나 사람들을 만났다. 이들은 수시로 웃음을 터뜨리는 사람들이었다. 이 사람들은 우리가 모스크바에서 만난 사람들보다 훨씬 유쾌하고 여유가 있었다. 개방성과 진솔함이 이들에게서 묻어났다. 이들은 거의 모두가 금발에 회색 눈이었고 체구가 거대했다. 이들은 우리를 키예프로 데려갈 차를 가지고 왔다.

키예프는 한때 아름다운 도시였던 것이 틀림없다. 키예프는 모스크바보다 훨씬 오래된 도시이다. 이 도시는 모든 러시아 도시들의 어머니이다. 드니프로 강변 언덕에 자리 잡은 키예프는 평원으로 뻗어 나간다. 키예프의 수도원들과 요새들, 성당들은 11세기부터 자리 잡은 것이다. 이곳은 차르들이 가장 사랑하는 휴양지였고, 황제들의 별장이 이 지역에 있었다. 키예프의 기념비적 건물들은 러시아 전체에 잘 알려져 있다. 이곳은 정교회의 중심지였다. 그러나 이 도시는 지금 거의 폐허가 되었다. 독일군은 이곳에서 얼마나 많은 악행을 저지를 수 있는지를 보여주었다. 모든 공공건물, 모든 도서관, 모든 극장, 모든 서커스 공연장은 총격전이나 전투로 파괴된 것이 아니라 방화와 다이너마이트로 파괴되었다. 대학이 불에 타 무너지고, 학교들이 폐허가 되었다. 이것은 전투가 아니었다. 키예프의 모든 문화시설과 천 년을 지탱해 온 아름다운 건축물들이 망나니 같은 파괴의 대상이 되었다. 이것이 독일 문화가 이곳에서 한 짓이었다. 그리고 독일군 포로들이 자신들이 만든 폐허를 치우는 일을 거들고 있는 모습이 조금이라도 세상에 남아 있는 정의라고 할 수 있었다.

우리를 안내할 우크라이나인의 이름은 알렉시스 폴타라즈키였다. 거구인 그는 스탈린그라드 전투에서 당한 부상으로 발을 절고 있었다. 그는 영어를 잘 구사하는 우크라이나 작가였고, 유머 감각이 대단한 따뜻하고 친근한 성격을 가진 사람이었다.

호텔로 가는 길에 우리는 다른 모든 사람과 마찬가지로 우크라이나 처녀들이 아주 예쁘고, 대부분 금발이며 멋진 몸매를 가진 것을 발견했다. 그들은 기품 있었고, 리듬을 타듯 몸을 흔들며 여유 있게 걸었다. 이들은 아무 때나 미소를 지었다. 이들은 모스크바의 여자들보다 더 좋은 옷을 입은 것은 아니지만, 옷을 더 잘 소화하는 것 같았다.

모스크바는 파괴가 덜한 데 비해 키예프는 엄청나게 파괴되었지만, 키예프 시민들은 모스크바 사람들같이 마치 죽은 사람 같은 피로감을 가진 것 같지는 않았다. 사람들은 구부정한 자세가 아니라 어깨를 바짝 뒤로 당기고 걷고, 거리에서 큰 소리로 웃었다. 물론 여기는 지방이고, 우크라이나인들은 러시아인들 같지 않고, 이들은 슬라브족의 다른 종족에 속한다. 우크라이나 사람 대부분이 러시아어로 읽고 말할 수 있지만, 이들의 고유 언어는 러시아어와 다른 별개의 언어이고 러시아어보다는 남슬라브어에 가깝다.[28] 우크라이나어의 많은 어휘들, 특히 농촌 어휘는 헝가리어와 같고, 많은 단어가 러시아어가 아니라 체코어와 동일하다.

인투어리스트 호텔에서 우크라이나 호스트들은 우리에게 호화로운 대단한 점심을 대접했다. 싱싱한 토마토와 오이, 소금에 절인 작은 생선들, 캐비아가 가득 담긴 그릇과 함께 당연히 보드카가 나왔다. 드니프로강에서 잡은 물고기로 만

---

[28] 저자의 착각으로, 슬라브족에 속하는 우크라이나어는 러시아어, 벨라루스어와 동슬라브어군을 이루며, 벨라루스어와의 유사성이 좀 더 크다. 폴란드 등의 오랜 지배로 어휘에는 폴란드어, 체코어, 슬로바키아어 등 서슬라브어군에서 차용된 단어가 많다.

든 튀김과 우크라이나의 야생풀을 얹어 멋지게 요리된 비프스테이크가 준비되었다. 조지아 와인과 맛이 뛰어난 우크라이나 소시지도 나왔다.

이 사람들은 친근한 우정을 보였다. 점심을 먹으면서 이들은 국제대표단 일원으로 키예프를 방문했던 한 미국인 얘기를 아주 재미있게 했다. 이 사람은 미국으로 돌아가 우크라이나에 대한 여러 글을 쓰고 책까지 발간했다고 했다. 그러나 이 사람은 호텔방을 거의 나가지 않아서 본 것이 거의 없었고, 그가 굳이 미국을 떠나지 않았어도 그 책을 쓸 수 있었을 거라고 말했다. 우크라이나 사람들은 책의 내용이 엉터리투성이고, 저자의 보스로부터 이런 사실을 인정하는 편지도 받았다고 했다. 이들은 이 사람이 미국에서 우크라이나 전문가로 여겨질까 봐 걱정했다. 어느 날 밤 그가 호텔 근처에서 저녁을 먹고 있을 때 차가 펑크가 났는데, 그는 "볼셰비키들이 죄수들을 총살하고 있어!"라고 외치며 호텔로 뛰어 들어왔다고 이들은 크게 웃으며 말했다. 그는 아마도 실제로 그렇게 믿었을 것이라고 우크라이나 사람들은 말했다.

오후에 우리는 드니프로강 절벽 끝에 있는 아름다운 공원을 산책했다. 여기에는 거대한 나무들이 있었고, 독일군에게 파괴된 야외음악당은 치워지고 그 자리에 새 운동장이 만들어졌다. 나무들 사이로 키예프를 방어하다가 죽은 병사들 무덤이 있고, 푸른 무덤 위에는 붉은 꽃이 심어져 있었다. 공원에는 작은 야외극장들이 있고, 앉아 쉴 수 있는 벤치가 많이

언덕에서 바라본 드니프로강 전경, 우크라이나 키예프, 1947.

공원에서 연주회를 감상하는 여성과 아이들, 우크라이나 키예프, 1947.

놓여 있었다.

저 아래로는 강물이 절벽을 끼고 흐르고 있었고, 강 맞은편에 펼쳐진 모래사장에서는 사람들이 일광욕을 하고 강물에서 수영을 하고 있었다. 먼 저쪽 평지에는 키예프 공방전 때 완전히 파괴된 작은 도시의 폐허가 잔해와 그을음, 아직 서 있는 담벼락 조각들과 함께 보였다. 여기가 적군赤軍이 도시로 다시 진격해 키예프를 독일군 수중에서 해방시킨 곳이다.

공원에서는 오케스트라가 연주를 하고 있었고, 많은 어린 아이들이 벤치에 앉아 음악을 듣고 있었다. 강에는 돛단배와 작은 증기선이 운항하고 있었고, 사람들이 수영을 즐기고 있었다.

우리는 도로 위에 난 교량을 걸었고, 아래에는 버스정류

장이 있었다. 그리고 버스 앞에서는 우리가 오랫동안 보아온 것 중에, 여자가 주도하는 가장 멋진 싸움이 벌어지고 있었다. 러시아에서 줄 서는 규칙을 어기는 것은 용납되지 않는다. 예외는 있는데, 임산부와 애를 동반한 여자, 아주 연로한 노인과 장애인은 줄을 설 필요 없이 제일 앞으로 갈 수 있다. 그러나 나머지 사람은 줄을 서야 한다. 한 남자가 새치기를 한 모양이었다. 화가 난 여자가 그를 처음 서 있던 자리로 돌아가게 하려고 그를 잡아끌었다. 그는 고집을 부리며 자리를 지키다가 버스가 오자 올라탔다. 그러자 여자는 그에게 달려들어 그를 버스에서 끌어 내려서 그가 처음 있던 자리로 강제로 돌아가게 만들었다. 그녀는 화가 단단히 난 상태였고, 그녀가 그를 처음 있던 자리로 돌려보내자 다른 사람들은 그녀에게 환호를 보냈다. 우리가 여행 내내 거의 보지 못한 희귀한 싸움 광경이었다. 대부분의 경우 사람들은 서로에게 놀라울 정도의 인내심을 발휘한다.

우리는 잠을 거의 자지 못해서 그날 밤 아주 피곤했고, 보드카를 향한 열정도 술이 완전히 떨어지면서 사라져버렸다.

우리의 호스트들은 우리에게 물어볼 것이 많았다. 미국에 대해 알고 싶어 했고, 미국의 크기, 미국의 농산물, 정치를 알고 싶어 했다. 우리는 미국이 설명하기에 아주 힘든 나라라는 것을 깨달았다. 우리 스스로가 제대로 알고 있지 못한 것이 너무 많았다. 우리는 모든 부문이 다른 부문을 서로 견제하는 미국 정부의 이론을 설명했다. 우리는 독재에 대한 두려움과 너무 많은 권력을 가진 지도자에 대한 두려움을 설명하고, 우리의 정부는 한 사람이 너무 많은 권력을 갖게 되거나, 그런 권력을 계속 유지하는 것을 방지하도록 설계되었다는 것을 설명하려고 노력했다. 이것이 미국을 매우 느리게 작동하게 만들지만, 이것으로 또한 국가가 좀 더 분명하게 작동하게 된다는 것을 설명했다.

호스트들은 우리의 임금과 생활 수준, 근로자가 어떻게 사는지 물었고, 보통 사람들이 자동차를 모는지, 어떤 주택에 사는지, 자녀들은 학교에 다니는지, 또 어떤 학교를 가는지 물었다.

그러고 나서 이들은 원자탄에 대해 말했다. 이들은 원자탄을 두려워하지 않는다고 했다. 스탈린은 이것이 결코 전쟁에 사용되지 않을 것이라고 말했고, 이들은 이 말을 암묵적으로 믿었다. 한 사람은 만일 이것이 사용되더라도 도시 지역만을 파괴할 것이라고 말했다. "우리 도시들은 이미 파괴되었어요, 그것으로 더 이상 무슨 일을 하겠어요? 만일 침략을 당하게 되면 우리는 독일군에게 그런 것처럼 스스로를 방어할 겁니다. 우리는 눈 속에서도, 숲에서도, 들판에서도 우리 스스로를 방어할 거예요."라고 그는 말했다.

이들은 염려를 하며 전쟁에 대한 얘기를 했다. 이들은 진저리가 나도록 전쟁을 경험했다. "미국이 우리를 공격할까요? 우리는 살면서 다시 한번 나라를 방어해야 할까요?"라고 물었다.

우리는 "아니에요, 미국이 공격할 거라고는 생각하지 않습니다. 우리도 잘 모르고, 아무도 우리에게 그런 얘기를 하지 않지만, 우리 국민이 다른 누군가를 공격할 것이라고 생각하지 않아요."라고 대답하고, 도대체 우리가 러시아를 공격할 것이라는 생각을 어떻게 하게 되었는지 물었다.

잠시 생각하더니 이들은 신문을 보고 그런 생각을 갖게 되었다고 말했다. 우리 신문 중 일부는 언제나 러시아를 공격하는 대목을 언급했다. 그리고 일부 신문은 예방 전쟁이라는 것을 말했다. 이들은 자신들이 보기에 예방 전쟁도 다른 전쟁과 다를 것이 없다고 했다. 우리는 이들이 말한 신문들, 전쟁에 대해 얘기하는 논평가들이 미국 국민을 대표한다고 믿지 않는다고 말했다. 우리는 미국민은 어느 누구와도 전쟁하기를 원하지 않는다고 믿고 있다고 말했다.

언제나 제기되는 오래된 질문이 나왔다. "그러면 왜 미국 정부는 이런 신문들과 전쟁에 대해 얘기하는 사람들을 통제하지 않는 겁니까?" 그러면 우리는 전에 수없이 한 설명을 다시 반복해야 했다. 우리는 언론을 통제하는 것이 좋은 일이 아니며, 우리 생각에 진실이 항상 승리하고, 그러한 통제는 나쁜 일을 지하로 숨게 만들 뿐이라고 설명했다. 미국에서는 독이 은밀히 어둠 속에서 퍼지도록 이들의 말을 막아버리기보다는, 이들이 목숨을 걸고 자기가 할 말을 공개적으로 하고, 목숨을 걸고 글을 쓰는 것을 선호한다고 설명했다.

여기 사람들은 미국에 대해 잘못 알고 있는 것이 너무 많았다. 이들도 많은 선동 언론가들의 영향을 받고 있었다. 이들에게도 별로 아는 것 없이 기사를 써대는 특파원들이 많았고, 열정적으로 타자기를 가지고 전쟁을 치르는 병사들이 있었다.

우리는 눈꺼풀이 너무도 무거워져서 끝까지 버틸 수 없었다. 결국 우리는 양해를 구하고 자리 갈 수밖에 없었다. 나는 너무 많이 걸어서 얼마 전 다친 무릎이 너무 아팠다.[29] 등 근육도 팽팽한 밧줄처럼 너무 땅겼다. 나는 간신히 다리로 버티고 서 있을 수 있었다. 나는 좋건 싫건 잠시 자리에 누워야 했다.

나는 잠들 때까지 카파와 잠시 얘기를 나눴다. 만일 러시아와 미국 사이에 전쟁이 일어나면, 이 사람들은 우리를 악당이라고 생각할 것이 분명했다. 선전 때문이건, 아니면 공포나 다른 어떤 이유 때문이건 전쟁이 나면 이 사람들은 우리를 비난할 것이 분명했다. 이들은 침략을 당해봤기 때문에 자신의 나라에 대한 침략만을 생각했고, 그것을 두려워하고 있었다. 이들은 "미국이 우리를 침략할까요? 당신들은 우리를 더 파괴하기 위해 폭격기를 보낼 건가요?"라고 반복해서 물었지, "우리는 폭격기를 보낼 거야."라든가 "우리가 침공할 거야."라는 식으로는 결코 말하지 않았다.

나는 다음 날 아침 일찍 일어나 자리에 앉아 노트를 써 내려갔다. 다리가 너무 뻣뻣해져서 간신히 걸을 수 있었다. 나는 거리가 보이는 창가 책상에 앉아서 지나다니는 사람들을

---

[29] 스타인벡은 소련에 오기 몇 달 전 호텔에서 낙상하여 다리 부상으로 한동안 병원에 입원했다.

교통 통제원, 우크라이나 키예프, 1947.

보았다. 차도에서 여자 경찰이 교통정리를 하고 있었다. 그녀는 장화를 신고, 파란 스커트와 흰 튜닉에 군대식 벨트를 두르고, 머리에는 카키색 작은 베레모를 쓰고 있었다. 그녀의 교통 지시봉은 검고 흰 줄이 있었고, 그녀는 군대식 동작으로 교통정리를 했다. 그녀는 아주 예뻤다.

   나는 거리를 걸어가는 여인들을 보았다. 그들은 마치 무용수처럼 움직였다. 이들은 발걸음이 가벼웠고, 몸가짐이 우아했다. 그리고 많은 여인들이 멋졌다. 이들이 겪은 파괴의 상당 부분은 이들의 땅이 풍요롭고 생산성이 높기 때문이었고, 많은 정복자가 이 땅을 탐냈다. 미국이 뉴욕에서부터 캔자스주까지 완전히 파괴되어야 우크라이나의 파괴된 지역과 맞먹는다. 병사를 제외하고, 인구 15퍼센트에 해당하는 600만 명이 사망했다는 것을 알아야 우크라이나인들이 치른 희생을 짐작할 수 있다. 전사한 병사들까지 포함하면 희생자는 훨씬 늘어나지만, 4,500만 인구 중 600만 명의 민간인이 전쟁 중 사망했다. 독일군들이 수천 구의 시체를 갱도에 쏟아 넣어서 갱구를 열 수 없는 광산들이 있을 정도다. 우크라이나의 모든 기계는 파괴되거나 철거되었기 때문에 새로운 기계를 만들 때까지 모든 일을 손으로 해야 했다. 불도저는 한 대도 없었고 파괴된 도시의 벽돌 하나하나를 손으로 들어 올리고 옮겨야 했다. 우크라이나는 소련 전체의 곡물 창고여서 재건작업을 하면서도 우크라이나인들은 농산물을 생산해야 했다.

추수 기간에는 쉬는 날 없이 일해야 한다고 했고, 지금이 추수 기간이었다. 농장에서는 일요일도 휴일도 없었다.

이들이 앞으로 해야 할 일은 산더미 같았다. 건물을 새로 짓기 위해서는 먼저 완전히 해체해야 했다. 불도저로 며칠이면 할 일을 손으로 하려면 몇 주가 걸렸지만, 불도저는 없었다. 모든 것이 새로 지어져야 했다. 그리고 모든 일을 신속하게 해야 했다.

우리는 전쟁 후 독일 파괴자들이 교수형을 당한 곳을 지나 폭파되고 파괴된 도시 중심부를 지나갔다. 박물관에는 새 도시 모형이 있었다. 우리는 점점 더 러시아 사람들이 얼마나 내일은 오늘보다 더 나을 것이라는 희망에 매달려 사는지 깨닫게 되었다. 여기에 흰색 회반죽으로 만든 새 도시 모형이 있었다. 흰 대리석과 고전적 윤곽, 거대한 빌딩과 기둥, 돔, 아치, 거대한 기념비 모두가 흰 대리석으로 된 거대하고 환상적인 도시가 만들어질 예정이었다. 회반죽으로 만든 건설될 도시의 모형이 큰 방의 넓은 자리를 차지하고 있었다. 박물관장은 여러 건물을 가리키며 설명했다. 이것은 소비에트 궁전이 되고, 이것은 박물관이고 — 어디에나 박물관은 빠지지 않는다.

박물관은 러시아 사람들의 성당이라고 카파가 말했다. 이들은 거대한 건물과 장식이 화려한 구조를 좋아하는 것 같다. 이들은 호화로움을 좋아한다. 공간이 무한정이고, 땅이 평평해서 마천루가 필요 없는 모스크바지만 뉴욕과 같은 식

전쟁으로 파괴된 거리, 우크라이나 키예프, 1947.

도시 재건 모델, 우크라이나 키예프, 1947.

의 마천루를 설계한다. 개미와 같이 느리게 일하면서 이들은 이 도시들을 건설할 것이다. 지금은 사람들이 잔해 사이를 다니고 파괴되고 무너진 건물 사이를 다니지만, 회반죽으로 만든 미래의 도시를 보기 위해 남자, 여자, 어린아이 가리지 않고 사람들이 이 박물관으로 온다. 러시아에서 사람들이 늘 생각하는 것은 미래다. 내년의 농산물 수확, 10년 뒤의 안락한 생활, 이제 곧 만들어질 옷을 생각한다. 희망에서 에너지를 얻는 사람들이 있다면, 그것은 러시아 사람들이다.

우리는 아직 지어지지 않은 작은 석회 도시 모형을 떠나 절벽 위에 있는 오래된 수도원[30]으로 갔다. 과거 이곳은 러시아 정교회의 본산本山이었고, 러시아에서 가장 오래된 종교 건축물이었다. 수도원은 웅장했다. 건물들과 그림들은 12세기에 기원을 두고 있었다. 전쟁이 난 후 이곳에 독일군들이 들어왔다. 이 수도원은 세계적인 보물들의 저장소였지만, 독일군은 많은 보물을 약탈했고, 약탈 행위를 감추기 위해 폭탄을 퍼부어 건물들을 파괴했다. 지금 이곳은 무너져 내린 돌들과 돔들이 산더미처럼 쌓여 그 틈을 통해 볼 수 있는 벽화만 조금 남아 있었다. 건물들은 다시 지어지겠지만, 완전한 복원은 불가능하다. 건물들을 짓는 데 수 세기가 걸렸는데, 이제 건물들은 사라졌다. 파괴 후에 자란 잡초들이 마당

---

30 **키예프 페체르스크 라브라(Lavra)** 12세기에 세워졌으며 13세기 몽골 침입 때 파괴된 후 재건되었다. 유네스코 세계문화유산으로 지정되었으며, 삼위일체성당, 모든 성인의 성당, 동굴수도원 등이 라브라 안에 있다.

을 채우고 있었다. 우리는 반쯤 부서진 예배당의 제단 앞에서 몸을 가누지 못하고 엎드려 있는 여인을 보았다. 한때 차르나 그의 가족들만 드나들 수 있던 열린 문으로 광기에 빛나는 눈을 한, 반쯤 실성한 여자가 걸어 들어와서 단조로운 소리로 웅얼거리며 성호를 그었다.

수도원의 한 부분은 아직 그대로 서 있었는데, 오랜 세월 동안 차르와 귀족들만 예배를 드릴 수 있었던 예배당이었다. 많은 벽화로 장식이 되어 있었지만, 어둡고 음침한 장소였다. 이곳은 엄선된 종교적 장소였고, 예배자들은 각각 자신만의 조각된 예배대를 가지고 있었다. 옛날 귀족이 어두운 귀족의 미래와 귀족적 천국을 묵상하며 앉아 있었던 것을 마음속으로 쉽게 상상해볼 수 있었다. 천국은 아마도 이 교회처럼 어두침침할지도 모른다. 향으로 검게 그을린 천장과 반짝이는 금장식을 가지고 있을지 모른다. 카파는 이렇게 말했다. "모든 성당은 어두침침하다. 그래서 좋은 것이다."

키예프에는 이보다 더 오래된 성당이 하나 있었다. 아마도 세계에서 가장 오래된 성당[31]이다. 1034년 야로슬라프 현공賢公이 지었지만 아직도 건재했다. 아마도 그 이유는 이곳에서는 약탈해 갈 것이 거의 없었기 때문이다. 독일군은 이 성당을 그대로 두었다. 그러나 이곳도 높고 어두운 곳이다.

옆의 작은 예배당에 집처럼 생긴 작은 석관 안에는 야로슬

31　**성 소피아 대성당**　이스탄불의 아야 소피아(Hagia Sophia)를 모델로 만들었다.

파괴된 소피아 사원, 우크라이나 키예프, 1947.

라프 현공의 시신이 묻혀 있다. 야로슬라프는 전투에서 부상을 입어 한쪽 다리가 부러졌다는 이야기가 있다. 시신은 천 년 넘게 집처럼 생긴 작은 석관에 누워 있었는데, 최근에 관을 열고 보니, 유골의 다리가 정말 부러져 있었다. 그래서 이것을 진짜 야로슬라프의 무덤으로 알고 있던 모든 사람이 기뻐했다. 성당들의 침울한 분위기는 우리를 덩달아 침울하게 만들었다.

점심을 먹으면서 폴타라즈키는 독일군이 전쟁 중에 저지른 만행과 이로 인해 죽은 수많은 사람들에 대해 말했다. 전쟁은 키예프에 새로운 일이 아니었다. 타타르들이 잔혹하게 키예프를 약탈한 것을 비롯하여 천 년이 넘는 세월 동안 전쟁을 겪었다. 그러나 어떤 야만족도 어떤 침략자도 독일군이 계산적으로 저지른 어리석은 잔혹한 행동에 비할 수 없었다. 그들은 미친 잔혹한 어린이들처럼 이 나라를 파괴하고 지나갔다. 지금 독일 군복을 입은 포로 행렬이 자신들이 저지른 파괴의 잔해를 청소하기 위해 키예프 거리를 지나가고 있었다. 우크라이나 사람들은 이들을 쳐다보지도 않았다. 이들이 거리를 행진할 때 사람들은 시선을 돌렸다. 이들은 이 포로를 투명한 존재처럼 여기고 그 너머를 쳐다볼 뿐 이들을 쳐다보지는 않았다. 아마도 이것은 이들이 받는 최악의 징벌일 것이다.

저녁에 우리는 19세기 드라마가 19세기 식으로 연출된 연극 〈폭풍Storm〉을 보러 갔다. 무대장치도 고풍스러웠고 연기도 옛날식이었다. 이런 연극이 공연된다는 것이 신기했지만, 이것은 우크라이나 연극이었고, 우크라이나 사람들은 자신들의 작품을 좋아한다. 주인공을 맡은 여자는 아주 인물이 뛰어났는데, 약간 캐서린 코넬[32] 같아 보였고, 무대에서 카리스마를 발휘했다. 이야기 줄거리는 권위적인 시어머니 밑에 있는 젊은 부인에 대한 것이었다. 그녀는 시인과 사랑에 빠졌다. 유부녀인 그녀는 그를 만나러 정원으로 나간다. 우리가 정원 장면에서 볼 수 있는 모든 것은 그녀가 말을 엄청나게 많이 하고, 단 한 번 그녀가 시인이 그녀 손가락 끝에 키스를 하게 허락하는 것이다. 그러나 이것으로도 큰 죄가 되어 그녀는 결국 교회에 가서 죄를 고백하고 볼가강에 뛰어들어 죽는다. 손끝에 키스를 허락한 죄에 대한 징벌치고는 너무 심하다는 생각이 들었다. 연극은 평행적인 부차적 플롯을 가지고 있다. 그녀의 하녀는 주인의 비극을 코믹하게 흉내 낸다. 그녀도 애인을 가지고 있지만, 시인이 아니라 시골뜨기이다. 전통 연극으로는 그런대로 괜찮았고, 관객들은 이 연극을 좋아했다. 무대장치를 바꾸는 데 한 시간 반이 걸렸고, 여주인공이 강물에 뛰어든 때는 자정이 넘어 있었다. 진정한 비극을 겪었고, 침략의 비극과 죽음과 폐허를 겪어본 관객들이 정원에서 손끝에 키스를 허락한 여주인공의 운명에 그렇게 감동을 받는 것이 우리는 신기하게 느껴졌다.

다음 날 아침은 비가 왔다. 카파는 비가 오면 사진을 찍을

---

[32] **캐서린 코넬**(Katharine Cornell, 1893-1974) 미국 연극계의 가장 뛰어난 배우로 꼽히며, 연출가로도 활동했다.

수 없기 때문에 비를 하늘이 자신에게 내리는 징벌로 생각했다. 그는 방언과 네다섯 나라말로 날씨를 저주했다. 카파는 필름에 대해서는 더 걱정을 했다. 어떤 때는 빛이 모자랐고, 어떤 때는 빛이 너무 많았다. 어떤 때는 인화가 잘못되고, 어떤 때는 현상이 잘못되고, 어떤 때는 카메라가 망가졌다. 그는 늘 걱정을 했다. 그러나 비가 내리면 그는 이것이 신이 자신에게 내리는 개인적 모욕이라고 생각했다. 그는 내가 죽이고 싶을 만큼 방 안을 쉴 새 없이 왔다 갔다 하다가 결국 이발을 하러 갔다. 정말 우크라이나식의 뚜껑을 뒤집어쓴 듯한 머리를 하고 왔다.

그날 저녁 우리는 서커스를 보러 갔다. 크고 작은 러시아 도시에는 어디에나 전용 공연장을 가진 전용 서커스단이 있다. 그러나 당연히 독일군이 서커스장도 폭파했다. 그래서 텐트를 친 임시 서커스장에서 공연이 열렸지만, 그럼에도 도시에서 가장 인기 있는 장소였다. 우리는 좋은 곳에 자리를 잡았고, 카파는 사진을 찍어도 된다는 허락을 받아서 기분이 좋아졌다. 원형 공연장에 좌석이 계단식으로 배치된 이곳 서커스장은 미국의 서커스장과 크게 다르지 않았다.

곡예사가 서커스의 서막을 열었다. 곡예사들이 높이 매달린 공중그네에서 연기할 때 이들의 허리에 고리와 줄이 매달린 것을 보았다. 그래서 만약 실수로 떨어져도 죽거나 부상당할 염려는 없었다. 우리의 러시아 호스트는 관중에게 스릴을 안겨주기 위해 사람이 다치는 일은 바보 같은 짓이라고

서커스 관중들, 우크라이나 키예프, 1947.

설명했다.

예쁜 여인들과 용감한 남자들이 공중제비를 하고 높이 달린 선과 공중그네에서 몸을 날렸다. 다음에는 개가 나와 공중제비를 돌고, 사육된 호랑이와 표범이 원형 공연장에 내려진 쇠창살 안에서 묘기를 부렸다. 관중들은 좋아했다. 공연 내내 서커스 밴드는 변화가 없는 천편일률적인 서커스 음악을 연주했다.

가장 재미있었던 것은 광대들이었다. 그들이 처음 들어오자 관중이 우리를 보는 것을 느꼈는데, 곧 이유를 알아차렸다. 그들의 광대는 한결같이 미국인들이었다. 한 광대는 부유한 시카고 여인이었다. 부유한 시카고 여인이 어떻게 생겼

서커스에서 공연하는 두 광대, 우크라이나 키예프, 1947.

는지에 대한 러시아인들의 상상은 훌륭했다. 관중들은 이 풍자에 우리가 화가 났는지를 보려 했지만, 그것은 정말 재미있다. 미국의 광대 중 일부가 긴 검은 턱수염을 기르고 폭탄을 들고 러시아인 분장을 한 것과 마찬가지로, 러시아 광대들은 미국 사람으로 분장했다. 관중들은 이 모습을 보고 웃음을 터뜨리며 좋아했다. 시카고의 부자 여인은 붉은 스타킹을 신고, 모조 다이아몬드가 박힌 하이힐을 신고 있었고, 터번같이 생긴 웃기는 모자를 썼다. 이브닝드레스는 고리로 장식되었는데, 기괴한 잠옷 같았다. 그녀는 링 위에 불안정하게 섰고 배가 불룩거렸다. 시카고의 백만장자인 그녀의 남편은 가식적인 자세를 하고 춤을 추며 돌아다녔다. 우리가 이해하지는 못했지만, 관중들이 폭소를 터뜨리는 것을 보니 이들이 말하는 농담은 아주 웃기는 듯했다. 관중들은 우리가 광대를 싫어하지 않는 것을 보고 크게 안심한 듯했다. 광대들은 시카고 부자 연기를 끝내고, 오셀로의 데스데모나가 죽는 장면을 아주 코믹하게 연출했다. 데스데모나는 목이 졸려 죽지 않고 고무칼로 죽을 때까지 두드려 맞았다.

훌륭한 서커스였다. 앞줄에 앉은 어린애들은 자신들의 방식으로 공상하는 서커스 꿈에 빠졌다. 서커스단은 항상 활동하며, 이동하지 않는다. 여름에 짧은 휴식을 빼고는 일 년 내내 공연이 이어진다.

비가 그쳤다. 그래서 우리는 서커스를 본 다음 리비에라라는 이름이 붙은 키예프의 나이트클럽으로 갔다. 클럽은 강 위 절벽에 자리 잡고 있었다. 야외 춤무대를 식탁들이 둘러싸고 있었고, 클럽 전체가 평원을 가로질러 흐르는 강을 내려다보고 있었다. 음식은 아주 좋았다. 잘 구워진 샤실리크,[33] 빠질 수 없는 캐비아, 조지아 와인이 나왔다. 오케스트라는 시원찮은 미국 재즈가 아니라 러시아, 우크라이나, 조지아 음악을 연주해서 우리는 제법 안도했다. 연주는 아주 훌륭했다.

우리 테이블에 우크라이나의 저명한 극작가인 알렉산드르 코르네이추크가 동석했다. 그는 매력과 유머 감각이 넘치는 사람이었다. 그와 폴타라즈키는 오래된 우크라이나 농담

---

[33] 양고기 등을 꼬치에 꽂아 장작불에 구운 러시아, 우크라이나, 캅카스, 튀르키예의 전통 음식.

을 하기 시작했다. 우크라이나인들은 이런 얘기를 잘하는 걸로 유명하다. 우리를 제일 웃게 만든 것은 "최고의 새는 소시지"라는 농담이었다. 그런 다음 코르네이추크는 내가 캘리포니아 농담이라고 여겼던 것을 이야기했다. 대식가가 칠면조에 대해 말한 것으로, 그는 "칠면조는 아주 불만족스러운 새다. 한 사람이 먹기에는 너무 많고, 두 사람이 먹기에는 너무 적다."라고 말했다. 아마도 우크라이나 사람들은 이 농담을 수백 년간 말해온 것 같은데, 나는 이제까지 우리 고향에서 만들어진 농담인 줄 알았다.

그들은 우리 마음에 맞는 우크라이나 건배를 가르쳐주었다. "집에 있는 사람들을 행복하게 하기 위해 건배합시다."였다. 그리고 그들은 평화를 위해 건배했다, 늘 평화를 위해 건배한다. 두 사람 다 병사였고, 둘 다 부상을 입었지만 평화를 위해 건배했다.

미국을 한 번 방문한 적 있는 코르네이추크가 뉴욕의 하이드파크에 갔던 일을 다소 슬픈 표정으로 얘기했다. 그는 루스벨트와 처칠, 루스벨트와 드골이 같이 찍은 사진을 보았지만, 루스벨트와 스탈린이 함께 찍은 사진은 보지 못했다. 그는 두 사람이 여러 차례 같이 있었고, 같이 일했는데, 왜 하이드파크는 두 사람이 같이 찍은 사진을 없앴는지 의아해했다.

음악이 점점 빨라지면서 점점 더 많은 사람이 플로어로 나와 춤을 췄다. 색등이 플로어를 비추었고, 저 아래 강물에는 도시의 불빛이 반사되었다.

우크라이나 키예프, 1947.

소련 병사 두 명이 격렬한 춤을 주었다. 장화를 구르고 손을 흔들며 전선에서 추는 춤을 췄다. 이들 머리는 빡빡 깎은 상태였고, 군화는 광채가 나게 닦여 있었다. 이들은 미친 듯이 춤을 췄고, 빨강, 녹색, 파란 불빛이 무도회장에 번쩍였다.

오케스트라는 격렬한 조지아 음악을 연주했다. 한 테이블에서 젊은 여자가 일어나더니 혼자 춤을 추기 시작했다. 그녀는 아름답게 춤을 추었고, 그녀가 춤추는 동안 아무도 플로어에 나오지 않았다. 점차 사람들은 음악에 맞춰 손뼉을 치기 시작했고, 나중에는 그녀의 춤에 장단을 맞추었다. 음악이 끝나자 그녀는 자기 테이블로 돌아갔고, 아무도 박수를 치지 않았다. 그녀는 춤 실력을 과시하기 위해 나온 것이 아니라, 단지 춤이 추고 싶어서 나온 것이다.

감미로운 음악과 불빛이 흐르고, 평화로운 강을 아래로 내려다보면서 우리의 친구들은 전쟁에 대해 얘기하기 시작했다 전쟁은 이들이 떼어버릴 수 없게 따라다니는 무엇인가 같았다. 이들은 스탈린그라드 전투 직전의 무서운 추위를 얘기했다. 이들은 눈밭에 매복해 있었고 어떻게 전투가 벌어질지 알지 못했다. 이들은 결코 잊어버릴 수 없는 무서운 일들을 얘기했다. 한 병사는 방아쇠를 당기기 위해 직전에 죽은 동료의 피에 자신의 손을 녹였다.

한 시인이 우리 테이블로 와서 말했다. "내 장모는 로스토프에 전투가 벌어졌는데도 애지중지하는 동양식 카펫을 위해 집을 떠나지 않았습니다." 그는 계속해서 말했다. "우리

드니프로강을 내려다보는 리비에라 클럽에서 춤추는 커플들, 우크라이나 키예프, 1947.

는 후퇴를 해서 내내 전투를 치렀지요. 우리가 로스토프로 돌아왔을 때 장모집에 가보았는데, 장모는 아직 있었고, 그 동양식 카펫도 그대로 있었습니다."

"우리 군이 도시로 진입했을 때 많은 사고가 있었고, 많은 사람이 실수 때문에 죽었다는 것을 아시는지요? 내가 장모 집에 갔을 때 장모가 문으로 나왔고, 내 머릿속에는 '왜 사고가 일어나지 않았지? 왜 내 총은 실수로 발사되지 않았지?' 하는 생각이 떠올랐습니다. 사고는 일어나지 않았지만, 나는 그 이후로 왜 그렇게 되었는지 계속 생각했습니다."라며 그는 말을 맺었다.

카파는 카메라를 작은 정자 지붕 위에 설치했다. 그는 계속 춤추는 사람들을 찍으며 만족해했다. 오케스트라는 코르네이추크의 연극 중 한 슬픈 노래를 연주했다. 이것은 발트 해 수병들의 노래이다. 그들은 후퇴하면서 자신들의 배를 침몰시켜야 했고, 이 노래는 그 슬픔을 표현하고 기리앉는 배를 기리는 장송곡이었다.

5
우크라이나 집단농장

아침에 일어나 달력을 보았다. 8월 9일이었다. 소련에 들어온 지 9일이 지났다. 그러나 너무나 많은 인상을 받았고, 너무나 많은 것을 보았기 때문에 훨씬 더 오래 있었던 것 같았다.

카파는 아침에 마치 나방이 번데기에서 나오듯이 느리고 고상하게 일어난다. 일어나 한 시간 동안, 잠을 자는 것도 아니고 잠에서 깬 것도 아닌 멍한 상태로 어떤 실험을 하는 사람처럼 침묵을 지키며 앉아 있다. 나에게 문제가 되는 것은 그가 책이나 신문을 들고 화장실에 들어가면 최소한 한 시간은 있다가 나온다는 것이다. 나는 매일 아침 그를 위해 세 가지 지적인 질문을 준비했다. 사회학, 역사, 철학, 생물학 등과 관련된 질문을 던지는 목적은 그의 생각을 자극해서 하루가 밝았다는 것을 일깨우기 위해서였다.

실험 첫날 나는 카파에게 다음 질문을 던졌다. 살라미스 전투에 참가한 그리스 비극작가는? 곤충은 몇 개의 다리를 가지고 있는가? 마지막으로 그레고리안 성가를 지원하고 수집한 교황의 이름은? 카파는 얼굴에 고통스러운 표정을 지으며 침대에서 튀어 일어나서, 잠시 창 쪽을 쳐다본 후, 읽지도 못하는 러시아 신문 한 장을 들고 화장실로 황급히 들어갔다. 그리고 한 시간 반 동안 나오지 않았다.

2-3주 동안 나는 매일 아침 그를 위해 질문을 준비했지만, 그는 질문에 하나도 대답을 하지 않았다. 그는 하루 종일 혼자 투덜거렸고, 아침 질문에 대한 생각 때문에 잠을 제대로 잘 수가 없다고 억울해하며 불평했다. 그러나 말만 그렇지 그가 잠을 자지 못했다는 증거는 없었다. 그는 내 질문 때문에 자신의 마음에 생긴 공포가 그를 지적으로 40년은 퇴보하게 했고, 어림잡아도 10년은 뒤돌아가게 했다고 주장했다.

카파는 모스크바에서 책을 훔쳐서 가져왔다. 세 권의 탐정소설과 『막심 고리키의 노트』, 『허영의 시장Vanity Fair』, 1927년 미국 농무부의 연례보고서였다. 우리가 러시아를 떠날 때 책은 전부 반납되었지만, 원래 주인에게 돌아갔다고는 생각하지 않는다.

오늘, 8월 9일 우리는 셰브첸코라는 이름의 농촌 마을을 방문하러 나섰다. 우리는 다른 농장도 셰브첸코라는 이름을 가지고 있어서 이 농장을 '미래의 셰브첸코'라고 불렀다. 이 명칭은 우크라이나인들이 사랑하는 민족 시인의 이름을 따서 지은 것이다.[34]

우리는 포장된 도로를 몇 마일 달리다가, 우측으로 방향을 튼 다음, 망가지고 깨진 먼지가 나는 도로를 달렸다. 소나무 숲을 지나고 격렬한 전투가 벌어졌던 평원을 지났다. 사방에 전투의 흔적이 남아 있었다. 소나무들이 기관총 사격으로 쓰러지고 누더기처럼 상처가 나 있었다. 참호와 기관총 대가 있었고, 길도 탱크 자국으로 홈이 나고, 포탄 구덩이가 나 있었다. 여기저기 녹슨 전투 장비와 불에 탄 탱크들, 파괴된 트럭들이 있었다. 이 나라는 공격을 받고 방어를 펼쳤지만 초기 전투에 패배했고, 후에 반격을 펼쳐서 국토를 서서히 되찾아 나갔다.

셰브첸코 농장은 토질이 그렇게 좋지는 않아 내가 이제까지 본 농장 중에 최고 반열에 들지는 못했다. 그러나 2차세계대전 전에 이곳은 꽤 풍요로운 마을이었고, 총 362가구, 다시 말해 362가족이 살고 있었다. 그러나 이것은 당시 상황이었다.

독일군이 지나간 후 여덟 농가만 남았고, 그것도 지붕이 다 불타버린 상태였다. 사람들은 사방으로 흩어졌고, 많은 사람이 죽었다. 남자들은 파르티잔[35]으로 싸우기 위해 숲으로 들어갔다. 어린애들이 어떻게 전쟁을 겪어냈는지는 아무도 모른다.

전쟁이 끝나고 사람들은 다시 마을로 돌아왔다. 다시 집들

---

34   **타라스 셰브첸코(Taras Shevchenko, 1814-1861)** 우크라이나의 민족 시인으로 우크라이나 민족주의의 대표적 상징이다. 20대 초반부터 시재를 발휘하여 「유랑시인」, 「하이다마키」 등의 장시를 발표했다. 비밀결사 결성 혐의로 체포되어 10년간 중앙아시아 지역에서 유형 생활을 한 후 47세의 나이로 사망했다. 현재 키이우국립대학교도 타라스 셰브첸코의 이름을 땄다.

35   2차세계대전 중 후방에서 독일군에 대항해 싸운 게릴라 부대를 뜻하며, '빨치산'이 이 단어에서 나왔다.

이 지어졌고, 추수철이었기 때문에 집들은 농사일이 시작되거나 끝난 뒤 지어졌고, 손전등을 켜고 밤에 작업을 하기도 했다. 자신들의 작은 집을 짓기 위해 남녀 가릴 것 없이 모두가 일했다. 집 짓는 방법은 똑같았다. 먼저 방 하나를 만들고, 다음 방을 만들 때까지 거기에 살았다. 우크라이나는 겨울 날씨가 매우 추웠기 때문에 집은 다음 방식으로 지었다. 먼저 통나무로 벽을 만들고, 코너는 큰못 구멍을 만들어 목재를 서로 연결했다. 이 목재 위에 무거운 외가지를 못처럼 박고, 그런 다음 추위를 막기 위한 두꺼운 회반죽을 벽 안팎으로 발랐다.

창고와 현관으로 같이 쓰는 입구가 있고, 그곳은 흰 회반죽을 바른 부엌으로 연결된다. 부엌에는 요리를 할 수 있는 벽돌로 만든 화로와 난로가 있다. 이 벽난로는 바닥에서 약 1미터 높이로 만들어졌는데, 여기서 우크라이나의 주식인 아주 맛있는 납작한 갈색 빵을 만들었다.

부엌 옆에는 식탁과 장식된 벽에 죽은 부모나 가족들의 사진이 있는 식당이 있다. 벽에는 가족 식구인 전쟁에 나가 싸운 병사가 받은 훈장도 걸려 있었다. 벽은 하얗게 칠해졌고, 겨울에 추위를 막기 위해 창문에는 덧문이 달려 있었다.

방을 지나면 가족 규모에 따라 하나나 두 개의 침실이 있다. 이 사람들은 모든 것을 잃어버렸기 때문에 잠자리는 아무거나 구할 수 있는 것으로 만들었다. 넝마 조각, 양털 가죽 등 몸을 따뜻하게 할 수 있는 것을 깔았다. 우크라이나인들은 청결한 사람들이라서, 이들의 집은 깔끔하게 정리되어 있다.

우리가 가진 잘못된 정보 중 하나는 집단농장 사람들은 막사 같은 숙소에 산다는 것이다. 이는 사실이 아니다. 각 가족은 자신의 집과 정원과 작은 텃밭을 가지고 있었다. 거기에 꽃밭, 커다란 야채밭, 벌집이 있었다. 대부분의 정원과 텃밭은 약 1에이커 정도 되었다. 독일군이 모든 과실나무를 파괴해서 사과, 배, 체리나무를 새로 심고 있었다.

우리는 먼저 새로 지은 마을회관으로 가보았다. 그곳에서 전쟁 중 팔 하나를 잃은 농장장과 이제 막 군에서 제대했지만 아직 군복을 입고 있는 회계사와 농장위원회의 세 노인을 만났다. 우리는 그들이 추수 기간인 지금 매우 바쁜 것을 잘 알지만, 추수하는 모습을 직접 보고 싶다고 전했다.

이들은 전에 농장이 어떤 상태였고, 지금은 어떤지 말해주었다. 독일군이 들어오기 전 이 마을에는 황소만 700마리 있었지만, 지금은 모든 가축을 합쳐도 200마리밖에 되지 않는다고 했다. 과거에 이 마을에는 커다란 가솔린 동력기 두 대, 트럭 두 대, 트랙터 세 대와 탈곡기 두 대가 있었지만, 지금은 작은 가솔린 동력기 한 대와 작은 탈곡기 한 대가 전부이다. 이들은 자체 보유한 트랙터가 없었다. 밭을 갈 때는 근처의 트랙터 센터에서 빌려와야 했다. 전에는 말이 40마리 있었지만, 지금은 4마리밖에 없다.

이 마을은 전쟁 중에 징집된 50명의 젊은이가 전사했고, 나이를 불문하고 민간인 50명이 사망했다. 불구자가 되고 신

우크라이나 집단농장 전경, 우크라이나, 1947.

체 일부를 상실한 사람도 많았다. 어린애들 중 일부도 다리를 잃거나 눈을 잃었다. 그러나 노동력이 절대적으로 필요한 이 마을은 모든 사람이 힘닿는 대로 노동에 나서주기를 바랐다. 조금이라도 일을 할 수 있는 장애인은 노동에 투입되었고, 이 사람들은 농장 생활에 자신이 중요한 역할을 하고 있다는 자신감을 얻었다. 그래서 부상자 중에 신경증 환자는 거의 없었다.

이들은 슬픔에 빠져 있지 않았다. 이들은 항상 웃고, 농담을 하고 노래를 불렀다.

농장은 많지 않은 양의 밀과 수수, 옥수수를 재배했다. 그러나 땅이 비옥하지 못하고, 모래가 많아 주 생산물은 오이, 감자, 토마토, 꿀, 해바라기였다. 해바라기씨에서 추출한 식용유가 많이 생산되었다.

우리는 여자들과 어린아이들이 오이를 수확하고 있는 들판으로 가보았다. 이들은 여러 수확 그룹으로 조직되어 누가 더 많은 오이를 수확하는지 경쟁하고 있었다. 여인들은 줄지어 들판에 늘어서서 웃고, 노래하고 서로에게 소리치며 일을 하고 있었다. 긴 치마와 블라우스를 입고 머릿수건을 두르고 있었지만, 아무도 신발을 신고 있지 않았다. 신발은 아직 들판에서 신기에는 너무 귀했다. 아이들은 바지만 입고 있었고, 이들의 작은 몸은 여름 햇빛 아래 갈색으로 타고 있었다. 밭 가장자리에는 수확된 오이가 트럭에 실리기 위해 커다란 무더기로 쌓여 있었다.

집단농장 들판에서 토마토를 손에 든 소년, 우크라이나, 1947.

집단농장 생활을 설명하는 여자, 우크라이나, 1947.

풀로 만든 장식용 모자를 쓰고 있던 그리샤란 어린이는 엄마에게 달려가 소리쳤다. "이 미국 사람들도 우리랑 똑같이 생겼어요!"

카파의 카메라는 큰 소동을 일으켰다. 여자들은 그에게 소리치고, 머릿수건을 매만지고, 블라우스를 추스르는 등 전 세계 여자들이 사진 찍기 전에 하는 일을 다 했다.

호감 가는 얼굴에 큰 웃음을 터뜨리는 여자가 있었는데, 카파는 이 여자의 표정 사진을 집중적으로 찍었다. 여자는 이 마을의 재치꾼이었다. 그녀는 "나는 뛰어난 일꾼일 뿐 아니라, 두 번이나 과부가 된 여자지요. 그래서 많은 남자들이 지금 나를 무서워한답니다."라고 말했다. 그녀는 카파의 카메라 렌즈를 향해 오이를 흔들어댔다.

그러자 카파가 말했다. "아마 당신 지금 나랑 결혼하고 싶은 거 아니에요?"

　그녀는 머리를 뒤로 젖히더니 한바탕 웃음을 터뜨렸다. "이 사람, 잘 봐요! 만약 신이 남자를 만들기 전에 오이와 상의를 했다면, 세상에 불행한 여자가 훨씬 줄었을 거예요."라고 그녀가 말하자, 들판 전체가 카파를 향해 웃음을 터뜨렸다.

　이들은 생명력 넘치고 친근한 사람들이었다. 이들은 아주 잘 익은 오이와 토마토를 우리에게 권해 맛보게 했다. 오이는 아주 중요한 야채다. 소금을 쳐서 만든 피클을 겨울 내내 먹는다. 녹색 토마토도 소금을 쳐서 눈이 오는 겨울에 샐러드로 먹는다. 이것들은 양배추와 순무와 함께 겨울에 비타민을 공급하는 야채다. 여자들은 웃으며 말을 하고, 우리를 불렀지만 일을 멈추지는 않았다. 올해는 정말 작황이 좋았다. 작년보다 수확량이 70퍼센트나 많다고 했다. 1941년 이후 처음 풍년이라고 했다. 그래서 이들은 농사에 큰 희망을 가지고 있다.

우리는 꽃이 만발한 들판으로 나갔다. 그곳에는 수백 개의 벌통과 양봉가가 살고 있는 작은 텐트가 있었다. 대기는 들판의 토끼풀에서 일하고 있는 벌들의 윙윙거리는 소리로 가득했다. 나이가 든 턱수염이 난 양봉가가 우리 얼굴에 씌울 망사를 들고 우리를 향해 급히 걸어왔다. 우리는 망사를 쓰고 손을 주머니에 넣었다. 벌들이 맹렬히 우리에게 달려들었다.

늙은 양봉가는 벌집을 들어 올리고 모아진 꿀을 보여주었다. 30년간 벌을 쳤다는 그는 자신이 하는 일에 긍지가 컸다. 오랜 세월 동안 그는 벌을 잘 모르는 채 벌을 쳤다. 그러나 지금 그는 책을 읽고 벌에 대해 공부를 하고 있다. 지금 그는 큰 보물을 가지고 있는데, 여섯 마리의 새 여왕벌을 가지고 있었다. 캘리포니아에서 온 것이라고 그가 말했다. 그의 말로 보건대, 이탈리아 검은 벌의 캘리포니아 변종이었다. 그는 새로운 벌 종에 매우 만족한다고 말했다. 새 벌들은 서리에 더 잘 견디고, 벌을 치는 계절에 좀 더 이르게 일하기 시작해서 좀 더 늦게까지 일한다고 했다.

그런 다음 그는 우리를 자신이 사는 작은 텐트로 데리고 가서 천막을 닫았다. 그는 신맛이 나는 우크라이나의 호밀빵에 꿀을 발라서 먹으라고 주었다. 텐트 밖에서 벌들이 윙윙거리는 소리가 들렸다. 조금 뒤에 그는 양봉가들이 흔히 하는 대로 벌집을 열고 겁 없이 벌을 한 손 가득 가지고 왔다. 그러나 우리에게는 망사를 벗지 말고 있으라고 했다. 벌들은 낯선 사람을 좋아하지 않기 때문이다.

벌집을 보여주는 양봉가, 우크라이나, 1947.

벌통 위에 앉은 아이, 우크라이나, 1947.

거기에서 다음으로 밀을 탈곡하는 들판으로 가보았다. 탈곡 장비는 보잘것없었다. 실린더 하나짜리 오래된 가솔린 동력기가 탈곡기를 돌리고 있었고, 송풍기는 손으로 돌리고 있었다. 여기에서도 우리는 남자 일손이 부족한 것을 발견했다. 일하는 남자보다 훨씬 여자가 많았고, 남자들 상당수는 불구자였다. 가솔린 동력기를 작동하는 기사는 한 손 손가락이 모두 없었다.

토질이 그렇게 좋지 않아서 밀 수확은 좋지 않았다. 탈곡기에서 나온 밀은 커다란 캔버스 천 위로 쏟아졌고, 곡식 한 알 한 알이 소중했기 때문에 아이들이 캔버스 천 사방을 누르고 앉아서 튀어 땅에 떨어진 곡식을 다시 주워 담았다. 아침 내내 구름이 몰려들더니 빗방울이 떨어지기 시작했다. 사람들은 천을 가지고 뛰어나와서 밀 더미를 덮었다.

남자들 몇이 논쟁을 하고 있었고 폴타라즈키가 우리에게 조용히 통역을 해주었다. 이들은 누가 우리를 점심에 초대할지 논쟁하고 있던 것 같았다. 한 사람은 다른 사람보다 큰 식탁을 가지고 있었고, 다른 사람은 아침에 부인이 새 빵을 구웠다. 또 한 사람은 자신의 집이 막 지은 새 집이니 자신이 손님들을 초대해야 한다고 주장했다. 그러자 모든 사람이 동의했다. 그러나 그 집에는 식기가 별로 없었다. 나머지 사람들이 유리잔, 접시, 나무 숟가락 등을 가져왔다. 그 사람 집에서 손님 접대가 결정되자, 그 집 여자들은 치마를 추켜올리고 빠른 걸음으로 마을로 향해 갔다.

우리가 러시아 여행을 마치고 귀국한 후 가장 많이 들은 이야기가 "그 사람들은 당신들에게 보여주기 위해 쇼를 한 겁니다. 그들은 진정한 모습을 보여주지 않았어요."였다. 이 마을 사람들도 우리를 위해서 쇼를 했다. 이 사람들은 캔자스 농부가 손님을 위해 연출하는 것과 같은 쇼를 했을 것이다. 그들도 우리가 하는 것과 똑같이 했을 것이다. 그래서 유럽 사람들이 "미국 사람들은 닭만 먹고 산다."라고 말하게 된 것이다.

이 사람들은 정말 우리를 위해 쇼를 진행했다. 들판에서 몸이 더러워져 돌아온 이들은 목욕을 하고 가장 좋은 옷을 갖춰 입었다. 여자들은 통옷을 벗고, 발을 씻고 구두를 신고,

새로 빤 치마와 블라우스를 입고 왔다. 어린 소녀들은 꽃을 따서 병에 넣어 깨끗하게 정돈된 거실로 가지고 왔다. 다른 집에서 온 아이들은 유리잔, 접시, 숟가락을 가지고 왔다. 한 여자는 특별히 담근 피클을 가지고 왔고, 마을 전체에서 보드카 병이 모아졌다. 한 사람은 언제 있을지 모를 중요한 잔치에 쓰려고 보관해 두었던 조지아산 샴페인을 가지고 왔다.

부엌에서도 여자들이 쇼를 벌였다. 새로 만든 화로에 불이 타오르고 납작한 호밀빵 덩어리를 굽고, 달걀을 부치고 보르시치³⁶를 끓였다. 밖에는 소나기가 내리고 있어, 미안한 마음이 들지는 않았다. 우리가 이들의 추수 작업을 방해하는 것은 아니었다. 날씨 때문에 어차피 농작물을 거둘 수 없었다.

공동 공간으로 쓰이는 거실에는 성모 마리아와 예수 그리스도의 성상聖像이 액자에 손으로 뜬 자수 장식 테두리를 두르고 있었다. 성상화가 오래된 것을 보니, 이들은 독일군이 들어왔을 때 이것을 숨겼던 것이 분명하다. 벽에는 확대된 증조부모들의 빛바랜 흑백 사진이 걸려 있었다. 이 가족은 전쟁에 나간 두 아들을 잃었다. 다른 벽에 이들의 사진도 걸려 있었다. 이들은 군복을 입고 앳된 얼굴에 엄숙한 표정을 짓고 있었는데, 시골 청년 모습이 역력했다.

많은 남자들이 거실로 들어왔는데, 이들은 말끔하게 옷을 차려입고, 몸을 씻고 면도를 했다. 이들은 장화를 신고 있었

---

36   우크라이나의 전통 수프로 비트와 감자, 돼지고기 등을 넣어 만든다.

화덕에 빵을 굽는 여자, 우크라이나, 1947.

고, 들판에서는 신발을 신지 않고 있었다.

어린 소녀들은 치마폭에 사과와 작은 배를 가득 담아서 비를 헤치고 뛰어왔다.

우리를 초대한 주인은 50세 정도로 튀어나온 광대뼈에 금발이었고, 커다란 파란 눈을 가지고 있었다. 얼굴에는 세월의 흔적이 뚜렷이 남았다. 그는 튜닉을 입고 허리에는 파르티잔 전사들의 벨트를 차고 있었다. 그의 얼굴은 어디선가 큰 부상을 입은 것처럼 깊이 파여 있었다.

마침내 식사가 준비되었다. 그 자체로 식사인 우크라이나 보르시치, 베이컨을 넣은 부친 달걀, 신선한 토마토, 오이, 썬 양파, 달콤한 호밀빵, 꿀, 과일, 소시지가 한 번에 식탁에 올려졌다. 주인은 고추를 넣은 보드카를 잔에 채웠다. 고추 조각이 들어 있는 이 보드카는 맵고 달콤한 향을 냈다. 그는 아내와 아들들의 과부가 된 두 며느리를 식탁으로 불러서 보드카 한 잔씩을 권했다.

가족의 부인이 첫 건배를 했다. "신께서 당신들께 만복을 내리시기를 기원합니다." 우리는 모두 그녀 건배사에 맞춰 잔을 비웠다. 우리는 아주 많이 먹었다. 모든 음식이 훌륭했다.

우리의 집주인은 우리가 이미 잘 알고 있는 것을 위해 건배를 제의했다. 그것은 세계 모든 국민 사이의 평화였다. 개인을 위한 건배가 거의 없어 신기했다. 통상 개인의 미래보다는 훨씬 큰 것을 위해 건배를 했다. 우리는 가족의 건강과 농장의 번영을 위해 건배를 했다. 식탁 끝에 앉아 있던 몸집이

식탁에서 집단농장의 가족, 우크라이나, 1947.

큰 남자는 프랭클린 루스벨트를 위해 건배를 제안했다.

우리는 세계에서 루스벨트를 얼마나 추모하고 있고, 그의 죽음을 얼마나 애도하고 있는지 이해하기 시작했다. 과거에 들은 이야기가 기억났다. 링컨이 죽은 지 일주일도 되지 않아 사망 소식이 아프리카 내륙까지 전달되었다는 이야기였다. 어떤 때는 북소리로 어떤 때는 사람이 직접 뛰어가서 소식을 전했다. 세계적 비극이 일어났다는 뉴스가 지구를 돌았다. 루스벨트의 적들이 생각하거나 말한 것은 문제가 되지 않아 보였다. 그리고 살아 있을 때 실제 그가 어떤 사람이었는지조차도 문제가 되지 않았다. 중요한 것은 그가 지혜, 친절, 이해의 상징이었다는 것이다. 전 세계 평범한 사람들의 마음속에 그는 한 사람을 넘어서 원칙이 되었다는 것이다. 지금 그를 공격하고, 그의 추모를 공격하는 사람은 그의 명성에 전혀 해를 입히지 못하고, 단지 자신을 비열하고 욕심 많고 이기적이고 어리석은 사람으로 만들 뿐이다. 루스벨트라는 이름은 속 좁은 마음과 더러운 손이 닿을 수 없는 훨씬 높은 곳에 있다.

식사가 끝나자 우리가 예상했던 시간이 시작되었다. 질문의 시간이었다. 그러나 이번에는 농부들이 우리의 농부들과 농장에 대해 묻는 것이라 훨씬 흥미로웠다. 다시 한번 사람들은 서로에 대해 호기심 가득한 복합적 생각을 갖고 있다는 것을 깨달았다. "미국 농부는 어떻게 사나요?"라는 질문은 답하는 것이 불가능했다. 어떤 농장? 어디? 우리 미국인들에게, 많은 민족과 언어를 포함하고 있고 북극기후에서 열대기후까지 포함하고 있는 러시아를 상상하는 것이 어려운 것과 마찬가지였다.

농부들은 러시아어를 쓰지도 않았다. 이들은 우크라이나어로 말했다. "미국 농부는 어떻게 사나요?" 이들이 물었다. 우리는 러시아와 마찬가지로 미국에는 서로 다른 많은 농장이 있다는 것을 설명하려고 애썼다. 노새 한 마리를 가지고 경작하는 5에이커 농장도 있고, 러시아의 국경농장 같은 거대한 협동농장도 있다고 설명했다. 단지 차이는 이런 농장을 국가가 소유하고 있지 않다는 것이었다. 이 마을과 거의 유사하고, 사회생활도 비슷한 농장 공동체도 있지만, 농지는 공동으로 소유하지 않는다고 설명했다. 미국에서 100에이커의 옥토를 가진 농장은 1,000에이커의 메마른 경작지를 가진 것과 마찬가지였다. 이 사람들도 농부들이라 이런 설명을 잘 이해했다. 이들은 단지 미국을 이런 식으로 생각하지 않고 있었을 뿐이다.

이들은 미국 농기계를 알고 싶어 했다. 이것이 이들이 가장 필요로 하는 것이었다. 이들은 콤바인과 파종기, 목화 수확기, 비료 살포기에 대해 물었고, 새로운 작물의 개발, 서리에 견디는 곡물들, 썩지 않는 밀 종류를 궁금해했고, 트랙터와 트랙터 가격을 질문했다. 작은 농장을 경영하는 농부는 트랙터를 살 수 있는가?

식탁 끝에 앉아 있던 남자는 소련 정부가 농장에 돈을 빌려

지붕 얹기, 우크라이나, 1947.

주고, 사람들이 농장에 집을 지을 수 있게 아주 저금리로 돈을 융자해준다고 자랑스럽게 말했다. 그는 소련 정부의 관리 아래 농장에 대한 정보를 얼마나 쉽게 얻을 수 있는지 설명했다.

우리는 미국에서도 마찬가지라고 말했지만, 이 사람들은 처음 듣는 말이었다. 이들은 농장에 대한 금융 대출이나, 미국 농무부에서 하는 중요한 일에 대해 들은 적이 없었다. 이것은 이들에게 새로운 뉴스였다. 사실 이들은 이러한 제도를 자기들만이 스스로 만들어낸 것으로 생각했다.

빗속에서도 길 건너 한 남자와 여자가 자신들이 새로 지은 벽 위에 지붕을 받칠 목재를 얹고 있었다. 길에는 어린이들이 암소를 목초지에서 헛간으로 몰아오고 있었다.

깨끗한 머릿수건을 두른 여자들은 부엌에서 몸을 기울여 우리의 대화를 들었다. 대화 주제가 외교정책으로 바뀌자 질문이 날카로워졌다.

한 농부가 물었다. "만일 소련 정부가 민주주의 확신을 막을 단호한 목적을 가지고 멕시코에 자금 대여를 해주고, 군사 원조를 해주면 미국 정부는 어떻게 할 겁니까?"

우리는 잠시 생각하고 "아마 전쟁을 선포할 수도 있겠지요."라고 대답했다.

그러자 그가 이렇게 말했다. "당신들은 우리와 국경을 맞대고 있는 터키[37]에 우리 체제가 확산되지 못하도록 자금 원

---

[37] '튀르키예'의 옛 명칭.

조를 해주었지만, 우리는 전쟁을 선포하지 않았습니다."

집주인은 이렇게 말했다. "미국인들은 민주적 국민이라고 생각하고 있습니다. 미국은 왜 반동적 정부인 프랑코Franco 정권과 트루히요 정권,[38] 터키의 군사독재 정권, 그리스의 부패한 정부를 친구로 삼고 있습니까?"

우리는 이런 문제에 대해 제대로 알고 있지 못했고, 우리의 외교정책 수립자들에게 신뢰도 없었기 때문에 대답할 수 없었다. 대신에 우리는 미국인들이 하는 질문을 얘기해주었다. 발칸 지역에 대한 공산당의 통제, UN에서 소련의 비난, 거부권 사용, 러시아 언론의 미국 비난 등에 대한 질문을 얘기했다.

이것으로 서로가 주고받은 것 같았다. 우리가 우리 외교정책에 대해 잘 모르듯이 그들도 자신들의 외교정책에 대해 알지 못했다. 이들의 질문에 적의는 없었고, 단지 궁금함만이 있었다. 그러고 나서 우리의 호스트가 일어나 잔을 들고 말했다. "이 모든 것 어디엔가 해답이 있을 겁니다. 빨리 해답이 나와야 합니다. 해답이 찾아지기를 바라면서 건배를 합시다. 세계에는 평화가 필요하고, 정말 간절히 평화가 필요하기 때문입니다." 그는 지붕을 얹기 위해 무거운 대들보를 들고 고생하는 두 사람을 가리키며 "이번 겨울 저 사람들은 1941년 이후 처음으로 집을 갖게 됩니다. 저 사람들은 평화를 얻

---

38   트루히요(R. L. Trujillo, 1891-1961) 도미니카의 독재자. 대통령을 두 번 역임하고 군부 지도자로 혹독한 정치를 펼쳐 2, 3만 명의 국민을 죽였다.

어야 합니다. 저들은 집을 갖기를 원합니다. 저 사람들은 살 집이 없었던 세 아이를 가지고 있습니다. 이 사람들을 다시 반지하 움막으로 밀어 넣는 악한 사람이 세상에 없어야 합니다. 그러나 이 가족은 그런 곳에 살았습니다."라고 말했다.

집주인은 샴페인 병을 따서 그 귀중한 술을 모든 사람의 잔에 조금씩 채웠다. 식탁은 아주 조용해졌다. 우리는 잔을 들었지만 아무도 건배를 제의하지 않았다. 우리는 말없이 샴페인 잔을 들이켰다. 잠시 후 우리는 초대해준 사람들에게 감사를 표하고 전쟁이 할퀴고 간 시골길을 따라 차를 몰고 나왔다. 우리는 우리 초대자가 옳은 말을 했는지 가만히 생각했고, 세상에 그 작은 새 집을 다시 파괴하고 어린애들을 지하동굴로 다시 내려보내기를 원하는 사람이 정말 있는지 생각했다.

다음 날 아침 우리는 오래 자고 일어나 농장에서 보낸 어제 하루를 떠올렸다. 카파는 빛이 들어간 필름을 치웠다. 우리는 알렉산드르 코르네이추크와 미국에 잘 알려진 폴란드 여류시인인 그의 아내 반다 바실레프스카의 초대를 받았다. 이들은 집 뒤에 큰 정원이 있는 쾌적한 집에 살고 있었다. 멋진 덩굴이 덮고 있는 베란다에 점심이 차려졌다. 베란다 뒤에는 장미와 여러 꽃나무가 심어진 꽃밭이 있었고, 다시 그 뒤로 아주 넓은 야채밭이 있었다.

반다 바실레프스카가 직접 점심 식사를 준비했다. 모든 음식이 맛있었고, 많은 음식이 차려졌다. 가지로 만든 야채 캐비아가 나오고, 토마토 소스에 요리한 드니프로강에서 잡은 생선과 오묘한 맛이 나는 달걀 요리. 그리고 오래 숙성된 노란색의 아주 향이 뛰어난 보드카가 나왔다. 그런 다음 맛이 강하고 국물이 맑은 치킨 수프가 나오고 그다음 나온, 튀긴 작은 치킨[39]은 미국 남부 지방의 튀긴 치킨 요리와 비슷했지만 먼저 빵가루를 입힌 다음에 튀긴 점이 달랐다. 디저트로 케이크와 커피, 리큐어가 나왔고, 마지막으로 코르네이추크는 알루미늄 곽에 담긴 우프만 시가를 가지고 나왔다.

아주 훌륭한 오찬이었다. 햇볕은 따뜻했고, 정원은 아름다웠다. 앉아 시가를 피우고, 리큐어를 마시는 동안 대화 주제는 미국과의 관계로 옮겨갔다. 코르네이추크는 문화사절단의 일원으로 미국을 방문한 적이 있었다. 뉴욕에 도착하자 대표단은 지문을 날인하고 외국 국가의 공무원 등록을 해야 했다. 지문 날인에 화가 난 대표단은 방문 일정을 취소하고 귀국해버렸다. 코르네이추크는 말했다. "우리는 범죄자들만 지문 등록을 합니다. 우리는 당신들에게 지문 등록을 요구하지 않아요. 당신들은 사진이 찍히거나, 강제로 등록을 하지 않았습니다."

우리는 공산주의나 사회주의 국가의 모든 사람은 정부 고용인이기 때문에 모든 공무원은 등록을 하는 것이 우리 규칙

---

[39] 우크라이나 대표적 음식인 키이우식 치킨.

이라고 설명했다.

그는 이렇게 대답했다. "영국도 사회주의 정부를 가지고 있지만, 당신들은 모든 영국 사람을 등록시키지도 않고, 지문을 찍게 하지도 않아요."

코르네이추크와 폴타라즈키는 모두 2차세계대전 중 군인으로 싸웠고, 우리는 이 지역에서 벌어진 전투 경험을 물어보았다. 폴타라즈키는 잊을 수 없는 이야기를 들려주었다. 그는 독일 전초기지를 공격하러 투입된 정찰대와 함께 간 이야기를 했다. 독일군 초소까지 가는 길이 너무 멀었고, 눈이 너무 쌓이고 혹독하게 추워서, 이들이 공격을 시작했을 때는 손과 팔과 다리가 모두 얼어서 움직이지 않았다.

"우리는 싸울 무기가 없었어요. 가지고 있는 하나의 무기는 우리 이빨이었습니다. 나는 후에도 이 꿈을 자주 꿉니다. 정말 무서웠어요."

점심 식사 뒤 우리는 강가로 나가 작은 모터보트를 빌려 타고, 키예프의 절벽 아래를 구경하고 나서 강을 건너 수백 명의 사람들이 수영을 하고, 누워서 일광욕을 하고 있는 곳으로 갔다. 형형색색의 수영복을 입은 가족 전체가 하얀 모래 위에서 햇볕을 쬐고 있었다. 강 위에는 수많은 작은 돛단배들이 왔다 갔다 했다. 사람을 가득 채운 유람선도 다녔다.

우리는 옷을 벗고, 반바지 차림으로 보트 주위 물속으로 뛰어들어 강가를 헤엄쳤다. 강물은 따뜻하고 상쾌했다. 일요일이었고, 날씨가 화창했다. 절벽 위의 공원과 시내에는 사람

드니프로강, 우크라이나, 1947.

들이 넘쳐났다. 절벽 위 야외음악당에서 오케스트라가 연주를 했고, 많은 젊은 연인들이 팔짱을 끼고 강가를 산책했다.

저녁에 우리는 다시 절벽 위에 있는 무도회장인 리비에라 클럽으로 갔다. 우리는 은빛 강물이 휘돌아 나가는 거대한 우크라이나 평원 위에 어둠이 내리는 모습을 지켜보았다.

일요일이라 지난번보다 춤추는 사람이 많았다. 그들 중 몇은 거의 전문가처럼 춤을 잘 추었다. 오케스트라는 집시 음악, 조지아 음악, 러시아 음악, 유대인 음악과 우크라이나 노래를 연주했다. 우리를 위해 그들은 「인 더 무드」를 연주했는데, 잘 연주하지는 못했다. 음악이 3분의 2 정도 진행된 다음에야 무슨 곡인 줄 알아차렸다. 그러나 오케스트라는 아주 열심히 연주했다.

야외 무도회장은 꽃밭으로 둘러싸여 있었다. 그런데 구석의 작은 굴에 작은 소년이 숨어 있었다. 소년은 거지였다. 그는 꽃 동굴에서 나와 테이블을 돌며 영화 보러 갈 돈을 구걸했다.

무도회장 지배인이 오더니, "이 친구는 우리 단골손님인데, 아주 부자입니다."라고 말했다.

그는 소년을 점잖게 쫓아냈고, 지배인이 사라지자마자 소년은 돌아와 영화 보러 갈 돈을 받아 갔다.

점점 더 많은 사람이 클럽으로 들어와서 사람이 넘쳤다. 밤 10시경 젊은이들 사이에 소리치고, 달리는 싸움이 벌어졌는데, 여자를 두고 벌어진 싸움이 아니라 축구 때문에 일어난 싸움이었다. 축구는 우크라이나 사람들 사이에 아주 중요한 문제였다. 브루클린 사람들이 자신들의 야구팀에 집착하듯이 키예프 사람들은 축구에 강하게 집착했다. 싸움은 잠시 무도회장까지 번졌는데, 조금 있다가 진정되었다. 사람들은 다 자기 자리로 돌아가 술을 마셨고, 문제는 해결되었다.

우리는 공원길을 다시 걸어 올라갔다. 수백 명의 사람이 아직 공원에 앉아서 오케스트라 연주를 듣고 있었다. 카파는 아침에 더 이상 질문으로 자신을 괴롭히지 말아 달라고 간청했다.

이곳에는 우리에게 유용한 한 제도가 시행되고 있었다. 호텔과 식당에는 잘 보이는 곳에 불만을 적는 노트가 놓여 있었고, 연필도 있었다. 당신은 서비스나 호텔 운영 등 관련된 불만을 원하는 대로 적을 수 있고, 그 아래 사인할 필요는 없었다. 때때로 감독관이 와서 식당과 모든 공공봉사 시설을 둘러볼 때 특정 지배인이나 서비스에 불만이 집중되어 있으면 사람을 교체한다. 불만 하나는 진지하게 받아들여지지 않지만, 같은 불만이 여러 번 반복되면, 문제를 진지하게 받아들인다.

소련에는 우리가 어느 정도 공포심을 갖고 만난 다른 노트가 있는데, 그것은 방문록이었다. 공장, 박물관, 미술관, 제과점을 방문하거나, 심지어는 건물 모형을 보러 입장할 때면 자리를 잡고 앉아 뭔가를 써넣어야 하는 방문록이 있었다. 그러나 보통 이 책 앞에 앉으면 당신은 무엇을 보았는지 생각이 나지 않는다. 이 책은 분명히 칭찬을 담기 위해 있는 것이었다. 방문 후기나 인상이 칭찬을 담고 있지 않으면 그 충격이 클 것이 분명했다. 적어도 내겐 인상을 만들어내기 위해서 어느 정도 시간이 필요했다. 인상은 순식간에 자라나지 않는 법이다.

우리는 농장을 한 곳 더 방문하고 싶다고 요청했다. 이번에는 지난번 가본 곳보다 땅이 더 비옥하고, 전쟁 중 독일군에게 심하게 파괴되지 않은 곳을 원했다. 다음 날 아침 우리는 지난번 갔던 길과 반대 방향으로 농장을 향해 출발했다. 우리 차는 전쟁 전에 만들어진 지스Ziss였다. 우리가 차를 타고 가는 동안, 차는 계속 망가지는 것 같았다. 스프링은 더 이상 작동하지 않고, 기어는 큰 소리를 내고, 배기구는 죽어가는 늑대 같은 큰 소리를 냈다.

우리를 태워주는 운전사에 많은 관심을 갖게 되었다. 소련에서 운전사는 하인과 같은 직업이 아니고, 보수가 아주 좋고 품위 있는 직업이다. 운전사는 기계공이고 거의 모두 병사였다. 탱크운전병이었다가 조종사로 싸웠다. 키예프에서 우리를 태우고 다닌 운전사는 망가져가는 자신의 자동차를 아이 돌보듯 돌보는 진지한 사람이었다. 아직 모스크바에서 새 차가 전혀 오지 않았고, 언제 새 차가 올지 아무도 알 수 없었다. 조금이라도 굴러가는 것은 폐차장에 갔어야 할 때가 한참 지난 뒤에도 계속 사용되었다.

키예프에서 우리가 타고 다닌 것은 자동차로서는 초라한

것이었지만, 온탕기로는 대단한 성능을 발휘했다. 우리는 3마일 갈 때마다 한 번씩 서서 도랑이나 개울물, 물웅덩이에서 물을 길어 라디에이터에 부어야 했다. 우리 차는 금방 스팀으로 변했다. 우리 운전사는 결국 언제라도 양동이를 쓸 수 있게 앞범퍼에 달았다.

우리는 대충 포장된 도로를 20마일 정도 달리고 왼쪽으로 방향을 틀어 울퉁불퉁한 시골길을 달렸다. 길은 더 이상 길이라고 부르기도 힘들었고, 바퀴 자국만 남아 있었다. 얼마 전 비가 왔기 때문에 가장 최근에 지나간 바퀴 자국을 찾는 게 최선이었다. 땅이 솟아 있는 사이에 파인 곳은 작은 연못이 되었다. 왜가리와 황새가 그 주변을 걸어 다녔다. 우리는 연못 사이에서 펄펄 끓는 우리의 차를 돌봐야 했다. 차가 설 때마다 스팀을 뿜어내도록 잠시 놔둔 다음 새 물을 채워 넣었다.

우리 운전사는 전쟁 때 조종사도 했고, 탱크운전병도 했다고 말했다. 그는 한 가지 대단한 재능을 가지고 있었는데, 아무 때나 필요한 만큼 잠을 잘 수 있는 능력이었다. 차를 5분 세워도 그는 바로 잠이 들었고, 부르면 바로 깨서 정신을 차리고 갈 준비를 했다. 그는 12시간을 잔 후에도 똑같은 식으로 깰 수 있었다. 나는 폭격기의 기관총 사수들이 목표를 공격하러 가는 동안과 귀환하는 시간 동안 잠을 잘 수 있는 재능을 가진 것을 기억해냈다.

우리는 정오경 농장과 마을에 도착했다. 이 농장도 셰브첸코라는 이름을 가지고 있었다. 그래서 우리는 이곳을 '두 번째 셰브첸코 농장'이라고 불렀다. 여기는 지난번에 본 농장과 많이 달랐다. 토지는 아주 비옥하고 다용도로 쓰일 수 있었고, 마을도 파괴되지 않았다. 독일군은 이 마을을 포위했었다. 독일군은 가축은 다 죽였지만, 마을을 파괴할 시간은 없었다. 이 농장은 아주 많은 말을 사육했는데, 독일군을 포로로 잡았을 때는 모든 말, 소, 닭, 거위, 오리가 다 죽은 뒤였다. 독일군이 한 짓은 상상하기도 어려웠다. 불쌍하고 파괴적이고 무서운 어린애들 같은 독일 병사들 머릿속에 무엇이 있었는지, 그들 생각이 어땠을지 상상하기가 힘들었다.

두 번째 셰브첸코 농장의 책임자는 무공武功에 빛나는 파르티잔이었다. 그는 아직도 갈색 튜닉과 벨트를 차고 있었다. 그는 푸른 눈에 강철 같은 턱선의 소유자였다.

이 농장에는 1,200명이 넘는 사람들이 살고 있었지만, 많은 남자들이 전쟁으로 죽었다. 농장장은 이렇게 말했다. "우리는 잃어버린 집을 다시 짓고, 더 많은 가축을 기를 수 있지만, 죽은 남자들을 되돌아오게 할 수는 없습니다. 우리는 불구자가 된 사람에게 새 팔과 다리를 만들어줄 수 없습니다."

너무 많은 사람이 의수나 의족이 필요했기 때문에 우리는 소련에서 이런 광경을 보기가 힘겨웠다. 아직 이 분야 산업이 제대로 발달하지 않았는지 모르지만, 수십만 명의 사람들이 팔과 다리를 잃었고 이것이 가장 필요한 산업임에는 틀림없다.

두 번째 셰브첸코 농장은 번성하는 농장이었다. 땅은 비옥하고 경작이 잘되었다. 주된 농작물은 밀, 호밀과 옥수수였다. 지난봄에는 늦게 서리가 내려 겨울 밀 일부가 얼어 죽었다. 사람들은 1년간 땅이 못쓰게 되지 않도록 땅으로 달려가 서둘러 옥수수를 심었다. 그러자 훌륭한 옥수수농장이 되었다. 옥수수 줄기는 약 3미터 높이로 자랐고, 옥수수 열매는 크고 알이 가득 찼다.

우리는 사람들이 밀 타작을 하고 있는 타작기가 있는 마당으로 갔다. 이곳은 아주 거대한 농장이었다. 우리 시선이 닿는 먼 곳에까지 사람들이 큰 낫을 들고 추수를 하고 있었다. 농장에는 작은 수확기 한 대와 트랙터 한 대만 있었다. 대부분의 밀단이 손으로 추수되어 손으로 묶여졌다. 농민들은 미친 듯이 일했다. 이들은 크게 웃고 떠들며 일했지만, 결코 일을 쉬는 법이 없었다. 올해는 오랜만에 가장 큰 풍작이어서 이들은 서로 경쟁하며 더 열심히 일했다. 이들은 최대한 많은 작물을 수확하기 원했다. 이들의 번영은 전적으로 여기에 달려 있었다.

우리는 수확된 농작물이 보관되는 곡식 창고로 가보았다. 기름을 만들기 위한 깻잎단과 호밀과 밀이 쌓여 있었다. 곡물은 적절히 배분되었다. 국가에 공납하는 것과 다음 해 파종을 위한 것, 나머지는 공동체 사람들에게 돌아갔다.

마을은 마을 중앙의 큰 연못을 중심으로 펼쳐져 있었다. 연못에서 몸을 씻고, 옷을 빨고, 말에게 물을 먹였다. 발가벗은 어린 남자애들이 말을 타고 연못으로 들어왔고, 말을 씻

셰브첸코 집단농장의 밀 수확, 우크라이나, 1947.

기기 위해 말을 수영시켰다. 공공건물도 연못을 중심으로 모여 있었다. 작은 무대와 무도회장과 객석이 있는 마을회관, 곡식을 탈곡하는 방앗간, 회계 사무를 보고 우편을 처리하는 사무실이 있었다. 이 사무실에는 라디오 수신기와 지붕에 스피커가 있었다. 각 집에 있는 스피커는 이 동그란 중앙 스피커에 연결되어 있었다. 이곳은 전기가 들어오는 농장이어서 전등과 발동기가 있었다.

정원과 텃밭을 가진 집들이 작고 둥근 언덕으로 이어지며 서 있었다. 참 정겨운 작은 마을이었다. 집들은 흰색 새 회반죽으로 칠해져 있었고, 정원은 푸르고 풍요로웠다. 붉은 토마토가 열리고 집 둘레에는 키가 큰 옥수수가 둘러 심어져 있었다.

우리가 손님으로 초대받은 집은 언덕 꼭대기에 있었다. 그래서 거기서 완만한 들판과 밭과 과수원을 내려다볼 수 있었다. 이 집은 다른 대부분의 우크라이나 농가와 크게 다르지 않았다. 입구 다음에 부엌, 침실 두 개와 거실이 있었다. 이 집도 새로 회칠이 되어 있었다. 바닥도 새로 칠해졌다. 집에서는 신선한 건초의 향긋한 냄새가 났다.

우리를 초대한 주인은 55세에서 60세 정도 되어 보이는 강인하면서 웃음을 잘 짓는 남자였다. 그의 부인 마무치카[40]는 이름이 말해주는 그대로의 여자였다. 그녀는 내가 본 여

---

[40] '엄마'를 뜻하는 마마(mama)의 애칭.

말에게 물을 먹이러 연못에 들어간 짐수레, 우크라이나, 1947.

지 중에 가장 열심히 일하는 사람이었다.

   그들은 우리를 집으로 안내하고 거실에 편하게 앉도록 했다. 거실 벽은 밝은 하늘색으로 칠해졌고, 탁자에는 분홍 종이로 덮인 병들이 있었는데, 병에는 온갖 색의 종이꽃이 장식되어 있었다.

   여기는 분명히 첫 번째 셰브첸코 마을보다 잘사는 모습이 보였다. 성상聖像도 더 컸고, 벽과 색을 맞추기 위해 밝은 하늘색 레이스로 액자가 장식되어 있었다. 이 가족은 대가족은 아니었고, 외아들만 있었다. 그의 큰 사진이 거실 벽에 걸려 있었지만, 색이 바랜 사진이었다. 이들은 단 한 번 아들을 언급했다.

   엄마가 말했다. "1940년 생화학과를 졸업하고 1941년 군에 가서, 1941년 전사했어요."

   이 말을 할 때 마무치카의 얼굴은 암울했다. 이것이 그녀가 유일하게 아들에 대해 한 말이었고, 이 아들이 유일한 아들이었다.

   벽 옆에는 치즈 직포에 덮인 싱거 재봉틀이 있었다. 다른 벽에는 담요가 깔개로 깔린 좁은 침대가 있었다. 방 중앙에는 양쪽에 긴 나무의자가 놓인 식탁이 있었다. 집 안은 아주 더웠다. 그러나 창문을 열 수 없었다. 우리는 결례가 되지 않는다면 헛간에서 잘 수 있느냐고 물었다. 밤에 집 밖은 시원하고 상쾌했지만, 집 안에서는 땀에 젖을 것 같았다.

   우리는 마당으로 나가 몸을 씻었다. 그러자 저녁 식사가 준비되었다.

마무치카는 마을에서 소문난 요리사였다. 그녀가 준비한 식사는 믿기 어려울 정도로 맛이 있었다. 저녁 식사는 보드카 한 잔과 피클과 집에서 만든 흑빵으로 시작되었고, 마무치카가 아주 맛있게 구운 샤실리크가 나왔다. 큰 그릇에 토마토, 양파, 오이가 나왔고, 신맛의 버찌가 가득 올려지고 꿀이 부어진 케이크를 내왔는데, 아주 맛있는 전통 요리였다. 신선한 우유와 차가 나오고 또 보드카가 권해졌다. 우리는 너무 많이 먹었다. 우리는 눈꺼풀이 덮일 때까지 작은 버찌 케이크와 꿀을 먹었다.

밖이 어두워지기 시작했고, 우리는 이것이 오늘의 마지막 식사라고 생각했다.

저녁에 우리는 걸어서 마을을 지나 마을회관으로 갔다. 연못을 지날 때 보트가 연못을 건너왔는데, 신기한 음악 소리가 들렸다. 반란라이카[41]와 자은 심벌즈가 달린 작은 북, 각은 아코디언으로 연주를 하고 있었고, 마을의 춤음악이었다. 연주자들은 연못을 보트를 타고 건너오며 연주를 하였고, 마을회관 앞에 보트를 댔다.

마을회관은 상당히 큰 건물에 자리해 있었다. 안에는 작은 무대가 설치되어 있었고, 무대 앞에는 체스판이 그려진 탁자와 춤추는 공간과 청중을 위한 여러 줄의 좌석이 있었다.

---

41   만돌린 모양을 한 우크라이나, 러시아 민속 악기.

우리가 안에 들어갔을 땐 몇 사람 없었고, 체스를 두는 사람 몇이 눈에 띌 뿐이었다. 젊은 사람들은 들판에서 일을 마치고 집에 돌아와 저녁을 먹고 한 시간 정도 쉬거나 한 시간 정도 잠을 잔 후 마을회관으로 온다고 했다.

그날 밤 작은 연극공연을 위한 무대가 만들어졌다. 무대 위에는 커다란 꽃병이 놓인 식탁과 의자 두 개가 있었고, 위쪽에는 우크라이나 정당 제1서기의 초상화가 걸렸다. 세 명으로 구성된 악단이 들어와 악기를 준비하고 음악을 연주하기 시작했다. 젊은이들, 얼굴을 씻어 피부가 강인하게 빛나는 처녀들이 회관으로 들어왔다.

처녀들은 자기들끼리 춤을 추었다. 이들은 드레스를 입고 색이 들어간 면모직의 머릿수건을 쓰고, 발은 거의 예외 없이 맨발이었다. 이들은 열정적으로 춤을 췄다. 북과 심벌즈 소리가 가미된 음악은 점점 더 빨라졌다. 맨발로 마루를 쿵쾅거리며 박자를 맞췄다. 소년들은 둘레에 서서 처녀들의 춤을 구경했다.

우리는 한 처녀에게 왜 남자들과 춤을 추지 않는지 물었다. 그녀는 "그 친구들은 결혼하기에는 좋은 상대지만, 전쟁 후 남자애들이 얼마 없어서 여자애가 남자와 춤을 추었다가는 문제가 생길 수도 있어요. 그리고 남자애들은 부끄러움을 많이 타요."라고 말하고 크게 웃더니 다시 돌아가 춤을 추었다.

결혼 적령기의 젊은 남자들은 너무 적었다. 마을에 있는 소년들은 아직 어린 청소년들이었다. 이 처녀들과 춤을 추던

마을회관에서 춤추는 사람들, 우크라이나, 1947.

청년들은 전쟁에 나가 죽었을 것이다.

처녀들의 에너지는 대단했다. 해가 뜰 때부터 하루 종일 들판에서 일하고, 한 시간 정도 잠을 자고, 밤새 춤을 출 수 있었다. 체스테이블에 있던 남자들은 주위 소음에 전혀 개의치 않고 계속 체스를 두었다.

그러는 사이 연극을 공연할 그룹은 무대를 마련했다. 카파는 연극을 촬영하기 위해 카메라 플래시를 설치했다. 음악이 중단되자 춤을 추던 처녀들은 다소 기분이 상한 듯했다. 그들은 연극 때문에 춤을 멈춰야 하는 걸 원하지 않았다.

연극은 일종의 선전극이었는데, 줄거리는 단순하면서도 애교가 있었다. 이야기는 다음과 같이 전개된다. 농장에 한 처녀가 있었는데, 게을러서 일하는 것을 좋아하지 않았다. 그녀는 도시로 나가고 싶어 해서 손톱을 칠하고 립스틱을 발랐다. 그녀는 타락하고 퇴폐적이었다. 연극이 시작되면서 그녀는 다른 처녀와 논쟁을 벌인다. 다른 처녀는 들판에서 열심히 일하기로 소문난 작업반장이었고, 성실했다. 손톱을 칠한 처녀는 무대에 구부정하게 서서 불량한 자세를 보였고, 반면 작업반장 처녀는 허리에 양손을 올리고 곧게 서서 열변을 토했다. 세 번째 배우는 트랙터 운전사였다. 그는 하루 종일 작업한 트랙터를 고치며 한 시간 반을 보냈다. 그가 하는 유일한 연기는 시가를 물고 무대를 앞뒤로 오가며 자신의 대사를 하는 것이었다.

트랙터 운전사는 손톱을 칠한 처녀와 사랑에 빠졌다. 그는 그녀를 정말 사랑했고, 그녀에게 영혼을 내줄 위험에 처했다. 연극이 진행되면서 그는 트랙터를 몰고, 인민들의 경제를 돕는 자신의 직업을 버리고 도시로 이주해서 아파트를 장만하고, 손톱을 칠한 처녀와 화려한 생활을 꿈꾸고 있었다. 그러나 작업반장 처녀는 꼿꼿하게 서서 그에게 한껏 훈계를 했다.

그러나 아무 소용이 없었다. 그는 이 게으르고 불량한 처녀와의 사랑에서 헤어 나올 수 없었다. 그는 어떻게 해야 할지 몰랐다. 사랑하는 여자를 포기해야 할 것인가 아니면 그녀를 따라 도시로 가서 한량이 될 것인가?

이제 불량한 처녀는 무대에서 사라지고, 작업반장과 트랙터 운전사 두 사람만 남는다. 여자로서 간계를 부릴 줄 아는 작업반장 처녀는 트랙터 운전사에게 그 처녀가 그를 진정으로 사랑하고 있지 않다고 말해준다. 단지 그가 뛰어난 트랙터 운전사라서 결혼하고 싶어 할 뿐이고 곧 그에게 싫증 낼 것이라고 경고한다. 트랙터 운전사는 이 말을 믿지 않으려고 한다. 그러자 작업반장 처녀는 순간 꾀를 생각해낸다. "내게 좋은 생각이 떠올랐어. 당신이 나를 사랑하는 척을 해봐요. 그녀가 우리 모습을 보면 정말 당신을 사랑하는지 아닌지 알 수 있어."

이 아이디어가 실행되어서, 손톱을 칠한 처녀가 무대에 다시 등장했을 때 트랙터 운전사가 작업반장 처녀를 포옹하고 있는 것을 발견한다. 그러자 무슨 일이 벌어졌을까. 전혀 예

마을회관에서 연극을 공연하는 젊은 농부들, 우크라이나, 1947.

상하지 못한 일이 벌어졌다. 불량한 처녀는 사회주의 경제의 일꾼이 되겠다고 결심하고 농장에 남기로 한다. 그녀는 자신의 분노를 작업반장 처녀에게 퍼부었다. "나도 내 작업반을 만들어서 뛰어난 노동자가 되어 표창받을 거야. 나도 작업반장이 되어 훈장을 받을 테니 두고 봐."

이렇게 해서 트랙터 운전사의 사랑과 경제의 문제 모두 해결되고, 연극이 막을 내릴 때 모든 관객이 아주 기분이 좋아졌다.

이것이 연극 줄거리이지만, 실제 연극은 이렇게 전개되지 않았다. 트랙터 운전사는 무대에서 서너 걸음도 움직이지 않았다. 연극이 시작되었을 때 카파는 첫 장면을 찍기 위해 카메라 플래시를 터뜨렸다. 손톱을 칠한 처녀는 양치식물 장식 뒤로 도망가서 나머지 장면 동안 나오지 않았고, 트랙터 운전사는 대사를 잊어버렸다. 작업반장 처녀도 당황했고, 연극을 되살려보려 했으나 그렇게 되지 않았다. 연극의 나머지 부분은 메아리처럼 진행되었다. 배우들은 대사를 상기시켜주는 사람이 말해주는 대사를 단순히 반복했다. 이렇게 되자 연극은 이중으로 진행되었다. 이들이 자신들의 대사를 반복할 때를 이용해서 카파는 새 플래시를 터뜨린 후 플래시를 던져버렸다.

이 광경을 관중들은 즐거워하고, 플래시가 터질 때마다 큰 박수를 보냈다.

타락한 처녀의 경망스러운 성격은 붉게 칠한 손톱과 유리 목걸이와 번쩍이는 장신구로 연극은 표현하려고 했다. 플래시가 터지자 날카로워진 그녀는 목걸이를 떨어뜨렸고, 유리알이 무대 사방에 굴러다녔다. 연극은 엉망이 되었다.

우리는 대사를 상기시켜주는 사람이 없었다면 연극이 무슨 내용인지를 알 수 없었다. 교사인 대사 지도자는 나중에 연극 내용을 우리에게 설명해주었다. 결국 우레 같은 박수 소리와 함께 막이 내려왔다. 우리가 보기에 관객들은 다른 어떤 공연보다 이 연극 버전이 마음에 들었던 것 같다. 연극이 끝나자, 관객들은 우크라이나 노래를 두 곡 불렀다.

처녀들은 계속 춤추고 싶어 했다. 이들은 가만히 있고 싶어 하지 않았다. 악단이 다시 자리를 잡고, 열정적인 춤이 다시 시작되었다. 농장장이 나타나서 이제 자러 갈 시간이 되었다고 이들을 간신히 설득했다. 이미 새벽 2시 15분이었고, 이들은 들판에 일하러 가기 위해 5시 반에 일어나야 했다. 이들은 마지못해 자리에서 일어났다. 만일 허락만 했다면 처녀들은 밤새 춤을 췄을 것이다.

우리가 언덕 위로 올라갔을 때는 새벽 2시 반이었다. 우리는 바로 잠자리에 들려고 했다. 그러나 마무치카의 계획은 달랐다. 그녀는 우리가 마지막 저녁이라고 생각한 식사를 마치고 떠나자마자 요리를 시작하였다. 긴 식탁에 음식이 가득 차려졌다. 새벽 2시 반에 우리는 또 한 번 거창한 식사를 했다. 보드카 한 잔, 또 피클과 오이, 마을 연못에서 잡은 물고기를 튀긴 것, 또 작은 케이크와 꿀, 훌륭한 토마토 수프를 먹었다.

우리는 과식과 수면 부족으로 거의 죽을 지경이었다. 집안은 더웠고 후덥지근했다. 또한 우리는 카파와 내가 쓰기로 한 침대가 마무치카의 침대라는 것을 알고, 헛간에서 자게 해 달라고 부탁했다.

집주인들은 우리를 위해 헛간에 새 건초를 깔고 깔개를 덮었다. 우리는 문을 열어놓은 채 자리에 누웠는데, 누군가 문을 조용히 닫았다. 유럽 대부분 지역이 그렇듯이 이곳에서도 차가운 밤공기를 무서워하는 것 같았다. 우리는 잠시 기다려 일어나 문을 열었지만 누군가가 또 조용히 문을 닫았다. 우리가 밤공기에 노출되어 건강을 상하지 않도록 이렇게 해주는 것이었다.

작은 헛간에 깔린 건초는 쾌적했다. 벽에 있는 토끼장 속 토끼들이 어둠 속에서 부스럭거리며 먹이를 먹었다. 벽 다른 쪽의 진흙 바닥에서는 돼지들이 꿀꿀거렸고, 루브카란 이름이 붙은 암소는 잠을 자며 뒤척였다.

루브카는 새로 들여온 암소였지만, 마무치카는 옛날 암소만큼 루브카를 좋아하지 않았다. 그녀는 왜 옛 암소를 팔았는지 모르겠다고 말했다. 옛 암소의 이름은 카타리나의 애칭 카투슈카였다. 그녀는 카투슈카를 너무 사랑했는데, 왜 팔았는지 자신도 이해하지 못했다. 루브카도 좋은 암소였지만, 특징이 없었고 카투슈카만큼 우유를 많이 내지도 못했다. 매일 아침 마을 소년들이 와서 소들을 데리고 풀을 먹이러 목초지로 나간다. 저녁에 소들이 돌아오면 각자 우리로 들어가야 하는데, 카투슈카는 계속 이 마당으로 들어오며 자신의 옛날 집으로 오려고 했다. 그러면 마무치카는 한동안 카투슈카에게 얘기를 한 다음 마당에서 쫓아내야 한다고 말했다.

그녀는 이렇게 말했다. "카투슈카를 팔다니 내가 미쳤나 봐요. 루브카가 더 어리니까 물론 오래 살기는 하겠지만, 카투슈카만큼 좋은 암소도 아니고, 우유도 많이 내지 못해요."

밤은 너무 짧아서 거의 없는 것이나 마찬가지였다. 눈을 감고 한 번 몸을 뒤척였는데, 이미 밤이 지나가버렸다. 헛간 옆 마당에 사람들이 오가는 소리가 들리고, 암소가 우리 밖으로 나가고, 돼지들은 아침 식사를 기대하며 웅얼거리고 낑낑거렸다. 나는 마무치카가 언제 잠을 잤는지 알 수 없었다. 그녀는 몇 시간 동안 아침 음식을 장만하느라 거의 잠을 자지 못했을 것이다.

카파는 잠자리에서 일어나는 것이 힘들다. 그는 일어나고 싶어 하지 않았다. 그러나 결국 건초 더미에서 몸을 일으켰다. 그는 통나무에 걸터앉아 한동안 허공을 멍하니 쳐다보았다.

세상에 이런 아침 식사는 없기 때문에 자세히 설명하지 않을 수 없다. 제일 먼저 유리잔 가득 보드카가 나오고, 한 사람마다 계란프라이 네 개, 커다란 튀긴 생선 두 마리, 우유 세 잔, 피클 한 접시, 집에서 만든 버찌 와인 한 잔, 흑빵과 버터, 꿀 가득 한 잔, 또 우유 두 잔, 그리고 마지막으로 보드카를 한 잔 더 비웠다. 우리가 아침 식사로 이것을 다 먹었다는 것이 믿어지지 않겠지만, 우리는 그렇게 먹었다. 모든 음식이 훌륭했다. 그러나 우리는 배가 가득 차고 뒤에 몸이 편치 않았다.

일찍 일어났다고 생각했는데, 해가 뜨자마자 이미 마을 사람들은 들판에 나가 있었다. 어제 농부들이 호밀을 추수하던 들판으로 가보았다. 긴 낫[42]을 든 남자들이 줄을 맞춰 나아가며 호밀을 베고 있었다. 뒤를 여자들이 따라가며 새끼줄로 곡식단을 묶었다. 다시 그 뒤로는 아이들이 따라가며 떨어진

---

[42] 우크라이나, 러시아 농촌에서 사용되는 낫은 길이가 1.5미터 이상 되며, 양손을 이용하여 좌우로 휘두르며 풀베기나 밀단 추수를 한다.

집단농장 밀짚단을 모으는 여인, 우크라이나, 1947.

낱알을 줍고, 밑짚 하나, 곡식 한 톨 놓치지 않았다. 지금이 일 년 중 가장 바쁜 때라 이들은 억세게 일했다. 카파는 이리 저리 다니며 사진을 찍었는데, 일하던 사람들은 쳐다보고 미소를 지어주고, 다시 일을 했다. 쉬는 법이 없었다. 이 사람들은 몇 천 년을 이런 식으로 일해왔다. 이들은 잠시 기계의 혜택을 보았다가 다시 손으로 하는 노동으로 돌아왔는데, 새 기계가 만들어질 때까지 이렇게 일해야 했다.

우리는 제분용으로 곡식을 빻고 있는 방앗간도 가보았고, 농사 회계업무를 하는 사무실도 방문했다.

마을 끝자락에는 벽돌을 찍는 곳이 있었다. 마을 사람들은 초가지붕이 화재에 취약한 것을 알고 모든 집을 벽돌로 짓고, 지붕은 타일로 덮기로 했다. 이들은 벽돌을 만들 수 있는 토탄과 진흙이 풍부해 다행으로 생각했다. 마을이 다 재건되면, 나머지 벽돌들은 이웃 농장에 팔 수 있을 것으로 기대했다. 바깥에서 벽돌 만드는 작업을 할 수 없는 겨울이 오기 전에, 벽돌 찍는 일을 마무리해야 했다. 거적 아래에는 태울 토탄 더미가 쌓여 있었다.

정오에 우리는 점심 식사를 하고 있는 한 가정에 들렀다. 엄마, 아버지, 두 아이가 점심을 먹고 있었다. 커다란 그릇에 야채와 고기 수프가 담겨 있었고, 식구들은 커다란 나무 숟가락으로 음식을 떠먹었다. 썰어놓은 토마토와 큰 조각 빵들, 우유를 담은 단지도 식탁에 있었다. 이들은 아주 잘 먹고 있는 듯했다. 잘 먹어왔다는 증거는 남자들 튜닉을 두른 벨트 버클이 전에 있던 자리에서 2, 3, 4인치씩 뒤로 물러나는 것을 보면 알 수 있었다.

마무치카는 아침 식사 설거지를 끝내자마자 다시 요리를 시작한 것 같다. 오후 4시 반 그녀는 성찬을 준비했다. 그녀의 작은 국빈 성찬인 셈이었다. 그녀는 자신의 능력을 자랑스러워했고, 마을 또한 그녀를 아주 자랑스러워했다. 그것이 그녀가 우리를 대접하는 주인 역할을 맡게 된 이유 중 하나였다. 이 만찬에는 마을 지도자들이 다 모였다. 농장장과 '아그로놈agronome'이라고 불리는 농업전문가, 교사이며 연극 지도자인 미모의 그의 부인, 농장운영자, 남자 교사, 초대한 집의 아버지와 어머니, 그리고 우리가 식탁에 둘러앉았다. 다른 식사가 거대했다고 생각했었다면, 이번 식사는 다른 모든 것보다 더 성대했다. 식탁 위에는 커다란 보드카 병이 놓여 있었다. 우리는 보드카에 신물이 났고, 우리 위는 이 술을 마시기에 너무 약했다. 우리는 흑빵과 피클, 토마토, 보드카로 식사를 시작한 후, 사워크림이 들어간 우크라이나 보르시치, 감자에 양념이 배게 만든 것과 같은 식으로 요리한 풍성한 고기 스튜로 식사를 했다. 작은 케이크와 꿀, 우유도 마셨다. 우리가 접시를 절반쯤 비우면 마무치카는 바로 음식으로 접시를 채웠다. 그녀는 우리가 거의 죽을 정도로 음식을 먹였다.

농장장이 짧은 환영 인사를 하고, 우리도 감사의 인사를 했다. 그러고 나서 이들은 우리가 이 농장을 방문한 첫 미국 사람들이기 때문에 몇 가지 질문을 해도 되는지 물었다. 이들은 미국에 대해 큰 호기심을 가지고 있었고, 무언가를 좀 알고 싶어 했다. 우리는 미국이 거대한 나라라서 우리도 일부밖에 모르고, 질문에 모두 적절히 대답할 순 없겠지만, 나름대로 노력해보겠다고 답했다. 그러자 농업전문가가 농사일에 대해 물어왔다. 어떤 작물을 재배하고, 어디에서 작물들을 재배하는지, 종자를 가지고 실험을 하는지, 우리도 실험을 수행하는 농업시험소가 있는지 물었고, 농업학교가 있는지도 궁금해했다. 그는 소련의 모든 집단농장에는 실험을 위해 별도로 유지하는 토양과 종자가 있는데, 우리도 그들과 같이 이런 일을 하는지 물었다. 그리고 미국 정부도 농민들에게 재정 보조와 자문을 해주는지 궁금해했다. 이런 질문은 전에도 여러 번 받았고, 우리가 미국 중앙정부뿐만 아니라 주정부가 농업 분야를 위해 하는 일을 얘기하면 이들은 약간 놀라워했다. 농장장은 미국에서 한 가족을 부양하려면 어느 정도 농지가 필요한지, 식품, 의약품, 의복 가격과 비교하여 농민들 수입은 어떻게 되는지 물었다. 그리고 미국 농장에서는 어떤 농기계를 쓰고, 어떤 저장소를 갖고 있는지도 궁금해했다. 그리고 전쟁 참전 용사를 어떻게 돌보는지도 물었다.

그러고 나서 교사가 우리 정부에 대해 물었다. 그는 대법원에 대해 알고 싶어 했고, 대통령은 어떻게 선출되고 의회는 어떻게 구성되는지 궁금해했다. 그는 대통령이 국가를 전쟁으로 끌고 들어갈 권력이 있는지, 국무부는 어떤 힘을 가지고 있는지, 정부는 국민들에게 얼마나 가까이 있는지 물었다.

우리는 미국 대통령이 대단한 권력을 가지고 있는 것으로 생각하지 않는다고 대답했다. 그의 권력은 애매해서 잘 모르겠다고 말했다. 그들은 트루먼 대통령이 어떤 사람인지 물었고, 우리는 잘 모른다고 답했다. 집주인은 루스벨트에 대해 얘기했다. 러시아 국민들이 그를 아주 사랑하고 신뢰했고, 그의 죽음을 아버지의 죽음과 같이 받아들였다고 말했다.

그는 이렇게 물었다. "그 사람을 잘 아나요? 그 사람을 만나본 적이 있나요?"

"네, 만나본 적이 있습니다."라고 나는 대답했다.

그러자 그는 물었다. "얘기를 좀 해주세요. 그가 어떻게 말하고, 어떻게 행동하는지를. 우리가 이해할 수 있게 그와 관련된 이야기를 좀 해줄 수 있나요?"

그러자 농업전문가는 원자탄이 아니라 원자력에 대해 질문했다. 미국에서 핵분열반응을 건설적인 일에 쓸 수 있는지 물었다.

"잘은 모르겠지만, 그럴 수 있으리라 봅니다. 이미 많은 작업이 진행되었고, 원자력의 이용에 관한 많은 실험이 진행되고 있습니다. 그리고 핵분열을 질병 치료에 이용하는 실험도 진행되고 있습니다. 원자력을 제대로 이용하면 세계를 바꿀 수 있지만, 잘못 사용해도 세계를 바꿀 수 있다고 생각합니다."라고 우리는 대답했다.

식탁 주위에 있던 사람들은 자신들 농장의 미래를 얘기했다. 1-2년 안에 전기가 들어오고 기계식 농업이 시작될 것으로 기대했다. 그들은 자신들의 농장을 아주 자랑스러워했다. 그들은 얼마 안 있어 새 트랙터가 들어오고, 오래지 않아 농장 사람들이 모두 잘 먹고, 좋은 집에 살고 지금처럼 등골이 휘도록 일하지 않아도 될 것으로 생각했다. "1년 후에 다시 와서, 얼마나 많은 진보가 이루어졌는지 보세요. 우리는 벽돌집을 지을 것이고, 마을회관도 벽돌로 짓고, 지붕에는 타일을 얹을 것이고, 생활은 그렇게 힘들지 않을 거예요."라고 그들은 말했다.

우리 운전사는 우리가 농장에 도착하고 푹 자고 있었다. 그는 잠에 관한 한 타의 추종을 불허했다. 그를 깨웠고, 이제 그는 여덟 개 실린더 중 네 개만 가지고 차를 움직이게 해야 했다.

우리는 작별 인사를 했다. 농장운영자와 농업전문가는 우리와 함께 차를 타고 어느 정도 와서 교차로에서 작별을 고했다. 농장운영자는 카파가 찍은 사진을 보내 달라고 부탁했다. 그들은 사진을 마을회관 벽에 붙여놓고 싶어 했고, 이것은 우리가 할 수 있는 일이었다.

키예프로 돌아오는 길에 우리는 피로와 과식이 겹쳐 차 뒷좌석에서 내내 잠을 잤다. 운전사가 물을 보충하기 위해 얼마나 자주 차를 세웠는지, 차가 몇 번이나 고장이 나서 섰는지 도무지 알지 못했다. 우리는 차에서 기어 나오다시피 해서 키예프의 호텔 침대에 들었고, 12시간을 내리 잤다.

다음 날 아침, 우리는 강으로 나가 바지선이 북쪽과 남쪽에서 농산물을 싣고 키예프 시장으로 오는 것을 보았다. 장작을 실은 바지선이 연이어 들어왔고, 건초 더미를 산더미처럼 실은 작은 배도 있었다. 토마토, 오이, 양배추를 가득 실은 배가 강을 따라 올라와 도시 부두에 닿았다. 시장에 내다 팔 집단농장의 농산물이었다. 우리는 농산물을 따라 절벽을 올라가 시장으로 갔다. 시장에는 자기 앞에 각자 농산물을 내놓은 상인들이 길게 줄지어 있었는데, 젊은 사람들은 모두 들판에서 일하고 있었고, 상인들은 늙은 사람이거나 어린이들이었다.

시장을 떠나 우리는 거대한 빵공장으로 갔다. 이곳에서는 시 전체가 먹을 흑빵을 만들고 있었다. 들어가기 전에 공장장은 우리에게 흰 가운을 입혔다. 빵공장 일부는 폐허가 되었는데, 다시 건축되고 확장되었다. 공장장은 키예프가 포위되어 있을 때도 빵공장은 계속 일을 했고, 심지어 건물 위로 폭탄이 떨어질 때도 제빵기는 계속 빵을 만들고 있었다고 말했다.

산만큼 빵이 쌓여 있었다. 여기는 완전히 기계화된 빵공장이었다. 밀가루 믹서, 반죽기, 빵 굽는 오븐이 모두 자동화되어 있었다. 흑빵이 거대한 체인처럼 오븐에서 나와 아래로 떨어져서 도시로 운반되기 위해 마차에 실렸다.

사람들은 이 빵공장을 매우 자랑스러워했다. 공장장은 미국에도 이런 멋진 시설이 있는지 물었다. 우리는 잠시 여기

빵공장, 우크라이나, 1947.

서 또다시 자주 발견한 것을 또 발견했다. 그것은 러시아 사람들은 자신들이 이런 것을 발명해냈다고 정말로 믿고 있었다는 것이다. 이들은 자동화 기계를 좋아했다. 이들이 꿈꾸는 것은 모든 기술의 기계화였다. 이들에게 기계화는 편리함과 편안함을 주고, 많은 음식과 전체적인 부를 가져오는 것으로 받아들여졌다. 이들도 미국인만큼 기계를 좋아했다. 새 자동차가 나타나면 사람들이 빙 둘러 구경을 하고, 경이의 눈으로 바라보았다.

오후에 나는 우크라이나 문예지와 인터뷰를 했다. 그것은 시간을 아주 오래 끄는 고통스러운 경험이었다. 날카로운 얼굴을 한 키 작고 예민한 편집장은 각 질문이 두 단락 정도 되는 긴 질문들을 했다. 질문들이 통역되었는데, 나는 끝부분을 이해할 때면 앞부분을 잊어버렸다. 나는 할 수 있는 만큼 성실하게 질문에 대답했다. 내 대답은 편집장에게 통역이 되고, 이 모든 것이 기록되었다. 질문은 아주 난해했고, 아주 문학적이었다. 나는 질문에 답한 뒤에 통역이 제대로 되었는지 의심스러웠다. 두 가지 문제가 있었다. 내가 인터뷰하는 사람의 배경을 전혀 알지 못하고 있었고, 두 번째 문제는 나의 영어였다. 내 말은 주로 구어체였는데, 학술적 영어에만 훈련된 통역자는 잘 이해하지 못했다. 나는 내 말이 제대로 통역되었는지 확인하기 위해, 러시아어로 통역된 내용을 다시 영어로 옮겨 달라고 했다. 역시 내 생각이 맞았다. 내가 말했다고 생각한 내용은 실제 내가 말한 것과 비슷하지도 않았다. 일부러 이렇게 된 것은 아니었지만, 서로 다른 언어로 의사소통하는 데 따르는 어려움 이상의 것이었다. 이것은 언어 이상의 문제였다. 이것은 한 종류의 생각을 다른 생각으로 통역하는 문제였다. 이들은 아주 유쾌하고 성실한 사람들이었지만, 우리는 서로 밀접하게 의사소통을 할 수는 없었다. 그리고 이것이 나의 마지막 인터뷰가 되었다. 나는 더 이상 인터뷰할 생각을 하지 않았다. 모스크바에서도 인터뷰 요청이 있었고, 나는 질문을 미리 서면으로 달라고 했다. 질문에 대해 생각한 다음 영어로 답을 하고, 번역문을 체크해 보기 위해서였다. 그러나 이런 작업이 선행되지 않았기 때문에, 나는 다시는 인터뷰를 하지 않았다.

우리가 가는 곳마다 주어지는 질문은 유사했다. 우리는 점차 이 질문들이 하나의 소스에서 나온 것이라는 걸 깨달았다. 우크라이나의 지식인들은 정치적 질문이든 문학적 질문이든, 『프라우다Pravda』[43]에서 읽은 내용을 바탕으로 질문을 했다. 그래서 얼마 후부터는 질문이 나오기도 전에 질문을 예상할 수 있었다. 이들이 질문의 기초로 삼은 신문 기사를 우리가 거의 외우다시피 했기 때문이다.

어디서나 늘 제기되는 한 가지 문학 질문이 있었다. 질문하는 이의 눈이 반짝이기 때문에 우리는 언제 이 질문이 나올지 예상할 수 있었다. 질문자는 의자에서 몸을 앞으로 숙

---

43   소련 공산당의 기관지.

인 다음 우리를 자세히 관찰했다. 이 사람은 분명 시모노프[44]의 연극 「러시아 문제」를 좋아하는지 물을 참이었다.

시모노프는 아마도 현재 러시아에서 가장 인기 있는 작가일 것이다. 그는 미국을 잠시 방문하고 러시아로 돌아와서 이 희곡을 썼다. 아마도 이것은 현재 러시아에서 가장 많이 공연된 연극일 것이다. 이 연극은 소련의 300개 극장에서 동시에 공연되었다. 시모노프의 연극은 미국의 저널리즘에 대한 것이고, 잠시 그 내용을 소개할 필요가 있다. 이야기의 일부는 뉴욕을 배경으로 전개되고, 일부는 롱아일랜드를 닮은 장소를 배경으로 한다. 뉴욕에서 그 무대는 헤럴드트리뷴 사옥 근처에 있는 블리크 레스토랑이다. 연극의 줄거리는 대강 다음과 같다.

몇 년 전 러시아에 주재했던 미국 특파원은 러시아에 호의적인 책을 쓴다. 그는 자본주의자이고, 거칠고 권력을 휘두르는 거만한 신문 재벌에게 채용된다. 그는 원칙도 없고 덕도 없는 사람이었다. 이 신문 재벌은 선거에서 승리할 목적으로 자신이 소유한 신문들을 통해 러시아가 미국과 전쟁을 할 것을 증명하려고 했다. 그는 특파원을 고용해 러시아로 보내고 그가 돌아와 러시아인들이 미국과의 전쟁을 원한다는 기사를 쓰기를 원했다. 재벌은 특파원으로 갈 사람에게

---

[44] **시모노프**(K. Simonov, 1915-1979) 소련 극작가, 시인, 2차세계대전 중 스탈린그라드 종군기자를 역임하고 전쟁을 소재로 한 작품을 주로 썼다. 그의 희곡 「러시아 문제(The Russian Question)」는 영화화되어 소련에서 큰 인기를 끌었다.

3만 달러라는 거금을 제공하고, 그에게 이 일을 하면 장래를 보장하겠다는 약속을 한다. 현재 파산 상태인 이 기자는 사귀는 여자와 결혼하고, 롱아일랜드에 전원주택을 마련하길 원했다. 그는 제안을 받아들인다. 그는 러시아로 갔는데, 러시아인들이 미국인들과 전쟁을 원치 않고 있다는 것을 알게 된다. 그는 미국으로 돌아와서 비밀스럽게 자신의 책을 쓰고, 이것은 재벌이 원한 것과 정반대의 내용이었다.

그러는 동안 그는 미리 받은 돈으로 롱아일랜드 전원 지역에 집을 사고, 사귀는 여자와 결혼도 했고, 장래는 보장되었다. 그러나 그가 책 원고를 제출하자, 재벌은 원고를 무시했을 뿐 아니라, 어느 곳에서도 원고를 출판하지 못하게 막는다. 이것이 바로 이 신문 재벌이 가진 권력이었다. 특파원은 다시는 일자리를 얻을 수 없었고, 앞으로 어떤 책도 출판할 수 없었다. 그는 전원주택도 잃어버리고, 안락한 미래를 원한 그의 부인도 그를 떠난다. 이 시점에 그와 가장 가까운 친구가 비행기 사고로 사망한다. 우리의 특파원은 파산하고 불행해졌지만, 자신은 진실을 말했고, 자신이 할 수 있는 최선의 일을 했다고 확신한다.

이것이 우리가 자주 질문을 받는 「러시아 문제」라는 희곡의 대략의 줄거리이다. 우리는 질문에 대해 대개 다음과 같이 답을 한다. 첫째, 이것은 어느 언어로 쓰였는가를 떠나 좋은 희곡이 아니다. 둘째, 배우들은 미국 사람들처럼 말하지 않고, 우리가 아는 바로는 미국 사람처럼 연기하지 않는다.

셋째, 미국에도 나쁜 출판인들이 있기는 하지만, 이들은 이 연극에서 보여주는 그런 권력 근처에 가지도 못한다. 넷째, 미국에서는 어느 출판업자도 다른 사람의 명령을 받지 않는다. 그 증거는 시모노프의 책이 미국에서 출간되었다는 사실이다. 마지막으로, 우리는 미국 저널리즘에 대해 좋은 희곡이 쓰이길 희망하지만, 이것은 분명히 아니다. 이 연극은 러시아 사람들이 미국과 미국인을 제대로 이해하도록 돕기는커녕 그 반대의 결과를 가져올 것이다.

우리는 이 연극에 대한 질문을 너무 많이 받아서, 시간이 흐르고 스스로 「미국 문제」라는 희곡 줄거리를 썼다. 우리는 이것을 우리에게 질문을 던지는 사람에게 읽어주었다. 우리의 희곡에서는 이렇다. 시모노프는 『프라우다』에 의해 미국으로 가서 미국이 타락한 서구 민주주의 국가라는 것을 증명하는 시리즈 기사를 쓰도록 임무를 부여받았다. 미국에 온 시모노프는 러시아의 관점으로만 바라보지 않으면 미국이 타락하지 않았을 뿐 아니라, 서구 국가도 아니라는 것을 발견한다. 러시아로 돌아간 시모노프는 은밀히 미국이 타락한 민주주의 국가가 아니라는 내용의 책을 쓴다. 그는 이 원고를 『프라우다』에 제출했는데, 바로 작가협회에서 제명되고 자신의 전원주택을 잃는다. 성실한 공산주의자인 그의 부인은 그를 떠나고, 그의 연극에서 미국인이 그랬듯이, 그는 굶어 죽는다.

이 대본이 끝날 때면 질문자들은 보통 웃음을 터뜨렸다. 우리는 이렇게 말했다. "이 이야기가 말도 안 되게 들린다면 시모노프의 희곡 「러시아 문제」도 이에 못지않게 말이 되지 않습니다. 두 희곡 모두 똑같은 이유로 좋지 않은 작품입니다."

가끔 우리 대본이 격렬한 논쟁을 일으키기도 하지만, 대부분의 경우 웃음이 터지고, 화제가 바뀌었다.

키예프에는 칵테일 바라고 불리는 곳이 있었다. 간판이 러시아어로 쓰여 있어서 읽지는 못했지만, 이곳은 칵테일 바라고 발음되었다. 여기는 미국 칵테일 바와 비슷하다. 높은 의자가 놓인 둥그런 바와 작은 탁자들이 놓여 있고, 저녁이면 키예프의 젊은이들이 찾아온다. 여기서는 칵테일이라고 불리는 높은 잔에 든 술이 만들어졌는데, 맛이 훌륭했다. 키예프 칵테일도 있고, 모스크바 칵테일도 있고, 트빌리시 칵테일도 있었다. 그러나 아주 이상하게도 모든 칵테일이 핑크색이었고, 하나같이 석류즙 맛이 났다.

러시아인들은 칵테일을 만들 때 더 많은 재료를 넣을수록 더 좋은 칵테일이 된다고 믿는 것 같았다. 우리가 맛본 칵테일에는 12가지 술이 들어갔다. 우리는 그 이름을 잊어버렸고, 기억하고 싶지도 않았다. 칵테일은 아주 퇴폐적인 음료였으므로 러시아에 칵테일 바가 있는 것을 보고 우리는 조금 놀랐다. 그리고 키예프 칵테일과 모스크바 칵테일은 우리가 맛본 것 중 가장 퇴폐적인 맛이 나는 칵테일이었다.

우리가 키예프에 머무는 시간이 끝났고, 우리는 모스크바로 돌아갈 준비를 했다. 이곳 사람들은 너무 따뜻하고, 너무

칵테일을 만드는 바텐더, 우크라이나 키예프, 1947.

친절했고, 너무 마음이 너그러웠다. 우리는 이 사람들을 너무 좋아하게 되었다. 이들은 지적이고, 잘 웃고, 유머 감각이 있었고, 에너지가 넘치는 사람들이었다. 이들은 뼈를 깎아가며 새 집을 짓고, 새 공장을 짓고, 새 기계를 만들고, 새 삶을 만들어갔다. 이들은 여러 번 우리에게 말했다. "몇 년 뒤에 다시 와서 우리가 만든 것을 보세요."

6
스탈린그라드 방문

모스크바로 돌아온 우리는 우리의 말과 동포들에 대한 허기를 채우느라 바빴다. 우크라이나 사람들은 아주 친절했고 관대했지만, 우리는 외국인이었다. 우리는 슈퍼맨과 루이 암스트롱이 누군지 아는 사람과 얘기하는 것이 좋았다. 우리는 에드 길모어의 쾌적한 집을 찾아가 그의 스윙 음악 음반을 듣는 것이 좋았다. 클라리넷 연주가인 피 위 러셀Pee Wee Russell이 이 음반들을 보내주었다. 에드는 피 위가 따끈따끈한 음반을 보내주지 않았다면 어떻게 겨울을 났을지 모르겠다고 했다.

스위트 조 뉴먼이 러시아 여자들을 좀 알고 있어서 우리는 모스크바의 나이트클럽으로 춤추러 갔다. 스위트 조는 뛰어난 춤꾼이었고, 카파는 그의 토끼춤long rabbit leaps[45]을 추었다. 재미는 있었지만 위험했다.

대사관 사람들도 우리에게 친절했다. 무관인 메이컨 장

---

45 무릎을 허리 높이까지 올리며 추는 격렬한 춤.

전쟁 노획물 전시회에서 2차세계대전 포획된 독일 탱크를 보는 사람들, 러시아 모스크바, 1947.

군은 우리가 모스크바를 떠날 때면 우리를 보호하기 위해 DDT캔을 따서 뿌려주었다. 폭격을 받아 파괴된 지역에서는 파리가 극성을 부렸다. 우리가 묵은 한두 곳에서는 골치 아픈 방문객인 작은 벌레들이 우리를 괴롭혔다. 대사관 직원 몇몇은 오랫동안 고향에 가보지 못해서, 야구 시즌 전망이라든가, 미식축구 시즌이 어떻게 전개될 것인지, 미국 여러 지역의 선거 등 단순하고 소소한 일들을 알고 싶어 했다.

일요일에 모스크바 강변에 있는 고리키공원 근처에서 열리는 전쟁 노획물 전시회에 갔다. 온갖 종류의 독일군 비행기와 탱크, 야포, 기관총, 무기 수송차, 대전차포와 소련군이 노획한 모든 종류의 독일 무기가 전시되어 있었다. 아이들과 부인을 데리고 온 병사들이 무기 사이를 걸어가며 전문적인 지식을 과시하며 설명했다. 아이들은 아빠가 획득에 일조한 무기들을 경이로운 눈으로 바라보았다.

강에서는 보트 경주가 벌어졌다. 모터가 달린 수상 스쿠터 경기였다. 대부분 모터가 에빈루드제이거나 다른 미국제인 것을 발견했다. 동호인 클럽과 노동자 그룹이 경주를 벌였고, 일부는 여자들이 몰았다. 우리는 눈에 띄게 예쁜 금발 여자에게 내기를 걸었는데, 단지 예쁘다는 이유였고, 그녀는 우승하지 못했다. 여자들이 오히려 남자들보다 더 용감했고, 실력이 뛰어났다. 여자들은 더 위험한 커브를 틀었고, 섬세한 과감함으로 보트를 몰았다. 스위트 라나도 우리와 함께 갔는데, 그녀는 네이비색 옷과 작은 베일이 있는 모자를 쓰고, 옷깃 단춧구멍에는 은색 별을 달았다.

그리고 우리는 붉은 광장으로 갔다. 그곳에는 레닌 묘를 보기 위해 최소 400미터가 넘는 긴 줄이 있었다. 레닌 묘 앞에는 젊은 병사 두 명이 마치 밀랍 인형처럼 서 있었다. 우리는 이들이 눈을 깜박이는 것도 보지 못했다. 오후 내내 그리고 매일, 사람들이 늘어선 긴 줄이 천천히 유리관에 놓인 레닌의 얼굴을 보기 위해 느리게 레닌 묘를 통과해 지나갔다. 수천 명의 사람이 유리관 옆을 지나가며 잠시 레닌의 불룩 나온 이마와 튀어나온 코와 날카로운 턱을 구경했다. 꼭 종교적 의식 같았는데, 사람들은 이것을 종교적 의례라고 부르진 않았다.

붉은 광장 다른 한편에는 둥그런 대리석 단이 있고, 차르들은 여기서 사람들을 처형했다. 지금 이곳에는 종이로 만든 거대한 조화가 올려져 있고 붉은 깃발 천지였다.

우리는 스탈린그라드로 가는 교통편 문제로 모스크바로 다시 들어온 것이다. 카파는 필름을 인화하기 위해 사람들을 만났다. 미국의 장비나 기술이 더 좋았기 때문에 필름을 미국으로 가져가서 인화하려 했지만, 카파는 자신의 육감을 믿었고 최종적으로 그 예감은 뛰어난 생각으로 판명되었다.

늘 그렇듯이 우리는 모스크바를 좋은 컨디션으로 떠나지 못했다. 또다시 밤늦은 파티가 있었고, 우리는 거의 잠을 자지 못했다. 우리는 다시 우리 비행기가 이륙 준비를 할 때까지 공항 VIP룸의 스탈린 초상화 아래 앉아 한 시간 반 동안

성 바실리 대성당 배경의 모스크바 붉은 광장, 러시아 모스크바, 1947.

차를 마셨다. 우리는 전에 탔던 것과 거의 같은 비행기를 탔다. 이 비행기도 에어컨이 작동하지 않았다. 짐가방이 통로에 쌓인 채로 비행기는 이륙했다.

흐마르스키의 그렘린은 이번 여행에 아주 활발하게 작동했다. 그가 준비하고 계획한 모든 것은 제대로 진행되지 않았다. 스탈린그라드에는 대외문화교류처 지사가 없었고, 바람이 몰아치는 작은 공항에 내렸을 때, 아무도 우리를 맞으러 나오지 않았다. 그래서 흐마르스키는 차를 부르러 스탈린그라드 시내로 전화를 걸어야 했다. 그사이 우리는 공항 밖으로 나와 여자들이 줄 서서 아주 잘 익은 수박과 칸탈로프 멜론[46]을 파는 모습을 보았다. 우리가 한 시간 반 동안 셔츠 앞자락에 칸탈로프 멜론즙을 흘리며 먹은 후에야 차 한 대가 도착했다. 우리는 늘 그래왔지만, 차마다 개성이 있어서 이 차를 잠시 묘사해야 한다. 이것은 승용차가 아니라 버스였다. 약 스무 명을 태우도록 만들어진 포드의 모델 A 버스였다. 포드 회사가 모델 A를 포기하자, 러시아 정부는 이 차를 만드는 설비를 사들여서, 승용차, 버스, 트럭을 만들었다. 이 차도 그중 하나였다. 이 차도 스프링이 있지만, 내 생각에 많이 있지 않거나 이미 망가진 상태였다. 스프링이 전혀 없다는 물리적 증거는 없었다. 차에 배정된 운전사는 협동조합 노동자로 좋은 사람이었는데, 차에 거의 신앙심에 가까운 태

---

46   껍질은 녹색에 과육은 오렌지색인 단맛이 나는 멜론.

도를 갖고 있었다. 후에 우리가 그와 버스에 따로 앉아 있을 때 그는 좋아하는 차 모델을 열거했다.

"뷰익, 캐딜락, 링컨, 폰티악, 스튜드베이커"라고 말하고는 깊은 한숨을 쉬었다. 이것이 그가 아는 영어 단어 전부였다.

스탈린그라드로 들어가는 길은 러시아에서 가장 험악한 지역이었다. 공항에서 도시까지는 몇 킬로미터를 가야 했다. 도로를 벗어나면 오히려 상대적으로 달리기 좋았고, 부드럽게 갈 수 있었다. 흔히 도로라는 곳은 파인 곳과 구덩이와 깊은 물웅덩이가 연속이었다. 포장이 되어 있지 않았고, 최근에 내린 비로 일부 도로는 차라리 연못으로 변해 있었다. 눈이 닿는 데까지 펼쳐진 광활한 스텝에는 풀을 뜯는 염소와 소 떼가 있었다. 철로가 도로와 나란히 이어졌고, 철로 주변에는 전쟁 중에 불타버린 무개화차, 포격으로 파괴된 화물차들이 줄지어 있었다. 스탈린그라드 주변 수 킬로미터에 걸쳐 사방이 전쟁의 잔해로 뒤덮여 있었다. 불탄 탱크, 무한궤도 차량, 병력수송 트럭, 녹이 슨 파괴된 대포들이 널려 있었다. 고철 처리팀이 시골 구석구석을 돌아다니며 이것들을 잘라 스탈린그라드의 트랙터 공장에 쓸 고철로 공급하고 있었다.

우리 버스가 시골길에서 덜컹대고 튀어 오르는 동안 두 손으로 차를 꼭 붙잡고 있어야 했다. 우리는 스텝을 가로질러 한없이 가고 있는 것 같았고, 드디어 작은 언덕을 오르자 눈 아래 스탈린그라드와 그 뒤에 흐르는 볼가강이 눈에 들어왔다.

시 가장자리에는 새로 지은 작은 집들이 수백 채 서 있었다. 그러나 시내로 들어가자 파괴 이외 다른 모습은 없었다. 스탈린그라드는 볼가 강둑을 따라 길게 띠같이 펼쳐진 도시였다. 약 30킬로미터 길이에, 폭은 가장 넓은 곳이 3킬로미터에 불과했다. 우리는 전에도 폭격으로 파괴된 도시를 본 적이 있었다. 그러나 이곳은 완전히 달랐다. 폭격으로 파괴된 도시의 벽은 곧바로 서 있었지만, 이 도시는 로켓포와 포격으로 파괴되었다. 수개월 동안 전투가 이어졌고, 공격을 받고 탈환되고, 다시 공격을 받았다. 거의 모든 벽이 납작하게 주저앉았다. 서 있는 몇 안 되는 벽도 기관총 사격을 받고 구멍이 나고 홈이 파였다. 물론 우리는 믿기지 않는 스탈린그라드 방어전에 대한 자료를 읽었다. 그러나 이 파괴된 도시를 보면서 우리가 알게 된 한 가지 사실은 도시가 공격을 받고 건물들이 무너지면, 무너진 건물은 방어하는 쪽에 아주 좋은 피난처를 제공한다는 것이었다. 방공호, 구멍, 이것들이 만들어주는 은신처로 인해 결연한 의지를 가진 방어군을 몰아내는 것은 거의 불가능하다. 이곳 엄청난 폐허에서 전쟁의 가장 큰 전환기가 있었다. 수개월에 걸친 포위, 공격, 탈환, 재공격 끝에 독일군은 결국 역포위당해 포획되었고, 가장 멍청한 군사지휘관도 머릿속 어디엔가 전쟁에서 졌다는 생각이 들었을 것이다.

중앙광장에는 전에 커다란 백화점이었던 건물 잔해가 있었고, 포위된 독일군은 이곳에서 마지막 저항을 했다. 이곳에서 총사령관 폰 파울루스Von-Paulus 원수가 생포되었고, 저

들판의 불발탄, 러시아 스탈린그라드, 1947.

광장의 분수 잔해, 러시아 스탈린그라드, 1947.

항이 분쇄되었다.[47]

   길 맞은편에 우리가 묵을 보수된 인투어리스트 호텔이 있었다. 우리에게 큰 방 두 개가 배정되었다. 창밖으로는 수 에이커에 걸쳐 돌무더기, 부서진 벽돌과 콘크리트, 가루가 된 시멘트가 깔려 있었고, 파괴된 장소마다 꼭 있는 것 같은 이상한 검은 잡초가 폐허 속에 자라고 있었다. 스탈린그라드에 머무는 동안 우리는 이 엄청난 폐허에 점점 더 매혹되었는데, 폐허에 사람들이 있었기 때문이었다. 돌 더미 아래에는 작은 공간과 구멍이 있었고 그곳에 사람들이 살고 있었다. 스탈린그라드는 큰 도시였고, 많은 아파트와 집들이 있었는데, 지금은 교외의 새 집 빼고는 아무것도 남지 않았다. 그래도 사람들은 어디에선가 살아야 했다. 사람들은 한때 아파트였던 건물 잔해의 공간에서 살았다. 우리가 호텔 창밖을 바라보면, 아침이면 큰 돌 더미 아래에서 문득 한 소녀가 나와서 마지막으로 머리 손질을 하며 일하러 갔다. 그녀는 깨끗한 옷을 깔끔하게 차려입고, 잡초 사이를 걸어서 일하러 갔다. 이 사람들이 어떻게 이렇게 살 수 있는지 이해할 수 없었다. 이 사람들이 어떻게 아직 지하에 살면서 몸을 단정히 하고, 당당하고, 여성적인 모습을 유지할 수 있는지 알 수 없었다. 주부들이 다른 구멍에서 나와 시장으로 갔는데, 흰 머릿수건으로 머리를 싸매고 손에는 장바구니가 들려 있었다. 이

---

47   파울루스는 원래 대장 직급이었으나 스탈린그라드 공방전 중 항복하지 말라는 의미로 히틀러가 원수로 승진시켰다.

곳의 아침 생활을 보면 기이하고 영웅적이면서도 현대 생활의 조잡한 흉내처럼 보였다.

그러나 한 가지 섬뜩한 예외도 있었다. 호텔 바로 뒤 우리 창문에서 내려다보이는 곳에 작은 쓰레기 더미가 있었고, 수박 껍질, 고기 뼈, 감자 껍질 등이 버려져 있었다. 거기서 몇 야드 떨어진 곳에 작은 둔덕이 있었고, 다람쥐 굴 입구 같은 곳이 있었다. 매일 이른 아침마다 이 구멍에서 앳된 여자애가 기어 나왔다. 그녀는 긴 다리에 맨발이었고, 팔은 가늘며 앙상했고, 머리는 엉겨 붙어서 지저분했다. 먼지로 뒤덮인 몸은 갈색이 되었다. 그녀가 머리를 들자, 우리가 지금까지 본 얼굴 중 가장 아름다운 얼굴이 나타났다. 그녀의 눈은 여우 눈처럼 섬세했지만, 인간의 눈은 아니었다. 그녀의 얼굴은 잘 발달되었고, 정신병자의 모습은 아니었다. 도시에서 벌어진 전투의 공포로 그녀는 충격을 받아서, 망각의 편안함 속에 머물러 있는 것 같았다. 그녀는 쪼그리고 앉아 고기 조각을 씹고, 수박 껍질을 먹고, 다른 사람이 먹다 버린 고기 수프 뼛조각을 핥았다. 그녀는 보통 그곳에 두 시간을 앉아 배를 채운 후 일어났다. 그런 다음 잡초들이 난 곳으로 가 누워 햇볕을 받으며 잠을 잤다. 그녀의 얼굴은 조각상처럼 아름다웠고, 긴 다리로 야생동물처럼 우아하게 걸었다. 폐허 속 공간에 사는 사람들은 그녀에게 거의 말을 걸지 않았다. 어느 날 아침 나는 다른 구멍에서 나온 여자가 그 소녀에게 빵 반 조각을 주는 것을 보았다. 그녀는 빵을 거의 으르렁대

듯이 낚아채서 자기 가슴에 꼭 붙였다. 그녀는 자기에게 빵을 준 여자를 반야생의 개처럼 쳐다보고, 여자가 자신의 장소로 돌아갈 때까지 의심의 눈초리로 관찰했다. 그러고는 돌아서서 빵 조각에 얼굴을 파묻고 눈에 경련을 보이며 동물처럼 빵 조각을 바라보았다. 그녀가 빵을 씹어 먹는 동안 몸에 걸친 누더기 넝마 조각이 한쪽으로 미끄러지며, 그녀의 더럽고 어린 가슴 한 곳이 드러났다. 그러자 그녀는 자동적으로 옷을 끌어 올려 가슴을 가리고, 보기에 안쓰러운 여성적 태도로 그것을 매만졌다.

우리는 이런 소녀같이 20세기의 삶을 더 이상 견디지 못하고, 언덕 위로 숨는 대신 인간 고대 시대의 거처인 동굴로 숨어들어 간 사람이 얼마나 더 많을지 생각해보았다. 고대의 기쁨, 고통, 자기 보존의 야생의 장소로 말이다. 이것은 오랫동안 꿈꿔왔던 얼굴이다.

오후 늦게 덴첸코 대령이 찾아와서 스탈린그라드의 교전 지역을 볼 것인지 물었다. 50세가량의 그는 잘생겼고, 깔끔하게 면도한 얼굴을 하고 있었다. 그는 흰색 튜닉에 벨트를 차고 있었고, 가슴에는 약장略章이 줄지어 장식되어 있었다. 그는 시를 돌아보면서 21군이 방어를 하고 있던 곳과 62군이 지원을 하고 있던 곳을 보여주었다. 그는 전투 지도를 가져왔다. 그는 독일군의 공격이 저지되어 더 이상 진격하지 못한 정확한 지점으로 우리를 데리고 갔다. 이 방어선 끝에 지금은 국가적 성전이 되었고, 앞으로도 그렇게 될 파블로프

2차세계대전 파괴된 건물에 둘러싸인 들판, 러시아 스탈린그라드, 1947.

의 집이 있었다.

파블로프의 집은 아파트 건물이었고, 파블로프는 육군 상사였다. 파블로프와 9명의 병사는 52일 동안 독일군이 어떤 공격을 해오든 이 아파트 건물을 지켰다. 독일군은 파블로프의 집을 점거하지 못했고, 파블로프를 잡지도 못했다. 여기가 독일군이 최대한 진격한 지점이었다.

덴첸코 대령은 우리를 강 끝으로 데려갔다. 그곳은 소련군이 방어진을 구축하고, 가파른 강둑 때문에 소련군이 더 이상 물러날 수 없던 곳이었다. 사방에 독일군이 가져온 무기가 녹슨 채 방치되어 있었다. 대령은 키예프 사람이었고, 우크라이나인 특유의 밝은 파란 눈을 갖고 있었다. 그는 50세였고, 그의 아들은 레닌그라드에서 전사했다.

그는 독일군의 최대 공세가 벌어진 언덕을 보여주었다. 언덕 위에서 작전이 벌어졌고, 탱크들이 산등성이에 배치되었었다. 산 아래에는 몇 줄로 포대가 늘어서 있었다. 모스크바에서 온 기록영화팀이 시가 다시 재건되기 전 스탈린그라드 공방전의 역사를 필름에 담고 있었다. 강에는 바지선이 정박해 있었다. 모스크바에서 온 영화사 사람들은 바지선에서 생활했다.

지금 또 흐마르스키의 그렘린이 다시 작동했다. 우리는 이들이 영화 찍는 모습을 사진에 담고 싶다고 했다.

그러자 흐마르스키는 "좋아요. 오늘 밤 그들에게 전화를 해서 허가를 받을 수 있는지 알아보겠어요."라고 말했다.

덴첸코 대령, 러시아 스탈린그라드, 1947.

그래서 우리는 호텔로 다시 돌아갔는데, 가자마자 우리가 떠나온 곳에서 포사격 소리를 들었다. 아침에 그가 전화를 걸었을 때는 포사격이 모두 끝났고, 우리는 그 장면을 그만 놓쳐버렸다. 우리는 매일 스탈린그라드 공방전 재연 촬영을 사진 찍으려고 했지만, 이런저런 사건으로 인해 기회를 놓쳐버렸다. 흐마르스키의 그렘린이 늘 작동하고 있었다.

오후에 우리는 광장을 가로질러 강가에 있는 작은 공원으로 갔다. 거기에는 거대한 오벨리스크 석상 아래 붉은 꽃밭이 있었고, 그 밑에는 스탈린그라드 방어전에서 숨진 수많은 사람이 묻혀 있었다. 공원에 사람은 별로 없었고, 한 여자가 벤치에 앉아 있었으며, 5살쯤 된 소년이 꽃을 바라보며 울타리에 기대어 서 있었다. 소년이 너무 오래 서 있어서 우리는 흐마르스키에게 말을 걸어보라고 했다.

흐마르스키가 러시아어로 소년에게 물었다. "여기서 뭘 하고 있니?"

그러자 작은 소년은 감정을 드러내지 않고 담담한 목소리로 "아빠를 찾아왔어요. 나는 매일 저녁 아빠를 보러 와요."라고 말했다.

연민을 자아내는 것도 아니고 지나친 감상도 아니었다. 이것은 단지 사실을 말한 것이었다. 벤치에 앉아 있던 여자도 머리를 들더니 우리를 쳐다보고 미소를 지었다. 얼마 후 여자와 소년은 공원을 지나 폐허가 된 도시로 돌아갔다.

아침에 아침 식사가 방에 배달되었을 때, 우리는 뭔가 단

아버지 묘지를 찾아온 소년, 러시아 스탈린그라드, 1947.

단히 미친 짓이 일어났다고 생각했다. 아침 식사는 토마토 샐러드, 피클, 수박, 크림 소다수가 전부였다. 그러나 이것은 미친 것이 아니었다. 지극히 정상적인 스탈린그라드의 아침 식사였다. 우리는 크림 소다수를 차로 바꾸는 데는 성공했다. 한동안 우리는 아침 식사로 토마토 샐러드를 즐기는 수준으로 바뀌지 못했다. 어찌 되었건 이건 딱딱한 토마토주스나 마찬가지였다. 그러나 우리는 크림 소다수에는 적응할 수 없었다.

호텔 앞에 있는 광장은 아주 넓었는데, 파괴된 건물들이 광장을 둘러싸고 있었다. 남아 있는 벽 한 곳에는 아침 일찍부터 밤늦게까지 소리를 내는 큰 스피커가 달려 있었다. 이 스피커를 통해 연설, 뉴스 등이 흘러나왔고, 많은 노래가 방송되었다. 소리가 너무 커서 침대 커버를 머리 위로 덮어써도 소리를 막을 수 없었다. 소리가 너무 커서 스피커 진동판이 찢어질 것 같았다. 그렇게 되기를 바랐다.

우리는 그 유명한 스탈린그라드 트랙터공장을 보고 사진을 찍고 싶었다. 독일군이 포격을 해오는 동안에도 이곳 노동자들은 계속 탱크를 만들어냈다. 독일군이 아주 가까이 오자 이들은 연장을 내려놓고 나가서 싸우며 공장을 방어했다. 그리고는 다시 돌아와 계속 생산 작업을 했다. 남자답게 자신의 그렘린과 씨름한 흐마르스키는 공장 방문을 주선해보겠다고 했다. 아침에 다행히도 우리는 그곳을 보러 갈 수 있다는 소식을 들었다.

공장은 시 외곽에 있었다. 우리는 차를 몰고 가면서 높은 굴뚝을 볼 수 있었다. 공장 주변 땅은 깨지고 산산조각 났고, 공장의 절반은 폐허가 된 상태였다. 정문에 도착하자 두 명의 경비원이 나와서 전화를 걸었고, 다른 경비원들도 여러 명 나왔다. 그들은 카메라를 보자 또 여러 곳에 전화를 걸었다. 규칙은 엄격했다. 차에서 카메라를 꺼내는 것도 허용되지 않았다. 공장장과 수석 엔지니어와 6-7명의 직원이 우리와 함께 있었다. 우리가 일단 규칙을 받아들이자 이 사람들은 극도로 친절해졌다. 우리는 모든 것을 볼 수 있었지만, 어떤 것도 사진 찍을 수 없었다. 이 공장의 모습은 우크라이나의 작은 농장들만큼 긍정적인 현상이었기 때문에 사진을 찍지 못하는 것이 안타까웠다. 공장 노동자들이 직접 사수한 이 공장에서, 바로 그 노동자들이 트랙터를 만드는 모습은 러시아 방어의 정신을 보여주는 것이었다. 그리고 이곳에서 가장 최고로, 가장 압도적인 차원에서 카메라에 대한 공포를 볼 수 있었다.

커다란 대문 안에 들어서자 공장은 정말 인상적이었다. 노동자 한 그룹은 조립라인과 단조기, 압착기에서 일하고 있었고, 다른 그룹은 폐허를 다시 재건하고 있었다. 모든 건물이 포탄에 맞았고, 대부분 지붕이 날아갔고, 일부는 완전히 파괴되었다. 트랙터가 생산라인에서 나오는 동안에도 재건 작업은 계속되고 있었다. 우리는 금속이 부어지는 용광로, 독일 탱크와 대포 조각들이 고철로 던져지는 광경과 롤러를 거

트랙터 공장, 러시아 스탈린그라드, 1947.

쳐 금속판이 나오는 것을 보았다. 우리는 주형, 압연과 마무리 작업을 보았고, 부속들이 깎여 만들어지는 것을 보았다. 생산라인 끝에는 색이 칠해지고 광택이 나는 트랙터들이 완성되어 서 있었고, 기차가 들판으로 실어 나를 때까지 야적장에 대기했다. 반쯤 부서진 건물에서는 건설자들과 금속, 벽돌, 유리를 나르는 노동자들이 공장을 다시 짓고 있었다. 공장이 완전히 재건된 다음에 생산을 재개할 여유는 없었다.

우리는 왜 공장을 사진 찍는 것이 허용되지 않는지 이해할 수 없었다. 공장을 둘러보니 거의 모든 기계가 미국에서 만들어진 것이었는데 말이다. 미국 엔지니어와 기술자들이 조립라인과 조립 방식을 만들었다고 얘기를 들었다. 이 기술자들은 자신들이 한 일을 잘 기억하고 있을 것이었고, 포격 때 미국 측의 악의가 있었다면 공장에 대한 정보를 제공할 수도 있었을 것이다. 그럼에도 불구하고 공장을 사진 찍는 것은 금기였다. 사실 우리는 공장을 찍고자 하지 않았다. 우리가 원했던 것은 일하고 있는 남자와 여자들 사진을 찍는 것이었다. 스탈린그라드 트랙터공장의 많은 일을 여자들이 수행하고 있었다. 그러나 금기 사항에는 조그만 예외도 없었다. 우리는 사진을 찍을 수 없었다. 카메라에 대한 공포는 뿌리 깊고, 대상을 가리지 않았다.

우리는 하루에 몇 대의 트랙터가 생산되는지도 알 수 없었다. 이것은 산업정보 유출을 군사정보 유출과 같은 중범죄로 다루는 새로운 법에 위배되는 것이었다. 그러나 생산 비율은 알 수 있었다. 생산 수준이 전쟁 전보다 2퍼센트 떨어질 뿐이라는 말을 들었다. 알기를 원했다면, 전쟁 전 생산량을 알아내어, 현재 생산라인에서 만들어져 나오는 트랙터 숫자를 계산할 수 있었다. 완성된 트랙터는 표준형이었고, 단지 한 모델만 생산되었다. 트랙터는 대형이고, 사이즈는 그렇게 크지 않지만, 웬만한 농장일은 다 할 수 있었다. 모양이 멋지게 꾸며진 트랙터는 아니었고, 과시적인 면은 없었다. 이 트랙터가 성능이 아주 좋다는 말을 들었지만, 경쟁이 없었기 때문에 외관이 좋게 만들어지지는 않았다. 한 생산자는 다른 생산자와 경쟁하기 위해 눈에 보기 좋은 기계를 만들어낼 필요가 없었다. 바로 이곳에서 포탄이 건물을 뚫고 들어오고 공장을 조금씩 파괴하는 동안 탱크가 만들어졌다. 이 공장에는 무서운 비유가 있었는데, 이곳에서는 바로 가까이에서 인간의 두 가지 가장 큰 잠재력의 결과가 나타나고 있다는 것이었다. 하나는 생산하는 것, 다른 하나는 파괴하는 것이다.

카파는 사진을 찍을 수 없을 때 무척 애석해했다. 그는 특히 이곳에서 어디를 가든 대조와 앵글, 자신이 의미하는 것을 뛰어넘는 의미를 포착하는 사진들이 있기 때문에 특히 애석해했다. 그는 씁쓸하게 말했다. "여기에서 사진 두 장이면, 수천 단어 말보다 더 많은 걸 보여줄 수 있을 텐데."

점심을 먹을 때까지 카파는 슬펐고, 비참한 기분에 쌓였다. 그러나 점차 좀 나아졌다. 오후에 작은 보트를 타고 볼가 강 유람에 나서자 그의 기분은 훨씬 좋아졌다. 이 시기의 볼

볼가강 바지선, 러시아 스탈린그라드, 1947.

가강은 사랑스럽고, 넓고 평온했다. 여기가 이 지역의 많은 물류가 이동하는 곳이다. 곡식과 광물, 목재, 석유를 실은 작은 예인선들과 바지선들이 오갔고, 여객선과 유람선도 떠다녔다. 강에서는 파괴된 도시의 모습을 한눈에 볼 수 있었다.

강 위에는 작은 마을이 올려진 거대한 뗏목들이 있었다. 대여섯 채의 집과 소, 염소, 닭이 있는 작은 우리가 뗏목에 있었다. 이 뗏목들은 통나무가 벌채된 북쪽 먼 곳의 지류에서부터 천천히 내려와서 파괴된 도시와 마을들에 잠시 멈춰 섰다. 지역 당국은 필요한 만큼의 통나무를 징발했다. 서는 곳마다 징발된 통나무는 뗏목에서 풀어지고 강물에 띄워져서 강변으로 보내졌고, 하류로 이동할수록 뗏목은 작아졌다. 이 과정이 너무 오래 걸려서 뗏목을 운항하는 사람들이 그 위에 생활을 위한 작은 마을을 만든 것이었다.

볼가강 교통은 활발했다. 이것은 마크 트웨인이 묘사한 당시의 미시시피강을 연상하게 했다. 배 양옆에 바퀴를 단 작은 배들이 부지런히 강을 오르내렸고, 돛을 단 무겁고 둔한 범선도 몇 척 오갔다.

우리는 커다란 통나무 뗏목 옆으로 가보았는데, 한 여자가 작은 목장에서 암소의 우유를 짜고 있었고, 다른 여자는 집 뒤에서 빨래를 널고 있었다. 그러는 사이 남자들은 스탈린그라드 재건에 필요한 목재들을 풀어 강둑으로 보내고 있었다.

스탈린그라드에서도 흐마르스키의 그렘린이 늦게까지 작동했다. 처음에는 영화 촬영팀이었고, 다음은 공장, 작은 보트를 타고 강을 유람하는 데도 그의 그렘린이 바쁘게 작동했다. 우리는 재빠르게 강을 오르내릴 수 있는 작고 가벼운 보트를 원했는데, 정작 제공된 것은 러시아 해군이 보유한 유람선만 한 큰 배였다. 이 배에는 선원 외에 우리밖에 없었다. 우리는 강변 가까이 다가가기 위해 배 바닥이 낮은 보트를 원했지만, 강둑에서 멀리 떨어져 있어야 하는 큰 배를 받았다. 우리는 이 배를 타고, 사람들이 스탈린그라드 시장으로 토마토와 수박과 양배추를 잔뜩 싣고 온 카누처럼 작은 배 사이를 헤치고 다녀야 했다.

스탈린그라드의 한 시장에서 오래된 카메라를 쓰는 사진사를 만났다. 그는 상자 위에 앉은 젊은 신병의 엄숙한 모습을 사진 찍고 있었다. 사진사는 자신과 병사를 찍고 있는 카파를 보았다. 그는 카파에게 환한 사진사다운 미소를 보내고, 모자를 흔들었다. 젊은 병사는 움직이지 않았다. 그의 시선은 앞을 보며 고정되어 있었다.

우리는 스탈린그라드 새 시가지 건설 설계를 맡은 건축가의 사무실로 안내되었다. 파괴된 건물 잔해를 치우는 것이 너무 엄청난 일이라서 도시 전체를 강을 따라 위쪽이나 아래쪽으로 옮겨 지어야 한다는 제안이 나왔고, 도시를 재건하는 시도는 아직 이루어지지 않았다. 새로 도시를 짓는 것이 비용이 덜 들고 더 쉽다는 얘기였다. 이에 두 가지 반론이 제기되었다. 우선, 지하 상하수도망과 전기 배전망은 아직 건재하다는 것이었고, 다음으로 스탈린그라드시는 감상적인 이

스탈린그라드의 사진사, 러시아 스탈린그라드, 1947.

유에서라도 예전 모습 그대로 복원되어야 한다는 것이었다. 아마도 이것이 가장 중요한 이유일 것이다. 잔해를 치우는 성가신 작업은 이 감정과 맞설 수 없었다.

약 다섯 가지 도시 재건 계획이 있지만, 어느 것도 최종적으로 채택되지 않았기 때문에 아직 석고 모형은 만들어지지 않았다. 계획들은 두 가지 공통점을 가지고 있었다. 하나는 스탈린그라드 중심부에는 키예프처럼 웅장한 공공건물이 들어서야 한다는 것이었다. 거대한 기념비, 볼가강까지 이어지는 거대한 대리석 계단, 공원, 돌기둥 열주, 피라미드, 오벨리스크, 거대한 레닌과 스탈린 동상이 있어야 했다. 이 계획들은 그림으로 그려지고 설계되고, 청사진으로 만들어졌다. 이것은 미국인과 러시아인이 두 가지 점에서 서로 아주 비슷하다는 것을 상기시켜주었다. 두 국민 모두 기계를 좋아하고, 거대한 구조물을 좋아한다. 아마도 러시아인들이 미국에서 가장 경탄하는 것은 포드자동차 공장과 엠파이어스데이트 빌딩일 것이다.

많은 건축가가 스탈린그라드를 재건하는 거대한 프로젝트에 매달려 있는 동안, 이들은 학교, 마을을 재건하고, 작은 집들을 설계하는 작은 일도 진행했다. 도시는 외곽에서도 재건되고 있어서, 수천 채의 작은 주택이 지어지고 있었고, 많은 아파트가 교외 지역에 건설되고 있었다. 그러나 공식 도시 재건 계획이 채택되지 않아서 도시 중심부는 아직 재건 사업이 진행되지 않았다.

우리는 수석 건축가에게 지하에서 생활하고, 폐허 속에서 살고 있는 사람들에 대해 물었고, 왜 이들이 시 외곽으로 나가 살 집을 짓지 않는지 물었다.

그는 무슨 말인지 이해한다는 미소를 띤 후 이렇게 대답했다. "그들은 자신들이 살던 건물의 잔해 속 공간에 살고 있습니다. 그 사람들이 이사하지 않는 건 두 가지 이유가 있습니다. 하나는 자신들이 살았던 곳을 좋아하기 때문입니다. 사람들은 건물이 부서져도 익숙한 것을 버리고 떠나기를 싫어하죠. 두 번째 이유는 교통과 관련 있습니다. 우리는 충분한 버스도 없고, 전차도 없습니다. 만일 이들이 외곽으로 이사를 가면, 먼 거리를 걸어서 출퇴근해야 할 텐데, 너무 큰 고생입니다."

그래서 우리가 물었다. "그러면 이 사람들을 어떻게 할 겁니까?"

그는 "이들이 이사할 집이 마련되면, 우리는 이사를 시킬 계획입니다. 그때까지는 버스도 많아지고, 전차도 다녀서 이 사람들이 큰 고생 하지 않고 일터에 출근할 수 있게 되기를 희망합니다."라고 대답했다.

우리가 건축가 사무실에서 얘기를 나누는 동안 한 관리가 들어오더니 전 세계에서 스탈린그라드에 보내온 선물들을 보겠는지 물었다. 우리는 박물관을 지겹도록 보았지만, 이것은 꼭 봐야 한다는 생각이 들었다. 우리는 호텔로 돌아가 잠시 휴식을 취했고, 거의 쉴 틈도 없이 문을 노크하는 소리가

폐허 속 빨래를 너는 여자, 러시아 스탈린그라드, 1947.

외국에서 보내온 선물을 보는 남자, 러시아 스탈린그라드, 1947.

들렸다. 문을 열자, 줄을 선 사람들이 박스, 포장갑, 앨범 등을 들고 들어와서 펼쳐놓았다. 스탈린그라드 시민들에게 보내온 선물들이었다. 금줄 실로 장식된 붉은 벨벳 천이 덮인 방패는 에티오피아 왕이 보낸 것이고, 루스벨트가 서명한 미국 정부의 찬사가 적힌 양피지 두루마리도 있었다. 샤를 드골이 보내온 금속 격려패와 영국 왕이 스탈린그라드시에 보낸 스탈린그라드 검도 보였다. 영국 작은 마을의 1,500명 여자들의 이름을 수놓은 식탁보도 펼쳐졌다. 스탈린그라드에서는 아직 이 선물들을 전시할 박물관이 없었기 때문에 이들은 이것을 직접 가지고 온 것이었다. 우리는 거대한 앨범을 보아야 했는데, 거기에는 각국 정부의 수상들, 대통령들이 스탈린그라드 시민들에게 보낸 장황한 격려의 말들이 적혀 있었다.

갑자기 슬픈 생각이 들었다. 이것들이 각국 정상들이 보내온 선물이었다. 중세 칼 모형, 고대 방패 모형, 두루마리에 쓴 말들, 수많은 고답적인 감상문들이었다. 뭔가를 써 달라고 우리에게 부탁해왔을 때, 우리는 쓸 말이 없었다. 앨범은 '세계의 영웅들', '문명의 수호자들' 같은 미사여구로 가득 찼다. 격려문들과 선물들은 아주 단순한 일을 기념하기 위해 세워진 거대하고, 장엄하고, 흉측하며 바보 같은 조각상들과 달라 보이지 않았다. 우리에게 내내 떠오르는 것은 트랙터공장 용광로에서 일하던 강철 같은 얼굴들과 땅 밑 구멍에서 머리를 매만지며 나오는 소녀들, 저녁마다 아버지를 보러 공동묘지로 가는 어린 소년의 모습이었다. 이 모습들은 바보 같은 우화적 모습이 아니었다. 바로 이 사람들이 공격을 당하고 성공적으로 스스로를 방어한 작은 사람들이었다.

중세 칼과 금세공 방패는 상상력의 부족에서 나온 다수 어리석은 선물이었다. 대여섯 대의 불도저를 필요로 할 때, 세계는 스탈린그라드에게 가짜 메달을 가슴에 달아준 것이다.

우리는 스탈린그라드 노동자들을 위해 새로 지어진 아파트를 가보았다. 우리는 월급과 집세와 식품 가격이 궁금했다.

아파트는 작았지만 꽤 안락했다. 부엌과 한두 개의 침실, 거실이 갖추어져 있었다. 숙련이 덜 된 노동자는 한 달 500루블의 급여를 받았고, 숙련이 어느 정도 된 노동자는 1,000루블, 완전히 숙련된 노동자는 2,000루블의 월급을 받았다.

이것은 식품 가격과 집세를 따지지 않으면 아무 의미가 없다. 당신이 아파트를 얻기만 하면 소련 전체의 집세는 아주 싸다. 가스, 전기, 수도세를 포함해서 한 달에 20루블을 내면 되고, 숙련 노동자 월급의 2퍼센트에 불과하며, 숙련이 덜 된 노동자도 월급의 4퍼센트였다. 식품배급소의 식품값은 아주 쌌다. 일반 식품이자 노동자의 주식인 빵, 양배추, 고기, 생선을 사기 위해서는 큰돈이 필요 없었다. 그러나 고급 식품, 통조림, 수입 식품은 아주 비쌌다. 초콜릿 같은 것은 일반인들이 살 수가 없었다. 그러나 식품이 좀 더 풍부해지면 이런 품목의 가격이 내려갈 것이라는 러시아식 희망이 있었다. 비싼 식품도 좀 더 많이 공급되면 사람들이 쉽게 살 수 있을 것으로 기대했다. 예를 들어 독일의 폭스바겐 모델과 비슷한 소형 승용차가 대량 생산되어 분배된다면 10,000루블을 내고 살 수 있었다. 이 가격은 고정된 가격이고, 자동차는 만들어지는 대로 배급되었다. 암소 한 마리가 현재 가격으로 7,000-9,000루블 나간다는 것을 생각하면, 상대적 물가 수준에 대한 그림을 그릴 수 있다.

스탈린그라드에는 독일 포로들이 많이 있었다. 키예프에서와 마찬가지로 사람들은 독일 포로들을 쳐다보지 않았다. 이들은 아직도 낡아 해진 독일 군복을 입고 있었다. 이들은 행렬을 지어 작업장을 오갔고, 대개 경비병 한 명이 이들을 이동시켰다.

우리는 캐비아가 나오는 볼가강 철갑상어를 잡는 어부들

아파트를 짓는 작업을 하는 사람들, 러시아 스탈린그라드, 1947.

과 강으로 나가고 싶었는데, 이들은 밤새 고기를 잡기 때문에 시간을 맞출 수가 없었다. 대신 우리는 아침에 철갑상어를 잡아 오는 모습을 볼 수 있었다. 철갑상어는 거대했다. 두 종류의 철갑상어가 있었다. 수염이 난 메기 모양의 커다란 한 종이 있었고, 다른 종은 삽 같은 코를 가지고 있었다. 그날은 그렇게 큰 철갑상어는 잡히지 않았다. 그날 잡힌 제일 큰 것은 겨우 270킬로그램밖에 나가지 않았다. 때로 540킬로그램이 나가는 철갑상어도 잡히고, 여기에서 엄청난 양의 캐비아를 얻을 수 있다는 얘기를 들었다. 캐비아는 철갑상어가 잡히는 순간 꺼내져서 바로 냉동된다. 단단한 줄로 만들어진 아주 큰 그물로 철갑상어를 잡는다. 배가 육지에 닿으면 냉동된 캐비아는 바로 공항으로 운송되어 비행기로 소련 주요 대도시로 운송된다. 일부 생선은 지역 시장에서 팔리고, 많은 생선이 훈제되어 보관되었다가 아주 높은 가격에 팔린다고 한다.

   카파는 아쉬움을 곱씹었다. 그는 산업 사진을 찍고 싶었는데, 찍을 수가 없었다. 그는 이 여행이 실패로 끝났을 뿐만 아니라 모든 것이 실패라고 낙담했다. 그도 실패했고, 나도 실패했다고 생각했다. 그는 크게 아쉬워했다.

   우리는 점점 짜증이 났다. 흐마르스키의 그렘린도 너무 잘 작동되어 그도 예민해졌다. 우리는 그에게 약간 잔소리를 했고, 난 후회를 했다. 그는 우리에게 마르크시즘에 대한 이상한 강의를 했는데, 강의는 학교 어린애들이 서로 소리치며 싸우는 것으로 막을 내렸다. 카파는 그에게 흐마르스키가 아니라 흐마르크시스트라는 새 이름을 붙여주었고 이것도 그를 화나게 했다. 우리가 짜증을 낸 이유는 트랙터공장 사진을 찍지 못했기 때문이다. 우리가 서로에게 좀 더 솔직했다면, 싸움의 원인이 이것이라는 결론에 쉽게 도달했을 것이다.

그리고 여기 카파와 나의 연합전선이 시험을 받았다. 왜냐하면 우리는 화가 날 때 서로를 향해 화내지 않고, 힘을 합쳐 다른 누군가를 향해 화를 냈다. 여행 내내 우리는 심한 논쟁을 벌인 적이 한 번도 없었다. 이것은 우리가 세운 하나의 기록이라고 생각한다. 우리가 논쟁을 할 때 흐마르스키는 우리가 상대주의자들이라고 말했다. 우리는 상대주의자가 무얼 말하는지 제대로 알지 못하는 상태에서, 서로 힘을 모아 상대주의의 관점에서 흐마르스키를 아주 성공적으로 공격했다. 그를 설복시키지는 못했지만, 큰 확신 없이도 우리의 견해를 유지하며 더 크게 소리쳤다.

우리는 다음 날 모스크바로 떠나게 되어 있었다. 카파는 그날 밤 잠을 이루지 못했다. 그는 계속 애석해하면서 원하던 사진을 찍지 못해 속상해했다. 그리고 그가 잘 찍은 사진은 모두 뭔가 잘못되거나 잘 나오지 않았다. 카파는 절대 행복할 수 없었다. 둘 다 잠을 제대로 이루지 못했기 때문에 우리는 영화 시놉시스를 두 개나 만들었다.

다음 날 우리는 아침 일찍 포드 버스를 타고 공항으로 출발했다. 하지만 그렘린이 다시 작동하여 실수가 일어났고,

우리 비행기가 날아오는 동안 우리는 비행기 예약이 되지 않았다. 그러나 조금 늦게 아스트라한에서 날아오는 비행기가 있었고, 그 비행기를 탈 수 있었다.

아스트라한에서 와야 할 비행기는 오지 않았다. 우리는 차를 마시고 비스킷을 먹었지만, 후덥지근한 공항에서 처량하게 앉아 있었다. 3시에 소식이 오기를, 비행기는 오지 않을 것이고, 설령 온다 해도 낮 시간 안에 모스크바에 도착할 수 없기 때문에 모스크바로 출발하지 않을 것이라고 했다. 우리는 스탈린그라드로 돌아가기 위해 다시 버스에 올라탔다.

우리가 6킬로미터쯤 달렸을 때, 공항에서 차 한 대가 미친 듯이 달려오더니 우리를 세웠다. 비행기 기장이 마음을 바꾼 듯했다. 그는 오후에 모스크바로 출발한다고 했다. 차를 돌려 공항에 도착했을 때는 새 결정이 내려졌다. 기장은 출발하지 않기로 했다. 그래서 우리는 다시 버스에 짐을 싣고 험한 도로를 달려 스탈린그라드로 돌아와야 했다. 우리가 탄 작은 버스의 딱딱한 의자가 심하게 덜컹거려서 특정 부위가 특히 아팠다.

저녁 식사 때 우리는 흐마르스키에게 성깔을 드러냈다. 우리는 폭발해서 그에게 기분 나쁜 말을 했는데, 그중 일부만 실제 사실이었다. 그에게 그렘린을 통제하라고, 그가 그렘린에게 떠밀려 다니고 있다고 말했다. 우리는 그의 태도와 그의 옷차림과 그가 고른 넥타이를 비판했다. 우리는 그를 혹독하게 비판했다. 하루 종일 뜨거운 공항에서 땀에 젖어 앉아 있어야 했기 때문이다.

흐마르스키도 화가 났다. 그는 최선을 다했지만, 우리의 분노에 대항할 방법이 없었다. 그는 우리 둘을 상대해야 했고, 우리는 한 팀이 되어 그를 공격했다. 한 사람이 말을 끝내면 다음 사람이 이어받아 쏘아붙였다. 그가 잠자리에 들고 우리는 우리가 한 짓에 대해 매우 미안한 생각이 들었다. 내일 아침 사과해야겠다는 천사 같은 마음을 먹고 우리도 잠자리에 들었다.

스탈린그라드 교외로 나가 나무판자와 회반죽으로 자신들의 작은 새 집을 짓고 있는 사람들 사진을 찍고 싶어서 아침 일찍 출발했다. 그리고 직접 보고 사진을 찍고 싶은 학교와 유치원 들도 있었다. 우리는 공장 회계원이 짓고 있는 작은 집 앞에 멈췄다. 그는 통나무를 스스로 올리고 있었고, 회반죽에 쓸 진흙을 직접 개고 있었고 아이 둘은 근처 정원에서 놀고 있었다. 그는 사진 찍는 것을 선뜻 동의했다. 그는 우리가 사진을 찍는 동안 집 짓는 일을 계속했다. 그러던 중 그는 잠시 자리를 뜨더니 앨범을 가지고 돌아왔다. 그는 자신이 늘 넝마 같은 옷을 입는 것이 아니고, 한때 스탈린그라드에 아파트를 가지고 있었다는 것을 보여주고 싶어 했다. 그의 앨범은 세상의 모든 앨범과 똑같았다. 그가 애기일 때 사진, 청소년일 때, 군대에 갔을 때 군복 입은 사진, 군에서 제대했을 때 사진이 있었다. 그가 결혼했을 때 사진, 긴 웨딩드레스를 입은 그의 부인 사진, 그다음 흑해에서 휴가를 즐기는 사진, 그와 부인이 수영을 하는 사진, 그의 아이들이 자라는 사진이 있었다. 그리고 그가 받은 그림엽서도 보관되어 있었다. 이것은 그의 생 전체의 역사이자, 그에게 일어났던 모든 좋은 일의 역사였다. 그는 전쟁에서 나머지 모든 것을 잃었다.

"어떻게 이 앨범을 간수했습니까?"라고 우리는 물었다.

그는 앨범을 닫고 자신의 생 전체의 기록을 손으로 쓰다듬었다. "우리는 이것을 아주 잘 보관했지요. 이것은 너무 소중한 거예요."라고 그는 말했다.

우리는 다시 버스에 올라 스탈린그라드 공항으로 이어지는 길을 갔다. 우리는 이제 그 길을 잘 알게 되었다. 공항에는 모스크바로 가는 승객들이 짐가방 말고도 끈으로 묶은 두세 개의 수박을 들고 있었다. 모스크바에서는 수박을 얻기가 힘들었지만, 스탈린그라드에는 좋은 수박이 넘쳐났다. 우리도 이들을 따라서 메트로폴호텔에 있는 친구들에게 가져다주기 위해 끈을 얻곤 각자 수박 두 통씩을 샀다.

공항 책임자는 어제 실수에 대해 몹시 미안해했다. 그는 우리 기분을 위해 애를 썼다. 차가 제대로 대접되었는지 살폈고, 우리 기분을 좋게 하려고 작은 거짓말까지 했다. 그는 우리 말고는 승객이 없는 비행기를 타게 될 것이고, 비행기가 흑해에서 곧 도착할 것이라고 말했다. 우리가 흐마르스키를 공격하면, 그는 공항 책임자를 공격하는 식으로 일이 진전되었다. 모든 사람의 마음은 금방 바닥이 났고, 불공평이 대기를 채웠다. 그러나 공항은 아주 더웠고, 먼지를 가득 실

아이들에게 앨범을 보여주는 남자, 러시아 스탈린그라드, 1947.

수박을 파는 사람들, 러시아 스탈린그라드, 1947.

은 뜨겁고 건조한 바람이 스텝 위로 불어왔다. 이 때문에 사람들은 신경이 예민해지고, 서로에게 신경질을 냈고, 우리도 다른 사람들처럼 신경질을 냈다.

마침내 타고 갈 비행기가 도착했다. 1인용 접이식 좌석이 있는 비행기였다. 우리만 승객으로 타기는커녕 비행기는 만원이었다. 승객 대부분은 모스크바 정도 800주년 행사를 축하하러 가는 조지아인들이었다. 이들은 자신들 짐을 비행기 한가운데 놓아서 거의 모든 자리가 이미 가득 찬 상태였다. 이들은 비행기에서 먹을 음식을 준비해왔고, 음식으로 가득 찬 여행 가방을 들고 탔다.

비행기에 올라타자 문이 닫혔고, 비행기는 숨 막힐 듯이 답답했다. 대부분의 접이식 좌석 비행기가 그렇듯이 이 비행기도 환기 장치가 없었다. 비행기 금속 동체로 쏟아지는 햇빛이 내부를 달구었다. 사람들, 피로에 지친 사람들 냄새가 대단했다. 우리는 금속 접이식 좌석에 앉았는데, 카페의 쟁반처럼 생겼고 그것보다 별로 편하지 않았다.

드디어 비행기가 이륙했다. 당연히 그렇듯이 내 옆에 앉은 사람은 짐가방을 열고 열기에 녹아내리는 날베이컨 한 덩어리를 꺼냈다. 그가 베이컨을 씹자, 기름이 턱으로 흘러내렸다. 그는 명랑한 눈을 가진 친절한 사람이었다. 그는 내게 한 조각을 권하였지만, 나는 그 시점에는 먹고 싶지가 않았다.

비행기 안은 아주 더웠지만, 고도를 높이자 반대 현상이 벌어졌다. 비행기 금속 동체에 맺힌 수분이 얼음과 서리로 변했다. 우리는 비행기 안에서 살을 에는 추위를 만났다. 우리는 얇은 옷만 입고 있어서 추위에 떨며 모스크바로 날아와야 했다. 비행기 안에 있던 불쌍한 조지아인들은 서로 몸을 껴안으며 추위를 견뎠다. 아열대 지방에서 온 이들은 추위를 경험해보지 못했다.

흐마르스키는 자신의 자리로 가서 몸을 웅크리고 꼼짝하지 않았다. 그가 우리를 미워할 거라고 생각했다. 그가 원하는 유일한 것은 모스크바로 우리를 데려간 다음, 두 번 다시 보지 않는 것이라고 생각했다. 우리는 추위에 떨며 네 시간을 비행해 모스크바에 도착했다. 그런데 흐마르스키의 그렘린이 끝까지 우리를 따라왔다. 그가 우리를 데리고 갈 차를 보내 달라고 보낸 전보가 잘못 전해져 차가 오지를 않았다. 차가 올 때까지 기다리려면 족히 두 시간을 기다려야 했다. 이때 한 야바위꾼이 나타났다. 궁지에 처했을 때마다 꼭 이 협잡꾼이 나타났다. 그가 차를 불러줄 수 있다고 했고, 아주 비싼 값을 받고 그렇게 했다. 우리는 그 차를 타고 사보이호텔로 돌아왔다.

우리는 공산주의나 사회주의 정권의 지도자들이 끈질긴 자본주의 요소를 뿌리 뽑는 데 아주 지쳤을 것이라고 생각했다. 한 곳에서 자본주의를 제거해내면, 다른 곳에서 바로 살아난다. 이것은 몸을 둘로 잘라도 각각 계속 살아남는 갯지렁이같이 생명력이 끈질기다. 모스크바에는 자본주의의 핏덩어리와 군락이 사방에서 꿈틀거리며 생명을 유지하고 있다. 암시장 사람들, 주인 차에 다른 사람을 태워 돈을 버는 운전사들, 필요할 때 나타나 뭔가를 팔고 빌려주면서 돈을 버는 야바위꾼들이 그들이다. 야바위꾼이 있는 곳에는 자본주의가 지속된다. 우리를 모스크바까지 데려다주는 가격은 300루블이었다. 그는 우리가 얼마나 버틸 수 있는지에 대한 정확한 감각을 갖고 있었다. 그는 우리의 피로, 초조, 재정상태를 재빨리 평가한 후 당당하게 300루블을 요구했고, 우리는 그 돈을 내고 차를 탔다.

스탈린그라드에서는 세수수건 외에 몸을 제대로 씻을 수가 없었고, 우리는 목욕을 향한 갈증이 컸다. 뜨거운 욕조와 몸을 푹 담그는 것, 샴푸가 그리웠다. 크레이지 엘라는 우리의 오랜 친구였고, 우리는 2층의 박제 곰을 거의 껴안다시피 했다. 그는 더 이상 무서워 보이지 않았다. 받침대 세 개만 있는 우리의 욕조는 세상에서 가장 아름답고 사치스러운 물건이었다. 새로 발견한 청결에 대한 갈망으로 우리는 두 겹, 세 겹 피부를 벗겨냈다. 카파는 머리를 샴푸로 감고 또 감았다. 그는 숱이 많고 까맣게 윤기가 도는 멋진 머리를 보여주었다. 나는 아직 심술이 나서 그가 세 번째 샴푸를 하고 나왔을 때, 그의 뒷머리가 대머리가 되기 시작했다고 놀렸다. 그러자 그는 몸을 펄쩍 뛰며 나에게 달려들더니, 강하게 부정했다. 나는 그의 손가락을 잡아 두피 위 머리를 만져보게 했다. 그가 머리카락이 없는 부분을 느낀 듯했다. 나는 카파가 거울로 볼 수 없는 부분에 손가락을 갖다 댔기 때문에 이 짓은 다소 잔인했다. 그는 한동안 머리 뒷부분을 손가락으로 더듬으며 왔다 갔다 했다. 나는 단지 심술이 나서 그렇게 한 것이다.

얼마 후 스위트 조가 찾아와서 우리는 가벼운 저녁 식사를 하고, 침대에 몸을 던져 죽은 듯이 잤다. 모스크바의 공기는 매섭고 차가워서 잠을 불러왔고, 우리는 오랫동안 깨지 않았다.

마침내 우편물들이 도착했다. 러시아에 25일 있었을 뿐인데, 몇 년간 세상 소식과 단절된 것처럼 느꼈다. 우리는 게걸스럽게 편지를 읽었다. 아주 오랜 시간 멀리 나와 있었다고 생각했지만, 고향에 있는 사람들은 우리가 그렇게 오랜 시간 외국에 나가 있다고 전혀 생각하지 않았다. 이것은 충격적이었다. 우리는 장비를 챙기고, 더러워진 옷을 세탁을 맡겼다. 카파는 필름을 정리해서 인화하도록 보냈다.

카파는 돌아온 사진 음화를 보더니 몹시 불평하기 시작했다. 나는 무슨 일이 일어났는지 알 것 같았다. 필름이 제대로 인화되지 않은 것이다. 무슨 일이든 제대로 되는 일이 없었다. 이 사진에는 곡물이 너무 많이 들어 있고, 이것은 현상 시간이 너무 길었고, 이 필름은 너무 조금 남아 있었다. 그는 극도로 화가 났다. 나는 그에게 심술이 났기 때문에 그에게 이 사진들은 세상에서 가장 멋진 사진들이라고 칭찬해주었다. 그는 나를 경멸하듯이 쳐다봤다. 나는 그에게 심통이 났기 때문에, 카메라 이외의 모든 장비를 챙겨주었다. 그의 라이터에 기름을 채워주고, 그의 연필을 깎아주고, 그의 만년

들판을 걷는 세 여자, 러시아 스탈린그라드, 1947.

필 잉크를 채워주었다.

카파는 이상한 습관이 있었다. 그는 새 라이터를 사서 기름이 떨어질 때까지 쓰면, 그것을 치워버리고 다시는 사용하지 않았다. 만년필도 마찬가지였다. 만년필 잉크가 떨어지면 잉크를 채워 넣는 법이 없었다. 연필은 심이 닳아 부러질 때까지 썼다. 그러면 이 연필은 치워버리고 새 연필을 샀다. 그는 연필심을 깎는 법이 없었다. 나는 그의 라이터에 기름을 채워주고, 그의 모든 연필심을 깎아주고, 그의 만년필에 잉크를 채워주면서 그가 세상을 다시 마주 보도록 도와주었다.

러시아에 오기 전에 우리는 이곳에 어떤 장비가 있는지 몰랐다. 그래서 우리는 프랑스에서 멋진 주머니칼을 샀다. 세상의 모든 물리적 필요를 충족시켜줄 만한 주머니칼이었다. 여기에는 가위, 줄, 송곳, 톱, 깡통따개, 병따개, 코르크 마개 뽑이, 말의 발에서 말굽을 분리시키는 기구, 먹을 때 쓰는 칼, 사람을 죽일 때 쓰는 칼, 드라이버와 끌이 장착되어 있었다. 이것으로 시계를 수리할 수 있을 뿐만 아니라 파나마운하도 수리할 수 있었다. 이것은 세상에서 가장 뛰어난 주머니칼이었다. 우리는 그 칼을 두 달이나 가지고 다녔지만, 한 일은 소시지를 자른 게 전부였다. 그래도 소시지는 아주 잘 잘렸다.

우리는 헤럴드튜리뷴 지사에 가서 지난 2주간의 신문과 이전 신문을 탐욕스럽게 읽었다. 우리는 대사관의 소식지와 영국문화센터에서 발행한 뉴스 요약을 읽었다. 연설문도 읽었다. 카파는 메트로폴호텔 안의 외국 특파원 사무실을 찾아다니며 책을 집어 나왔다.

우리는 영국 대사관 공보부가 주최한 칵테일파티에도 가보았다. 여기서는 마지못해 우리에게 초청장을 보내왔다. 우리는 파티에서 예의 없이 행동했다. 우리는 아는 사람들 모두에게 담배를 얻은 다음, 우리가 귀국하면 담배를 상자로 보내주겠다는 말도 안 되는 약속을 했다. 카파와 나는 하루에 세 번씩 목욕을 하고, 가진 비누를 다 쓰고, 다른 특파원들에게 비누를 얻었다.

정당한 불평
- 로버트 카파

나는 전혀 행복하지 않다. 10년 전 내가 작은 철십자 마크가 찍힌 비행기로부터 폭격당하는 사람들을 사진 찍는 것으로 생업을 시작했을 때, 작은 붉은 별 마크를 한 비행기들이 철십자 마크가 찍힌 비행기들을 격추시키는 것을 보았다.[48] 스페인 내전 중 마드리드에서 있었던 일이고, 이 광경을 보고 나는 아주 행복했다. 그때 나는 앞부분이 들창코 같은 모양을 한 비행기와 조종사들이 온 나라를 가서 내 눈으로 보고 싶었다. 나는 소련을 방문하여 그곳 사진을 찍고 싶었다. 그때 나는 처음 소련 방문 신청을 했다. 지난 10년 동안 나의 러시아 친구들은 매우 까탈스러웠고, 설득하기가 불가능했다. 그러나 나의 시도가 진지해지자, 사람들은 열심히 노력하는 내게 관심을 보였다. 나는 여러 번 방문 신청을 했지만, 신청에 대한 답은 없었다.

지난봄 러시아인들은 우리 쪽에서 아주 관심 밖으로 밀려

---

[48] 철십자, 붉은 별은 각각 나치와 소련군을 가리킨다.

났고, 내가 상당한 노력을 한 뒤에야 우리는 서로에게 관심을 갖게 되었다. 비행접시나 원자탄은 사진 찍기에 좋은 대상은 아니었다. 그래서 나는 너무 늦기 전에 마지막으로 한번 더 방문 신청서를 제출하기로 했다. 이번에 나는 상당한 명성을 누리고, 상당한 갈증을 가진, 나의 불쌍한 처지를 잘 이해하는 사람의 지원을 받게 되었다. 그의 이름은 존 스타인벡이고, 그의 여행 준비는 아주 독창적이었다. 우선 그는 러시아인들에게 자신을 세계 프롤레타리아의 기둥으로 간주하는 것은 큰 착오라고 말했다. 오히려 그는 서방의 퇴폐를 대변하는 사람이고, 그것도 캘리포니아의 가장 가파른 절벽만큼 서구적인 퇴폐를 서술하는 사람이라고 주장했다. 이에 더해 그는 오직 진실만을 쓸 것을 약속했고, 무엇이 진실인가라는 질문을 점잖게 받았을 때 "이것은 정말 모른다."라고 대답했다. 이렇게 시작 단계를 훌륭히 마친 다음, 그는 창문에서 뛰어내려 무릎이 부서졌다.[49]

이것은 몇 달 전 일이었다. 지금은 밤늦은 시간이고, 나는 1억 9천만 명의 러시아 사람과 네 대의 카메라와 수십 개의 인화된, 그보다 더 많은 인화되지 않을 필름과 한 명의 잠든 스타인벡에게 둘러싸여 심히 음울한 호텔 방 한가운데 앉아 있기 때문에 전혀 행복하지 않다. 1억 9천만 명의 러시아인들이 나에게 맞서고 있다. 이들은 길모퉁이에서 요란한 회

---

[49] 스타인벡은 낙상으로 다리를 다쳤지만, 카파는 어렵게 여행 준비를 마치고 부주의로 다리를 다친 그를 자살행위를 한 것처럼 묘사하고 있다.

합을 갖지도 않고, 구경거리가 될 만한 자유연애를 하지도 않고, 새로운 표정도 전혀 짓지 않는다. 이들은 아주 올곧고, 도덕적이고, 근면한 국민들이지만 사진 찍는 사람에게는 애플파이만큼 진부한 사람들이다. 게다가 이 사람들은 러시아식 생활방식을 좋아하고 사진 찍히는 것을 싫어한다. 전쟁과 혁명 사진을 찍어온 내 네 대의 카메라는 경멸받았고, 내가 셔터를 누를 때마다 무언가가 잘못되었다. 그리고 나는 한 명이 아니라 세 명의 스타인벡과 함께 있었다.

   나의 하루는 길다. 나는 스타인벡과 함께 아침을 시작한다. 잠에서 깨면 나는 조심스레 눈을 뜨고, 그가 책상 앞에 앉아 있는 것을 본다. 그는 큰 공책을 편 채 일을 하는 척한다. 그러나 실제로는 내가 잠에서 깬 기척을 보이기를 기다리며 살피고 있는 것이다. 그는 아주 배고픈 상태로 있다. 그러나 아침의 스타인벡은 아주 소심해서, 전화 수화기를 들고 러시아 웨이트리스와 말을 해보려고 하지 않는다. 결국 하는 수 없이 내가 일어나서 수화기를 들고, 영어, 프랑스어, 러시아어로 아침 식사를 주문한다. 이렇게 되면 그는 기운을 차리고, 다소 자만심에 찬다. 그는 과하게 많은 급여를 받는 시골 철학자 같은 표정을 하고 "오늘 아침 당신에게 할 질문이 있다."라고 말한다. 그는 배고픔을 참고 세 시간 동안 이것을 준비한 것이 분명하다. 그의 질문은 그리스의 식사 관습에서부터 물고기의 성생활에 이르기까지 다양하다. 나는 착한 미국인처럼 처신했고, 이런 질문에 쉽고 명쾌하게 대답할 수 있지만, 나의 민권을 방어하고, 나서서 대답을 거부하고, 이 일을 대법원으로 가져가게 놔둔다. 그는 쉽게 포기하지 않고, 자신의 우주적 지식을 자랑한다. 그는 나를 돕고 교육시키기를 바라지만, 나는 망명을 떠난다. 나는 화장실에 피난처를 찾는다. 나는 이곳을 혐오하지만 아침 식사가 올 때까지 찬물이 가득 찬, 사포로 마무리를 한 욕조에 앉아 기다린다. 때로 이런 일이 상당히 오랜 시간이 걸리기도 한다. 아침 식사 후 난 도움을 받는다. 호마르스키가 도착한다. 호마르스키의 성격에는 아침 기분이나 저녁 기분이 따로 없다. 그는 내내 아주 나쁜 성격을 보여준다.

낮 시간 동안 나는 사진 찍히기 싫어하는 1억 9천만 명의 사람과 싸워야 했고, 사진을 우습게 보는 호마르스키 씨와 싸워야 했고, 아침에는 스타인벡과 싸워야 했는데, 그는 호기심 많고 영웅을 숭배하는 러시아 국민이 내놓는 모든 질문에 친절하게 "그건 나는 잘 모릅니다."라고 꿀꿀거리며 대답했다. 이러한 중대한 발언 이후 그는 진이 빠져서 입 다문 조개처럼 입을 다물고 있었고, 커다란 땀방울이 시라노Cyrano 얼굴 같은 큰 얼굴에 맺혔다. 사진을 찍는 대신 나는 스타인벡 씨의 침묵을 지적이고 얼버무리는 문장으로 번역해야 했다. 우리는 어떤 식으로건 하루를 끝내고, 호마르스키를 보내버린 다음 숙소로 돌아온다.

반짝 정신적 스트립쇼를 한 다음 저녁 버전 스타인벡이 시작된다. 이 새로운 인물은 전화 수화기를 거뜬히 들고 명청

한 웨이터가 알아들을 수 있도록 보드카, 맥주 같은 단어를 발음한다. 어느 정도 술이 들어가면 그는 세밀하고 유창해지고, 모든 일에 대해 다양하고 확고한 의견을 갖게 된다. 이것은 아직 우리를 반기는 부인과 담배와 미국 술을 가지고 우리와의 만남을 아직 거절하지 않는 미국인들 몇 명을 찾을 때까지 계속된다. 이때쯤이면 그는 명랑한 성격을 가진 인물로 묘사될 수 있다. 파티에 예쁜 여자가 있으면 그는 늘 나를 보호하겠다는 결연한 생각을 가지고 여자와 나 사이에 자리를 잡는다. 이 시각쯤 그는 다른 사람과 말을 할 수 있고, 내가 순진한 처녀를 구해주려고 춤을 추자고 권하면, 그의 부러진 다리가 즉각적으로 우리 사이에 끼어든다.

자정이 지나면 그의 순진함은 강인함과 결합된다. 그는 이것을 한 손가락으로 과시한다. 그는 여인들의 순진한 남편들에게 손가락 게임을 아는지 묻는다. 두 신사가 테이블에 서로를 마주 보며 앉는다. 식탁보에 팔꿈치를 다닥히 대고 중지를 서로 갖다 댄다. 얼마간 실랑이 뒤 스타인벡은 남편의 손가락을 식탁보에 뉘어버린다. 그리고 사과를 한다. 어떤 때는 밤늦은 시간에 그는 누구에게나 이 게임을 제안한다. 한 번은 모든 사람이 장군이라 생각했던 러시아 신사에게 제안했다.

얼마간의 점잖은 설득과 품위에 대한 열변을 토한 후 우리는 숙소로 돌아간다. 그러면 벌써 새벽 3시가 넘는다. 저녁의 스타인벡은 그의 밤 버전으로 변형된다. 그는 침대에 누워서

2천 년 전에 쓰인 두꺼운 『호랑이 가죽을 두른 용사』[50] 시집을 손에 꼭 잡고 읽는다. 얼굴은 완전히 긴장이 풀어지고, 입도 벌어진다. 조용한 낮은 목소리의 이 남자는 아무 거리낌이나 주저 없이 코를 곤다.

나는 운 좋게도 에드 길모어에게 탐정소설을 빌려 왔다. 내가 잠들지 못한다는 것을 알기 때문이고, 아침까지 이 책을 읽을 것이다.

나는 점잖은 당신들, 미국 독자들과 당신들의 러시아 친구들에게 흐마르스키 씨가 『프라우다』에 쓰는 우리에 대한 모든 내용은 절대적인 진실임을 확신한다.

불평 끝.

---

[50] 쇼타 루스타벨리가 쓴 조지아 문학사의 기념비적 작품인 『호랑이 가죽을 두른 용사(Vepkhistkaosani/ვეფხისტყაოსანი)』. 이 작품은 기독교 정신뿐만 아니라 신플라톤주의, 동방 신앙을 조화롭게 통합하여 애국주의와 개인의 자유 등을 표현했다. 조지아 초등학생들도 이 작품의 서장을 외워 평생 잊지 않으며, 50장에 나오는 여주인공의 사랑의 고백은 결혼식에서 신부가 종종 낭독한다. 허승철 편역, 『호랑이 가죽을 두른 용사』, 문예림, 2017 참고.

7
조지아 트빌리시

러시아, 모스크바, 우크라이나, 스탈린그라드 등 내가 어디에 있든 마법 같은 조지아라는 이름이 계속 떠올랐다. 그곳에 가보지 못한 사람들과 절대 가볼 수 없는 사람들은 동경과 경탄의 마음으로 조지아를 이야기한다. 조지아 사람들은 슈퍼맨이고, 대단한 음주가, 뛰어난 무용가, 위대한 음악가, 위대한 노동자이고 사랑꾼이라고 이야기한다. 그리고 이들은 캅카스와 흑해 둘레에 있는 이 나라를 두 번째 천국이라고 말한다. 실제로 우리는 러시아인들이 선량하고 덕이 있는 생을 마치면, 그들은 천국으로 가는 것이 아니라 조지아로 간다고 믿게 되었다. 조지아는 기후가 뛰어나고 토양이 비옥한 나라이고, 자신만의 작은 태양도 가지고 있다. 국가에 큰 공훈을 세운 사람은 조지아 여행이라는 보상을 받는다. 조지아는 오랫동안 병고에 시달린 사람들이 건강을 회복하는 장소이다. 독일군이 비행기나 지상군으로 조지아에 도달하지 못했기 때문에, 전쟁 중에도 이곳은 사람들이 염원하는 곳이었다. 이곳은 2차세계대전 중 전혀 피해를 입지 않은 장소 중

한 곳이다.

  우리는 할 수 없이 아침 이른 시간 모스크바 공항으로 나가 한 시간 반을 공항 VIP실에 앉아 스탈린 초상화 아래서 차를 마셨다. 늘 그래왔듯이 떠나기 전날 파티가 있었고, 거의 잠을 자지 못했다. 우리는 비행기에 올라 비행기가 로스토프Rostov에 착륙할 때까지 잠에 곯아떨어졌다. 공항 활주로는 심하게 파손되어 있었고, 많은 전쟁 포로들이 시설 복구 작업을 하고 있었다. 멀리서도 전쟁 중 엄청난 포격을 당해 파괴된 도시를 볼 수 있었다.

  우리는 끝나지 않을 것 같은 평원을 지나, 마침내 멀리 산악을 볼 수 있었다. 우리는 오랫동안 산이라고는 보지 못했다. 대단한 산들이었다. 비행기는 고도를 높여 캅카스산맥 위를 높이 날았다. 높은 산봉우리와 날카로운 계곡이 보였고, 그 사이에 강이 흐르고 오래된 마을들이 보였다. 여름인데도 산봉우리 중 일부는 눈에 덮여 있었다. 지겹도록 평원을 보곤 산을 다시 보니 유쾌한 친근감이 들었다.

  비행기는 고도를 더 높였고, 멀리 흑해가 보였다. 비행기는 흑해로 접근해 육지 가장자리를 따라 날았다. 아주 아름다운 땅이었다. 언덕은 바닷가까지 이어졌고, 산등성이는 멋진 나무들과 검은 사이프러스와 울창한 나뭇잎들이 뒤덮었다. 언덕 사이에는 마을과 커다란 집들, 병원들이 있었다. 흑해는 태평양같이 파도가 거세거나 거칠지 않았고, 해안에는 암벽이 많았다. 바다는 아주 파랗고, 아주 고요했고, 해변은 하얀 모래로 덮여 있었다.

  우리 비행기는 해안을 따라 오래 날다가, 결국 바닷가에 띠처럼 펼쳐진 녹색 풀밭인 수후미[51]에 착륙했다. 풀은 아주 푸르렀고, 공항에는 유칼립투스가 줄지어 서 있었고, 러시아에서 이 나무를 본 것은 처음이었다. 건축물은 동양식이었고, 사방에 꽃이 피고 꽃이 맺힌 나무들이 있었다. 작은 공항 앞에는 과일을 파는 여인들이 줄을 지어 서 있었다. 포도와 멜론, 무화과와 빛깔 좋은 복숭아와 수박을 팔았다. 우리는 포도와 복숭아, 무화과를 샀다. 비행기를 타고 온 사람들은 과일을 허겁지겁 먹어댔다. 북쪽에서 온 사람들은 과일을 실컷 먹을 기회가 없었다. 이들은 과식을 했고, 이들의 위장과 체질은 과일에 익숙하지 않아 결국 여러 사람이 후에 배탈이 났다. 과식은 문제를 일으킬 수 있었고, 정말 그랬다.

  우리는 20분 뒤에 트빌리시로 떠나게 되어 있었지만, 비행기 승무원들은 생각이 달랐다. 이들은 차를 빌려 바다로 수영을 하러 가서 두 시간을 보냈다. 그동안 우리는 공항의 꽃밭을 산책했다. 우리도 수영을 하러 가고 싶었지만, 비행기가 20분 만에 떠나지는 않는다는 걸 알지 못했다. 대기는 따뜻했고 습도가 느껴졌고 소금 냄새가 났다. 모든 식물이 울창하게 자라서 푸르고 무성했다. 그곳은 정말 아열대 정원이었다.

---

51 **수후미(Sukhumi)** 조지아에서 분리 독립을 선언한 압하스의 수도로 흑해 연안의 유명한 휴양지이다.

조지아 사람들은 뭔가 다르게 생겼다. 이들은 피부가 검고 집시처럼 생겼다. 빛나는 치아와 길고 잘생긴 코, 검은 곱슬머리를 하고 있었다. 거의 모든 남자들이 콧수염을 기르고 있었고, 여자들보다 멋져 보였다. 이들은 호리호리하고 에너지 넘쳤고, 검은 눈은 빛나고 있었다. 우리는 이 사람들이 바빌론이 도시가 되기 이전에 유프라테스 계곡에서 나온 고대의 셈족 후예라는 것을 책에서 읽고, 다른 사람에게서 들었다. 이들은 수메리아인들이고, 이들의 혈통은 세계에서 가장 오래되었다고 들었다. 이들은 격정적이고, 자존심이 강하며, 맹렬하고, 명랑하다. 소련의 다른 민족들은 이들을 감탄한다. 이들은 언제나 힘과 생명력과 위대한 기마병이자 전사인 자신들의 능력을 얘기한다. 그리고 조지아 남자들은 러시아 여인들을 쉽게 쟁취한다. 그들은 시와 음악, 춤의 민족이고, 전통에 의하면 뛰어난 사랑꾼들이다. 그리고 분명한 것은 이들은 자연의 축복을 받은 나라에서 살고 있고, 이 터전을 지키기 위해 2천 년을 싸워왔다.

2시가 되기 직전 승무원들이 돌아왔다. 흑해에서 수영을 한 이들의 머리는 아직 젖어 있었다. 땀에 젖은 우리는 이들처럼 수영을 했으면 좋았겠다는 생각을 했다. 날씨는 아주 더웠고, 승객 중 일부는 생과일을 너무 먹은 후유증이 나타났다. 애들 몇 명도 벌써 아픈 증세를 보였다.

우리 비행기는 다시 이륙했고, 바다를 따라 낮게 날다가 다시 고도를 높여 높게 상승했다. 비행기는 캘리포니아 산들처럼 삭막하고 누런 산 위를 날았다. 산 사이 주름이 잡힌 곳에는 작은 개울이 흐르고 있었고, 개울가에 야채밭과 마을들이 보였다. 이곳의 산은 황량하고 으스스했고, 눈이 부시게 빛을 반사하고 있었다. 우리는 계곡을 따라 날았고, 산 정상과 나란히 날다가 트빌리시 계곡으로 들어왔다.

뉴멕시코 같아 보이는 거대한 건조한 계곡이었다. 지상에 착륙하자 바다에서 멀리 떨어진 이곳은 뜨겁고 건조했지만, 열기가 상쾌하게 느껴졌고, 불쾌한 느낌은 전혀 들지 않았다. 높은 산들로 둘러싸인 이 평평한 계곡은 공중에서 보면 거의 황량하게 보였다.

우리는 커다란 비행장에 착륙했다. 활주로에는 많은 비행기가 있었고, 러시아 전투기들도 있었다. 전투기 두 대가 착륙하자 두 대가 이륙했고, 비행장 주변을 계속 윙윙거리며 날았다. 아마도 이 비행기들은 여기서 멀리 떨어지지 않은 터키와의 국경 지역을 정찰하는 것 같았다.

우리 오른쪽에 보이는 높은 절벽에는 고대 요새가 보였다. 총안銃眼이 나 있는 거대한 요새는 하늘을 배경으로 검게 보였다.

흐마르스키가 우리와 다시 함께 있게 되었다. 우리는 휴전을 선언했다. 우리가 스탈린그라드에 갔을 때보다 그는 우리를 좀 더 친절히 대하고, 우리도 그를 좀 더 잘 대했다. 그도 조지아에 와본 적이 없었다.

트빌리시의 대외문화교류처 대표자들을 만났다. 이들은

큰 차를 가지고 왔고, 친절한 사람들이었다. 우리는 건조한 평원을 지나 산속 계곡으로 들어섰다. 계곡 안에 오랜 세월 동안 남쪽과 북쪽의 주요 통로가 된 아름다운 도시 트빌리시가 자리 잡고 있었다. 양쪽 언덕에는 오래된 요새들이 줄지어 있었고, 도시 자체도 언덕 위에 있는 요새가 장악하고 있었다. 이 좁은 통로를 통해 모든 민족이 이동했고 이주해왔기 때문에 계곡 양쪽에도 요새들이 위치했다. 남쪽으로부터는 페르시아인들, 이란인들, 이라크인들이, 북쪽으로부터는 타타르인들과 다른 약탈자들이 침입해왔다. 그리고 이 좁은 계곡에서 전투가 벌어졌고, 요새가 만들어졌다.

도시의 일부는 아주 오래되었고, 양쪽에 높은 절벽이 있는 강이 계곡을 흐르고 있었다. 높은 절벽 위에는 오래된 집들이 다닥다닥 붙어 있었다. 모스크바가 올해 정도 800주년을 기념하는 데 반해, 트빌리시는 정도 1,500주년을 기념한다니 이 도시가 오래된 것은 틀림없다. 그러나 여기는 새 수도이고, 고대 수도는 강을 따라 30킬로미터 정도 떨어진 곳에 있었다.

트빌리시의 거리는 넓고 나무에 덮여 있었지만, 많은 건물들은 현대식으로 지어졌다. 거리는 양쪽에서 언덕으로 올라갔다. 언덕 제일 꼭대기 서쪽 부분에 운동장과 공원이 있었고, 절벽을 따라 케이블 철도가 이곳까지 운행되었다. 공원은 거대했고 내부에 커다란 식당이 있었다. 공원에서는 수 킬로미터에 걸친 계곡을 내려다볼 수 있었다. 시의 중심부인 절벽 위에는 거대한 둥근 탑과 도시 요새의 총안 벽이 폐허가 되어 으스스하게 서 있었다.

시내와 산등성이에는 오래된 교회들이 있었다. 조지아인들은 기독교를 4세기에 받아들였고, 지금도 사용하는 교회는 그때 세워진 것이다. 트빌리시는 수많은 고대 전설과 아마도 수많은 고대 유령 이야기의 도시이다. 이슬람이었던 페르시아 왕에 대한 이야기가 있다. 그는 병사들을 모아놓고 붙잡은 트빌리시 주민들을 강 위의 다리로 끌고 왔다. 성모 마리아 그림을 세워놓은 뒤 그림에 침을 뱉는 사람은 놓아주고, 거절하는 사람은 모두 그 자리에서 목을 베었다. 전설에 따르면 그날 수천 명의 머리가 강에 떨어졌다고 한다.

트빌리시 사람들은 다른 데서 본 사람들보다 옷을 잘 입었고, 잘생겼고, 러시아에서 본 어떤 사람들보다도 생기 넘쳤다. 거리에는 쾌활함과 색깔이 있었다. 사람들이 입고 있는 옷이 멋졌고, 여인들은 머리에 예쁜 색의 머릿수건을 둘렀다

도시는 믿기지 않을 정도로 깨끗했다. 내가 처음으로 본 깨끗한 동양의 도시였다. 도시를 가로지르는 강에는 어린 소년들 수백 명이 수영을 하고 있었다. 오랜 세월로 무너진 건물을 빼고, 이곳에는 아무런 파괴의 흔적이 없었다.

대외문화교류처는 트빌리시에 크고 효율적인 조직을 갖추고 있었다. 그 이유는 트빌리시가 관광 도시이고, 대외문화교류처가 외국 손님뿐 아니라 소련의 다른 공화국에서 오는 손님들도 맞아야 했기 때문이다. 대외문화교류처 사람들은 우

쿠라(Kura)강에서 물놀이하는 어린이들, 조지아 트빌리시, 1947.

리를 자기네 건물로 초대했다. 건물은 아주 인상적이었다. 밤 늦은 시간이었지만, 아주 훌륭한 케이크와 조지아 와인을 대접했고, 같이 얘기하며 와인을 마시기를 원했다. 그러나 우리는 엄청나게 피곤했다. 우리는 나중에 그들이 원하는 만큼 얘기를 나누겠지만, 지금은 잠을 자러 가야 한다고 말했다.

우리가 조지아에 머무는 동안 흐마르스키의 그렘린은 거의 나타나지 않았고, 이 덕에 우리는 그를 대하며 좋은 기분을 가질 수 있었고, 그도 우리를 대하며 기분이 좋았다.

우리는 인투어리스트 호텔에 커다란 방 두 개를 배정받았다. 방에서 거리를 내려다볼 수 있었고, 삼면에 창이 나 있어서 창을 통해 부드러운 바람이 들어왔다. 머물기에 아주 쾌적했다. 그러나 한 가지 문제가 있었는데, 그것은 아침 식사였다. 호텔에 머무는 내내 우리는 일찍 아침을 먹으려고 했지만, 결코 그러지 못했다. 아침 식사는 준비가 다 된 다음에야 서빙되었다.

아침에 우리는 일찍 일어났다. 도시가 우리를 매혹했고, 가능한 한 도시를 많이 보고 싶었다. 운전사는 늘 그랬던 것처럼 아주 좋은 사람이었다. 기마병으로 전쟁에 참전했었고, 무엇보다도 좋은 것은 지프차를 몰았다. 하지만 지프라고 해서 누구에게나 좋은 면을 이끌어내는 건 아니다. 기마병은 지프를 탄 카우보이가 되었다. 그는 지프를 몰아 언덕을 거의 수직으로 올라갈 수 있었고, 채찍을 휘두르며 코너를 돌 수 있었고, 배수로도 건너뛸 수 있었기 때문에 지프차를 좋아했다. 지프차는 개울물에 뛰어들어 물보라를 튀기고 반대편으로 올라갈 수 있었다. 그는 미친 사람처럼 지프를 몰았고, 아무것도 두려워하지 않았다. 다른 차와 엉킬 때 극도로 화가 난 다른 운전자들이 그를 코너에 몰아세우면 격렬한 조지아 말싸움이 오갔다. 그러면 우리 운전사는 미소를 한 번 짓고 차를 몰고 벗어났다. 그는 모든 싸움에서 이겼다. 우리는 그를 좋아했다. 그는 러시아에서 우리가 만난 사람 중 경찰에 대해 우리와 똑같은 생각을 가진 최초의 사람이었다. 그가 차를 몰 때 검은 곱슬머리가 사방으로 휘날렸다. 그는 절대 차를 멈추고 싶어 하지 않았다.

그는 굉음을 내며 언덕으로 지프를 몰아 오래된 조지아식 목조 건물이 보존되어 있는 도시의 오래된 구역으로 우리를 데려갔다. 여기에는 개방된 넓은 발코니를 가진 2, 3층짜리 신기한 집들이 많았다. 벽의 부조와 색 장식이 아주 이국적이었다.

우리는 산마루로 올라가 둥근 탑과 두꺼운 벽을 가진 오래된 요새로 갔다. 요새는 포격이 아니면 절대 정복될 수 없었다. 포격 외에는 이 요새를 공략할 방법이 없었다.

우리는 시내의 아열대 정원을 산책했다. 아름다운 꽃들과 나무들, 전에 보지 못한 신기한 식물들이 자라고 있었다. 시원했고, 시내가 정원 안을 흐르고 있었다.

우리는 트빌리시에서 이방인같이 느껴지지 않았다. 트빌리시는 찾는 손님이 많았고, 외국인들에게 익숙해져 있었다.

그래서 우리는 키예프에서처럼 유별나게 눈에 띄지 않아 편한 분위기를 느꼈다.

트빌리시에는 많은 성당이 있었다. 트빌리시는 지금과 마찬가지로 종교적 관용이 넘치던 도시였다. 도시에는 오래된 시너고그도 있고, 이슬람 사원도 있었다. 그 어느 것도 파괴된 적 없었다.

시내를 내려다보는 언덕 높은 곳에 다비드성당이 있었다. 단순하면서도 아름다운 이 성당은 7세기에 지어진 것으로 알고 있다. 우리 운전사는 최대한 갈 수 있는 데까지 지프를 몰았고, 나머지 길은 걸어서 올라갔다. 많은 사람들이 성당으로 이어지는 구불구불한 길을 올라가고 있었다. 사람들은 예배를 드리러 올라가는 중이었다.

이 오래된 성당은 조지아 시민들의 많은 사랑을 받고 있었다. 위대한 조지아 작가들과 음악가들의 묘지가 성당터 안에 있었다. 스탈린의 어머니도 수박한 비석 아래 묻혀 있다. 한 작곡가의 무덤 끝에 나이 든 여자 셋과 한 노인이 앉아서 오래된 방식의 신비스러운 음악의 호칭기도를 하고 있었다.

오래된 성당 안에는 예배가 진행 중이었고 찬송 소리가 더 들렸다. 사람들이 줄을 지어 나왔고, 몇몇은 줄에서 벗어나 성당 마당으로 가더니 각자 무릎을 꿇고 성당 모서리에 입을 맞추었다.

이곳은 멀고 평화로운 곳이었다. 저 아래 타일 지붕을 한 집들이 모여 있는 도시가 보였다. 우리는 12세기 위대한 군주인 타마르 여왕[52]이 만들었다는 식물원을 볼 수 있었다. 그녀는 이 도시에 영웅적 흔적을 남겼다. 타마르 여왕은 아름다웠고 자상했으며 용맹스러웠다. 그녀는 국가를 잘 운영했고 뛰어난 건축물도 지었다. 요새들을 짓고, 시인과 음악가들을 모았다. 그녀는 엘리자베스나 아라곤의 캐서린,[53] 아키텐의 엘레오노르[54] 같은 동화 속 여왕 중 한 명이다.

우리가 다비드성당 탑에서 내려왔을 때, 성당의 종이 크게 울렸고, 우리는 성당 안으로 들어갔다. 장식이 풍부했고 동양식 느낌이었다. 성상들은 향과 오랜 세월로 검게 변해 있었다. 성당 안은 사람이 가득 찼다. 예배는 백발에 황금관을 쓴 나이 든 사제가 진행했는데, 그 모습이 너무 아름다워서 현실 같아 보이지가 않았다. 이 늙은 사제는 총대주교라고 불렸고, 조지아 정교회의 수장이었다. 그의 예복은 황금천으로 만들어졌다. 예배에는 장엄함이 넘쳤고, 성가 음악은 다른 무엇에도 비교할 수 없었다. 향이 성당의 높은 천장으로 올라가고, 창을 통해 들어온 햇빛이 그 모습을 비췄다.

카파는 연달아 사진을 찍었다. 그가 조용히 움직이며 눈에 띄지 않게 사진을 찍는 것을 보자면 경이로웠다. 그는 2층

---

52 11세기 말부터 조지아 전성기를 이끈 왕으로 뛰어난 외교술과 군사력으로 조지아의 영토와 영향력을 크게 확대했다. 영웅서사시 「호랑이 가죽을 두른 용사」를 비롯 많은 시와 노래가 타마르 여왕에게 헌정되었다.

53 **아라곤의 캐서린(Catherine of Aragon, 1485-1536)** 영국 왕 헨리 7세의 황태자 아서의 첫 번째 왕비.

54 **아키텐의 엘레오노르(Eleanor of Aquitaine, 1122-1204)** 프랑스 왕비, 영국 왕, 아키텐의 여공작으로 12세기 서유럽에서 가장 많은 부와 권력을 누린 여왕.

성 다비드성당 미사를 집전하는 총대주교, 조지아 트빌리시, 1947.

성가대석으로 올라가 사진을 더 찍었다.

이제 나의 설명에서 박물관에 대한 얘기는 그만하려고 했지만, 우리는 박물관들을 또 보았고, 가는 곳마다 박물관을 보았다. 카파가 말한 대로 박물관은 현대 러시아의 성당이고, 이곳을 보지 않는 것은 성당을 찾아가지 않는 것과 같았다. 그리고 박물관들은 모두 비슷했다. 박물관에는 혁명 전의 러시아를 보여주는 한 코너가 있었다. 선사시대부터 1918년까지를 전시했다. 박물관은 최소한 절반은 러시아혁명 이후를 보여주었고, 러시아가 이룬 업적, 여기에 헌신한 사람들, 혁명의 위대한 영웅들과 혁명 장면들이 전시되어 있었다.

트빌리시에는 두 개의 박물관이 있었다. 하나는 시 박물관이었다. 도시 산마루 끝에 있는 이 박물관에는 멋진 고대 가옥들의 축소 모델과 고대 도시 모형이 전시되어 있었다. 그러나 이 박물관에서 가장 흥미로웠던 것은 박물관 큐레이터였다. 전직 배우였음이 틀림없을 그는 크게 소리 지르고 제스처를 취했다. 그는 연기하듯이 연설을 했다. 그는 울고 웃었다. 그의 가장 멋진 제스처는 큰 소리로 말하며 오른팔을 넓게 뻗치는 것이었다. 그는 오로지 조지아어로만 말하며 이 오랜 도시의 명성에 대해 설명했다. 그가 너무 말을 빨리해서 아무도 통역을 할 수 없었다. 흐마르스키는 조지아어를 못했기 때문에 어쨌건 통역은 불가능했다. 우리는 귀가 먹은 듯한 느낌으로 박물관을 나왔지만, 기분이 좋았다.

이 박물관으로 오는 산비탈 길에는 소련에서 가장 크고 웅장한 스탈린 초상화가 설치되어 있었다. 수백 미터 높이에 달하는 거대한 그림이었고, 가장자리는 네온으로 장식되었다. 지금은 네온등이 망가졌지만, 켜졌을 때는 45킬로미터 밖에서도 보였다고 한다.

볼 것이 너무나 많았지만, 볼 시간은 너무 적었다. 그래서 우리는 어디를 가든 뛰어다니는 것 같았다.

오후에 트빌리시와 키예프를 대표하는 두 팀의 축구 경기를 보러 갔다. 두 팀은 잘 싸웠고, 경기 속도도 빨랐다. 거대한 스타디움에서 격렬한 경기가 벌어졌다. 지역팀 간의 시합은 아주 인기 있었기 때문에 최소한 4만 명의 관중이 모였고, 관중은 매우 흥분하였다. 경쟁이 치열했고, 경기가 거칠고 빨랐지만 감정이 표출되는 일은 없었다. 시합 내내 딱 한 번 작은 논쟁이 발생했다. 최종 스코어는 2 대 2, 비둘기 두 마리를 풀어 날게 하면서 시합이 끝났다. 예부터 조지아에서는 모든 시합과 싸움에서 승리하는 경우 흰 비둘기를, 지는 경우에는 검은 비둘기 한 마리를 날렸다. 그러면 이 비둘기들이 자연스레 승패 소식을 조지아의 다른 도시에 알렸다. 오늘 시합은 무승부로 끝났고, 그래서 한 마리씩 띄워진 검은 비둘기와 흰 비둘기는 스타디움에서 멀리 날아갔다.

축구는 소련에서 가장 인기 있는 스포츠이며, 지역 간 대항전은 다른 어느 스포츠보다 더 큰 흥분과 감정을 불러일으킨다. 우리가 러시아에 머무는 동안 들은 유일한 열띤 논쟁은 축구에 관한 것이었다.

우리는 트빌리시의 백화점을 구경하였는데, 사람들로 인산인해였다. 진열대에는 꽤 많은 상품들이 있었다. 그러나 가격, 특히 옷값은 아주 비쌌다. 면셔츠는 65루블, 고무장화가 300루블, 포터블 타자기는 3,000루블이었다.

우리는 오후 내내 공공수영장과 공원을 돌아다녔다. 노동자 공원에서 아주 예쁘게 생긴 어린이용 기차를 보았다. 모든 장치를 제대로 갖춘 작은 진짜 기차였다. 기관사와 신호수와 역장과 기관사 조수 모두 어린이들이었다. 이들은 누가 더 일을 잘하는지 경쟁을 통해서 자신의 직무를 맡았다. 이들은 어린이, 어른 모두를 위해 이 기차를 운행했다. 우리는 트빌리시 어린이들의 초청을 받고 우즈베키스탄에서 온 어린이대표단과 함께 기차를 탔다. 이 아이들은 오후 내내 기차를 탔다. 기관사를 맡은 어린이는 아주 자랑스러워했다. 기차역은 철로를 통제하는 모든 시설을 가지고 있었고, 단지 작기만 했다. 각자 맡은 임무를 수행하는 어린이들은 제대로 격식을 차렸다. 어린이 철도의 철도원이 되는 것은 트빌리시 어린이들에게 아주 영예로운 일이었고, 일을 맡은 어린이들은 자신의 일을 아주 열심히 했다.

조지아 음식은 소련 전체에 유명하지만, 우리 호텔은 그 소문을 듣지 못한 듯했다. 우리는 호텔 음식 메뉴에 조금 지쳤다. 계속해서 샤실리크와 잘게 썬 토마토만 나왔다. 그날 밤, 흐마르스키와 우리는 다른 레스토랑에 가보기로 했다. 트빌리시호텔로 갔다. 그곳 식당은 대성당의 신자석처럼 넓었다. 대리석 기둥이 천장을 떠받치고 있었고, 오케스트라가 귀에 거슬리는 시끄러운 음악을 연주하고 있었지만, 음식은 거의 없었다. 샤실리크 대신에 우리는 튀긴 소고기 요리와 역시 잘게 썬 토마토를 먹었다.

식사를 하고 있을 때 웨이터가 다가오더니 말했다. "여자분이 두 신사 중 한 분과 춤을 추고 싶어 합니다."

흐마르스키는 그 말을 통역해주었지만 마땅치 않다는 듯이 웨이터를 쳐다보았다. 그는 "틀림없이 창녀일 겁니다."라고 말했다.

"창녀면 어때요? 그런데 그 여자 예뻐요?"라고 우리가 물었다.

흐마르스키는 얼굴을 찡그렸다. 식탁에서 그가 앉은 자리에서만 그녀를 볼 수 있었다. "아니요. 못생겼어요." 그가 말했다.

"그런 여자는 없애야 한다고 생각해요. 그녀는 사회적 악이에요. 우리 생각에 못생긴 창녀는 사회 구조 전체에 위협이 됩니다. 가장과 안전, 모성애, 기타 모든 일에 위협이 됩니다."라고 우리는 말했다.

흐마르스키도 침울하게 고개를 끄덕이더니 우리 말에 동의했다. 우리가 어떤 일에건 의견이 서로 맞은 건 사실상 이번이 처음이었다.

우리는 말했다. "반대로 그녀가 예쁘다면 정상참작을 할 상황이 있을 거예요. 무언가 사회적 불공정이 있어요. 그녀가 예쁘다면 우리는 그녀의 배경을 조사해서, 어떤 사회적 어려움 때문에 그녀가 창녀가 되었는지 알아내야 하고, 그녀를 정상적 일상으로 돌아가도록 유도해야 해요."

흐마르스키는 의심이 가득한 탐문하는 듯한 눈초리로 우리를 쳐다보았다. 그는 우리들을 그렇게 신뢰하지 않았다.

우리는 창녀에게 등을 돌리고 있었지만 결국 잠시 그녀를 훔쳐볼 수 있었다. 그가 옳았다. 그녀는 예쁘지 않았고, 그녀를 제거했는지 아닌지는 알 수가 없었다.

트빌리시의 여름밤은 환상적이었다. 부드럽고 가볍고 건조한 공기가 가득 찼다. 젊은 남녀들이 하릴없이 거리를 걸

절벽 위 집들이 보이는 트빌리시 전경, 조지아 트빌리시, 1947.

으며 그들의 시간을 즐기고 있었다. 젊은 남자들의 옷차림은 멋졌다. 하얀 실크 튜닉에 허리에 벨트를 두르고, 길고 좁은 바지에 부드러운 검은 가죽 장화를 신었다. 조지아 남자들은 아주 잘생긴 종족이다.

오래된 주택 발코니에서 우리는 만돌린 같은 소리를 내는 현악기 반주에 맞춘 낯선 노랫소리를 들을 수 있었다. 어두운 거리에서는 가끔 플루트 소리가 들려왔다.

조지아 사람들은 우리가 지금까지 봐온 사람들 중 가장 여유가 있었고, 정열적이며 기쁨에 넘쳤다. 아마 그래서 러시아 사람들이 이 사람들을 존경하는 듯했다. 아마도 이것이 러시아 사람들이 동경하는 것인지도 몰랐다.

서쪽 산 위에 거대한 달이 떠올랐고, 도시는 더욱 신비스럽게 보였다. 산등성이에 있는 오래된 거대한 검은 성이 달 앞에 우뚝 서 있었다. 만약 세계 어딘가에 유령이 있다면 그들은 여기에 있을 것이 틀림없었다. 만일 어딘가에 타마르 여왕의 유령이 있다면, 그녀는 그날 밤 달빛 아래 산등성이를 걷고 있었을 것이다.

8
조지아 여행

트빌리시 작가협회가 우리를 작은 연회에 초청했다. 이 모임은 아주 진지한 문학 모임이었고, 우리는 그렇게 문학적인 사람들이 아니라서 겁을 먹었다는 것을 인정하지 않을 수 없다. 그리고 우리는 현재 조지아 사람들이 자신들의 문학을 아주 진지하게 생각한다는 것을 알았다. 조지아 사람들은 시와 음악으로 세계 문화에 크게 기여했고, 이들의 시는 아주 오랜 역사를 가지고 있다. 조지아의 시는 일부가 아니라 모든 사람이 읽는다. 언덕에 있는 묘지에서 우리는 이들의 시인들이 왕들과 같은 위치에 묻혀 있는 것을 보았다. 많은 경우 왕은 잊혀졌지만 시인은 기억되었다. 『호랑이 가죽을 두른 용사』라는 장시를 쓴 고대 시인인 쇼타 루스타벨리는 조지아에서 거의 민족적 영웅으로 추앙된다. 어린이들도 그의 시구를 읽고 암송하고, 그의 초상이 곳곳에 있다.

작가들 모임이 다소 껄끄럽지 않을까 걱정되었지만 결국 가게 되었다. 약 스무 명의 남자와 세 명의 여자가 우리를 맞았다. 우리는 커다란 방에 빙 둘러놓은 의자에 앉아 서로를 마주 보았다. 환영사가 있었고, 쉴 틈 없이 환영자는 "자, 이제 아무개 씨가 조지아 문학의 약사를 읽겠습니다."라고 말했다.

내 오른쪽에 있던 남자가 종이 다발을 풀었다. 원고가 타이핑되어 있었고, 줄 간격이 촘촘한 것이 보였다. 그는 읽기 시작했고 나는 통역이 되기를 기다렸다. 한 단락이 끝난 다음 나는 그가 영어로 읽고 있다는 것을 깨달았다. 나는 그가 하는 말의 열 단어 중 한 단어 정도만 이해할 수 있었고 아주 신기했다. 그의 발음은 매우 신기해서 그가 읽는 단어는 영어였지만, 그가 읽을 때 이것은 영어같이 들리지 않았다. 그는 타자로 친 원고 20페이지를 읽어 내려갔다.

나는 조금 있다가 그 원고를 받아서 살펴보았다. 그것은 고대 시대부터 현재까지 조지아 문학의 역사를 짧게 요약한 것이었다.

방 안에 있는 사람들 대부분이 영어를 이해하지 못했기 때문에 이들은 순진한 미소를 짓고 앉아 있었다. 이들이 보기에 그 사람은 완벽한 영어를 구사하고 있었다. 그가 읽기를 마치자 처음 발언을 한 사람이 우리에게 "무슨 질문이 있습니까?"라고 물었다.

나는 읽은 내용을 거의 이해하지 못했기 때문에 아무 질문이 없다고 말할 수밖에 없었다.

방 안은 아주 더워서 나와 카파는 배가 아파왔고, 몸이 불편했다.

이제 한 여인이 일어났고, 그녀 손에도 원고 뭉치가 들려 있었다. "나는 영어로 번역한 조지아 시를 읽겠습니다."라고 그녀는 말했다.

그녀의 영어 실력은 좋았으나, 나는 복통을 느껴서 이의를 제기해야 했다. 나는 조용히 혼자 시를 읽는 것을 좋아하고, 그런 방식으로 시에서 훨씬 많은 감흥을 받는다고 얘기했다. 이것은 사실이었다. 나는 그녀에게 그 시를 내게 주면 혼자 그것을 읽고, 더 잘 감상할 수 있다고 말했다. 내 생각에 이 말에 그녀의 감정이 상했지만, 나는 그렇게 되기를 바라지 않았다. 그러나 실제로 그녀는 감정이 상했고, 나는 비참해졌다. 그녀는 퉁명스럽게 반응했다. 그녀는 자신이 가진 것이 유일한 원고라고 말하며 손에서 원고를 놓아주지 않았다.

늘 그렇듯이 미국 작가들에 대한 질문이 쏟아졌다. 그래서 이제까지 그래왔듯이, 우리는 대답할 준비가 되어 있지 않았다. 이런 질문을 받을 것을 미국을 떠나기 전 알았더라면, 우리는 좀 더 공부를 해왔을 것이다. 미국의 신인 작가들은 어떻게 등단하는지 물어왔다. 우리는 존 허시John Hersey와 『갤러리The Gallery』를 쓴 존 혼 번스John Horne Burns와 소설가처럼 그림을 그리는 빌 몰딘Bill Mauldin에 대해 중얼거리듯 우물쭈물 말했다. 우리는 이런 상황에 경악스러울 정도로 준비가 되어 있지 않았다. 실제 사실은 우리가 최근 소설을 많이 읽지 않았다는 것이다. 한 사람이 조지아인들이 미국에 잘 알려져 있는지 물었다. 무용가 게오르게 발란친[55]을 빼고, 우리가 떠올릴 수 있는 사람은 수백만 불의 자산을 가진 미국 여자들과 결혼한 조지아 삼 형제뿐이었다. 므드바니[56]라는 이름은 현대 조지아 작가들에게 큰 감흥을 불러일으키지 못했다.

조지아 작가들은 아주 엄격하고 진지했다. 스탈린은 '작가는 인간 영혼의 건축가'라고 말했지만, 미국에서 작가는 전혀 무엇의 건축가라고 여겨지지 않고, 그가 죽은 다음에 겨우 인정되어서 25년 뒤에는 조심스럽게 치워지는 존재라는 것을 이들에게 설명하기 어려웠다.

미국인들과 소련 사람들 사이에 작가에 대한 태도와 작가가 체제에 가진 태도만큼 크게 차이가 나는 것은 없다. 소련에서 작가의 임무는 격려하고, 축하하고, 설명하는 것이고, 모든 면에서 소련 체제를 앞으로 나아가게 하는 것이었다. 이와 대조적으로 미국과 영국에서 좋은 작가는 사회의 감시인이다. 그는 사회의 우매함을 풍자하고, 사회의 부당성을 공격하고, 사회의 결함을 낙인찍는다. 이것이 미국 사회나 정부가 작가를 별로 좋아하지 않는 바로 그 이유이다. 두 나라에서 작가는 문학에 대해 완전히 반대되는 접근을 하고 있

---

55 게오르게 발란친(George Balanchine, 1904-1983) 20세기 최고의 무용연출가 중 한 명으로 꼽히며 러시아의 제국무용학교에서 뛰어난 제자들을 길러냈고, 미국 뉴욕시립발레단 단장을 역임하며 미국 발레에도 큰 영향을 미쳤다.

56 므드바니(Mdvani) 1921년 볼셰비키가 조지아를 장악하자 프랑스로 탈출한 므드바니 장군과 부인 엘리자베스가 낳은 다섯 자녀(아들 셋, 딸 둘)는 모두 미국에서 부유한 집안과 결혼했고 '결혼 잘하는 므드바니(Marrying Mdvani)'라는 표현이 생겼다.

다. 톨스토이, 도스토옙스키, 투르네게프, 체호프와 고리키의 초기 작품 시기 같은 위대한 러시아 작가들의 시기에는 러시아인들에게도 이것이 진실이었다. 문학작품을 쓰는 것에 대한 영혼의 건설자 접근법이 사회에 대한 감시인이란 접근법만큼 위대한 작품을 만들어낼지는 시간이 말해줄 것이다. 그러나 아직까지는 영혼의 건설자 학파가 위대한 작품을 만들어내지는 못했다는 것을 인정해야 한다.

작가들과의 모임을 마칠 때 방 안은 아주 더웠다. 우리는 땀을 많이 흘렸고 수시로 바지에 땀에 젖은 손을 닦아가며 작가들과 작별의 악수를 했다.

그들의 질문 중 하나 우리가 계속 생각하게 된 질문은 '미국인들은 시를 좋아하는가?'였다.

우리는 미국에서 어떤 형식의 문학을 사람들이 좋아하는가 좋아하지 않는가를 체크하는 유일한 방법은, 사람들이 많이 사는가이고, 미국에서 사람들이 시집을 많이 사지는 않는다고 대답해야만 했다. 그래서 아마도 미국인들은 시를 좋아하지 않는 것 같다고 대답할 수밖에 없었다.

그러자 이들은 이렇게 물었다. "미국 시인들은 사람들에게 아주 가까이 가 있지 않은가 보지요?"

그러나 미국에서 시인들도 미국 소설가들만큼 미국인들에게 가까이 가 있기 때문에 이것도 사실이 아니었다. 휘트먼이나 칼 샌드버그Carl Sandburg는 분명히 미국인들에게서 멀리 떨어져 있지 않지만, 단지 사람들이 시를 많이 읽지 않을 뿐이다. 미국인들이 시를 좋아하는가 그렇지 않은가는 큰 차이를 만들어내지 않는다. 그러나 시에 대한 사랑을 전통으로 간직한 조지아인들에게는 시를 사랑하지 않는 것은 거의 범죄나 마찬가지였다.

트빌리시는 오래된 도시이기는 하지만 새 수도였다. 1,500년 전 왕좌는 이곳으로부터 북쪽으로 30킬로미터 떨어진 곳에 있었다. 오후에 지프차에 올라타자 우리의 기마병 운전사는 우리를 그곳으로 데려갔다. 가는 길은 쇄석碎石 도로였고, 당나귀가 끄는 마차와 군대 트럭과 사이드카가 달린 독일 오토바이를 탄 병사들로 혼잡했다. 길 양편 언덕에는 거의 접근이 불가능해 보이는 성과 오래된 성당들이 보였다. 3천 년 동안 적의 침입을 방어해온 이 계곡에서 고대의 느낌을 받았다. 도로를 따라 강이 흘렀고, 강에는 수력발전소 댐이 두 개 있었다. 카파가 댐을 사진 찍으려고 하자, 즉각 거부의 말이 들려왔다. 댐 위에 우리는 로마군이 이 계곡을 지나갈 때 폼페이우스가 만들었다는 다리[57]에 접근했다. 다리의 중앙 지지대가 아직도 강 위에 서 있었다.

고대 수도의 이름은 므츠헤타Mtskheta, 나는 그것을 제대로 발음할 수 없었다. 도시 위의 산꼭대기 높은 곳에는 5세기에 만들어진 성당[58]이 있었다. 절반 정도 무너진 상태였지만 위엄이 있었다. 그곳에 다다르기 위해서는 염소가 가는

---

[57] 기원전 60년경 로마의 폼페이우스는 동방 대부분을 평정하였다.

길을 따라 산을 올라야 했다. 도시 내에도 멋진 성당이 있었고, 안쪽에는 높은 담이 있었다. 방어를 위해 담벽은 성곽처럼 만들어졌다.

담벽 안쪽 큰 마당에는 풀이 무성했고, 고대에는 전사들이 성당을 방어해야 했기 때문에 담벽에는 계단이 나 있었다. 성당의 문은 쇠로 만들어져 있었고, 거대한 통자물쇠로 잠겨 있었다. 입구 안쪽에는 많은 작은 초들이 벽에 붙어 있었다. 이 방법은 초의 아랫부분에 불을 붙여 초 밑바닥이 타면서 벽에 붙게 한 후, 심지 쪽에 다시 불을 붙여서 녹아내리는 초가 성당의 돌에 달라붙도록 만든 것이었다.

건조하고 뜨거운 바람이 오랜 도시가 서 있는 계곡으로 몰려와서 성당 모퉁이에 부딪치며 소리를 냈다. 성당 마당 한 구석에서는 신기한 풍자극이 벌어지고 있었다. 누더기를 걸친 키가 크고 깡마른 지저분한 사람이 이리저리 춤을 추고 있었다. 그는 우리가 이른바 '신 내린' 사람이라고 부르는 부류였다. 그의 뼈만 남은 앙상한 오른손에는 깃털이 들려 있었고, 그는 이것으로 제스처를 하며 그를 쳐다보며 재빨리 풀을 씹고 있는 염소 세 마리에게 긴 연설을 하고 있었다. 그가 깃털을 흔들며 말을 멈추곤 염소들에게 달려들자 염소들은 마치 권투선수처럼 그를 무시하며 옆으로 피했다. 염소들

---

58 스베티츠호벨리 대성당(Svetitskhoveli Cathedral) 천사들이 내려와 하룻밤 사이에 기둥을 세워 지을 수 있었다는 전설을 따라 '살아 있는 기둥의 대성당' 이라고도 불린다.

므츠헤타 성당 관리인, 조지아 트빌리시, 1947.

은 다시 서서 그가 자신들에게 연설하는 모습을 쳐다보았다.

마침내 성당 관리인이 나타났다. 검은 옷을 입고 매부리코를 한 강한 인상의 여인이었다. 그녀는 검은 긴 옷을 입고 검은 머릿수건으로 목까지 완전히 가려서 얼굴만 보였다. 그녀의 눈은 검고 음울했다. 그녀는 일종의 세속화된 수녀 같았다. 그녀는 통자물쇠를 열 큰 열쇠를 가지고 왔다. 그녀는 성당 문을 열었고 우리는 어스름한 유서 깊은 장소로 들어갔다.

벽화는 딱딱히 굳어 있었고, 오래되어서 원시적인 느낌이 들었고, 색이 바래 있었다. 좀 더 근대의 성상들은 황금액자틀과 금세공 안에서 검게 보였다. 이 근엄한 여인은 성당의 기원에 대해 설명하기 시작했다.

이제 우리가 후에 '팅커 투 에버스Tinker to Evers'[59]라고 부른 흐마르스키식 통역이 시작되었다. 흐마르스키는 조지아어를 이해하지 못했다. 단어들이 조지아 통역사에게 전해지면 그가 러시아어로 통역하고, 흐마르스키는 다시 우리에게 통역했다. 그래서 말을 전달하는 데 보통 대화보다 훨씬 오랜 시간이 걸렸다.

　검은 여인은 성당이 5세기에 완공되었지만, 그보다 훨씬 이전에 건축이 시작되었다고 말했다. 그녀는 성당의 기원에 대한 신비스러운 얘기를 했는데, 이것도 사람들이 자주 듣는 믿기지 않는 동방의 이야기 중 하나였다.

　두 형제와 한 여동생이 있었다. 이들은 하늘로부터, 아니면 바람에게서 예수 그리스도가 탄생했고 자라서 성인이 되었다는 얘기를 들었다. 예수에 대해 이들에게 알려준 징조와 꿈이 있었다. 결국 여동생을 이곳에 남겨두고 두 형제는 예루살렘을 향해 출발했다. 이들은 예수가 십자가에 못 박히는 날 예루살렘에 도착했고, 이미 죽임을 당한 예수를 보았다. 조지아 산골의 이 계곡에서 온 두 형제는 마음이 무너지는 고통을 겪고, 예수의 옷 한 조각을 얻어 여동생이 있는 고향으로 돌아왔다. 여동생은 예수가 십자가에 못 박혀 돌아간 소식을 듣고 너무 충격을 받아 옷 조각을 손에 꼭 쥔 채 몸져누웠고, 결국 슬픔을 못 이겨 죽었다. 예수의 옷 조각을 손에 쥐고

59　더블플레이를 의미하는 야구 용어.

가슴에 꼭 댄 채로 그녀는 죽었다. 두 형제는 옷 조각을 여동생의 손에서 떼어내려고 했으나, 너무 꼭 붙잡고 있어서 떼어낼 수 없었다. 그래서 그녀는 예수의 옷 조각을 손에 쥔 채로 매장되었다. 그녀가 묻힌 장소가 바로 지금 이 성당이 서 있는 곳이다. 무덤에서는 바로 식물이 자라나 거대한 나무가 되었다. 많은 시간이 지나고 사람들은 이 사건을 기리기 위해 이 자리에 성당을 세우기를 원하였다. 나무꾼들이 와서 거대한 나무를 베어내려고 했지만, 도끼는 나무줄기에 닿자마자 산산조각이 났다. 많은 사람이 다시 나무를 베어내려 했지만, 조그만 도끼 흔적도 낼 수 없었다. 마침내 두 천사가 내려와 나무를 베었고, 그 자리에 성당이 세워졌다. 검은 옷을 입은 여인은 성당 안에 텐트처럼 생긴 특이한 점토 구조물을 가리켰다. 그곳이 무덤이 있던 자리이고, 나무가 서 있던 자리라고 했다. 그 점토 텐트 아래 그 성녀의 시신이 누워 있고, 아직도 예수가 입었던 옷 자락을 손에 쥐고 있다고 했다.

그녀는 근엄하고 무미건조한 목소리로 다른 이야기도 해주었지만, 이것이 가장 중요한 이야기였고, 이 성당의 기원이었다.

그녀가 말하는 동안 바람이 덜컹거리는 철문 사이로 불어 들어왔다. 지금 이 장소는 황량하지만, 매년 여러 절기 때 수천 명의 사람이 이 성당으로 모여들고, 앉거나 움직일 수 없을 정도로 성당 마당이 사람으로 가득 차서 담 위로 올라가는 사람도 있다고 했다. 이 축제 기간에는 이 오래된 성당에서 예배가 진행되고, 아주 먼 데서도 많은 사람이 와서 예배에 참여하고, 성당은 벽에 붙어서 밤에 밝게 타는 작은 초들로 둘러싸인다고 했다.

우리는 성당을 떠나면서 철문이 잠기는 것을 보았다. 마당 구석에서는 '신 내린' 사람이 아직도 깃털을 흔들며 거친 목소리로 염소들에게 설교를 하고 있었다.

우리는 도시 끝에 있는 수도원으로 갔는데, 그곳에는 수도자들 집단이 아직도 생활하고 있었다. 수도자들은 자신들의 예배당과 공동 숙소를 가지고 있었다.

프랑스, 독일, 영국이 아직 원시 신앙을 벗어나지 못했을 때 이곳은 이미 기독교가 신봉되고 있었다. 이곳에서 전해지는 기독교 이야기는 동방적인 정취가 났다.

트빌리시 북쪽 긴 계곡은 고고학자들의 천국이다. 그곳에는 수천 년 문명의 흔적이 간직되어 있기 때문이다. 절벽 높은 곳에는 까마득한 고대 매장지로 쓰인 사각형의 구덩이가 있다. 소련 정부 발굴자들이 한 해 내내 발굴 작업을 하고 있었다. 최근에 이들은 금화가 가득한 거대한 기름항아리를 발견했다. 공격을 당한 고대 왕이 군대에게 준 헌납금이었고, 이곳에 묻혀 있었다. 매일매일 발굴자들은 조지아의 역사에 분명히 존재한, 점점 더 오래된 문명으로 거슬러 올라가게 만드는 매장품을 발견한다. 이러한 오랜 역사에 비추어보면 폼페이우스의 다리는 비교적 근대의 건축물이고, 이러한 고대 역사의 배경에서 수력발전소 댐은 정말 새로 만든 구조물이다.

  카파는 카메라에 한 번에 담고 싶은 네 개의 대상을 나란히 세웠다. 수력발전소 댐, 레닌 동상, 5세기 성당, 그리고 수메르 무덤인 사각형의 구멍. 그러나 그가 마음대로 찍도록 허락되지 않았다. 가장 중요한 이유는 수력발전소 때문이었다. 그가 이런 것을 다 찍는 것은 허용 범위를 넘어선 것이었다.

  우리는 바람을 너무 맞아 저녁이 되자 피로를 느꼈다. 카파와 흐마르스키, 나의 위장이 심하게 탈이 났다. 우리는 달콤한 알칼리성 맛이 나는 보르조미라는 광천수를 계속 마셨다. 우리는 마신 다음에야 이 물이 약간의 설사제 기능을 한다는 것을 알았다. 마신 양이 상당해서 물은 약한 설사제 이상의 작용을 했다. 무엇이 문제였는지 알아차렸을 때는 몸이 벌써 한참 약해졌다.

  미국에 조지 워싱턴이 하룻밤 머물렀다는 집이 수백 채 있듯이, 러시아에는 스탈린이 일했었다는 장소가 그만큼 많다. 트빌리시의 철로 수리반 건물 벽에는 꽃 장식대와 스탈린이 한때 이곳에서 일했다는 것을 선언하는 거대한 명판이 붙어 있었다. 스탈린은 조지아 사람이다. 그가 태어난 고리Gori는 트빌리시에서 70킬로미터 정도 떨어져 있고, 이미 국가적 성지가 되었다. 우리는 그곳을 방문하기로 했다.

  지프는 실제 속도보다 빨리 달리는 느낌을 주어 지프를 타고 가면 더 멀리 가는 것 같은 느낌이 든다. 우리는 다시 구불구불한 계곡길을 타고 더 깊은 계곡으로 들어가서 달리다가 고리시에 닿았다. 도시는 산으로 둘러싸여 있었다. 우리가 메사[60]라고 부르는 하나의 둥근 높은 산이 도시를 내려다보고 있었다. 도시 중앙에는 한때 도시를 방어하고, 피난처로 쓰인 커다란 성이 우뚝 솟아 있었다. 성은 이제 거의 폐허가 되어 있었다. 여기가 스탈린이 태어나서 유년, 청소년 시절을 보낸 동네이다.

스탈린이 태어난 곳은 그대로 보존되어 있었다. 날씨로부터 보호하기 위해 생가 전체가 거대한 덮개로 덮여 있었고, 덮개 윗부분은 스테인드글라스로 장식되었다. 생가는 흙과 작은 돌들로 만들어진 작은 단층집이었다. 앞으로 통하는 작은 출입구와 두 개의 방으로 이루어진 집이었다. 스탈린 가족은 너무 가난하여 이 작은 집의 절반, 즉 방 하나에서 살았다. 입구에는 줄이 쳐져 있었지만, 안을 들여다보면 침대, 키 작은 옷장, 작은 탁자와 사모바르, 굽은 램프를 볼 수 있었다. 이 방에서 스탈린 가족이 살고, 요리를 하고 잠을 잤다. 사각형의 금빛 대리석 기둥이 스테인드글라스 덮개를 받치고 있었다. 그리고 이 구조물은 커다란 장미 정원으로 둘러싸여 있었다. 장미 정원 옆에는 스탈린 박물관이 있었고, 이곳에는 그의 어린 시절과 초기 성인 시절, 그가 사용한 물건들이 최대한 모여 보존되어 있었다. 어릴 때의 사진과 그가 그린 그림, 그리고 그가 경찰에 체포되었을 때 찍힌 사진도

---

[60] 메사(mesa) 꼭대기는 평평하고 등성이는 벼랑으로 된 언덕.

전시되어 있었다. 그는 당시 아주 잘생긴 젊은이였다. 무서운 원초적 눈을 하고 있었다. 벽에는 그간 여행 다닌 곳과 그가 감금되었던 감옥, 시베리아에 유형당했던 도시들을 표시한 커다란 지도가 걸려 있었다. 그가 쓰던 책과 공책 들도 있었고, 그가 작은 신문들에 쓴 기사도 있었다. 그의 일생은 한결같았다. 처음부터 그는 오늘날에 이른 그 길을 걸어왔다.

역사를 통틀어 우리는 스탈린처럼 생애에 이러한 숭배를 받는 사람을 생각할 수 없다. 이런 면에서 유일하게 아우구스투스를 생각해볼 수 있는데, 아우구스투스도 생전 스탈린만 한 특권과 숭배와 국민들에 대한 지배를 누렸는지 의심스럽다. 스탈린이 말하는 것은 자연 법칙에 위배되는 것이라도 그들 모두에게 진리였다. 그의 탄생지는 이미 순례의 장소가 되었다. 우리가 그곳을 방문하는 동안 방문자들은 소곤소곤 얘기하며 발끝을 세워가며 전시물을 보았다. 우리가 박물관을 방문한 날, 아주 예쁜 젊은 여자가 박물관의 당직이었다. 그녀는 우리 일행에게 강의를 마친 다음 정원으로 나가 장미를 따서 모든 사람에게 한 송이씩 나누어주었다. 사람들은 성지를 방문한 기념으로 이 장미를 보물처럼 잘 보관하였다. 아니다, 역사를 통틀어 이것과 비교할 만한 것을 우리는 알지 못한다.

스탈린이 생애 중에 이런 권력을 누리고 있다면, 그가 죽은 후에는 어떻게 될지 궁금했다. 러시아에서 내가 들은 많은 연설에는 스피커가 갑자기 스탈린의 연설에서 한 줄을 인용해오는 경우가 많았다. 그것은 아리스토텔레스를 이용하여 자신의 논증을 내세우며 독단적 발언을 쏟아내는 중세학자 같았다. 러시아에서는 스탈린의 발언에 토를 달 수 없고, 그의 말에 논쟁을 할 수 없다. 선전에 의해 이렇게 되었든, 아니면 훈련에 의해, 아니면 끊임없는 인용에 의해, 아니면 곳곳에 존재하는 도상학圖像學에 의해 그렇게 되었든 그것은 진리였다. 우리가 여러 번 들은 "스탈린은 절대 오류가 없다. 전 생애를 통틀어 그는 오류를 범한 적이 없다."라는 말을 당신이 직접 들어보아야 그 힘을 느낄 수 있다. 이 말을 하는 사람은 하나의 논쟁으로 제시하는 것이 아니고, 이것은 시비를 따질 수 없는 말이다. 그는 완전한 진리이자 논쟁 불가의 사실로 이 말을 한다.

우리는 다시 지프에 올라탔다. 우리가 조지아 와인을 생산하는 포도밭을 보고 싶어 하자 우리의 기마 대원은 옆에 있는 계곡으로 지프를 몰았다. 우리는 좁은 계곡을 지났고, 요새화된 산등성이를 다시 볼 수 있었다. 우리 양편의 계곡과 산에 작은 농장들이 있었다. 포도밭은 산등성이를 따라 펼쳐졌다. 포도들이 이제 완전히 익어가고 있었다. 과수원도 있었는데, 오렌지, 사과, 자두, 버찌 과수원이었다. 길은 좁고 거칠었고, 때로 개울물이 길을 가로질렀다. 우리의 운전사는 이런 도로를 좋아해서 기뻐서 환성을 질렀다. 그는 좁은 길을 정신이 나갈 것 같은 무서운 속도로 달렸다. 그는 우리가 겁을 먹었는지 힐끔힐끔 보았는데, 우리는 실제로 겁에 질렸다. 지프에서 내동댕이쳐지지 않기 위해 두 손으로 차체를 꼭 붙잡았다. 그가 개울로 맹렬하게 돌진하여 물이 차 전체에 폭포처럼 쏟아지고 우리를 흠뻑 젖게 했다. 우리는 산 사이에 난 경작지가 자리 잡은 좁은 계곡 몇 개를 통과했다. 계곡마다 요새가 있었고, 고대에 외적이 쳐들어오면 농장 사람들은 이 요새를 이용해 방어를 했다.

마침내 점심을 먹기로 예정된 산 위의 포도농장에 도착했다. 이곳에는 집들이 모여 있었다. 백여 명의 사람이 가장 좋은 옷을 입고 조용히 여기저기 서 있었다. 그러더니 네 명의 남자가 집에서 나왔고 이들은 관을 메고 있었다. 그러자 모든 사람들이 언덕 높은 곳에 매장을 하기 위해 앞뒤로 망자를 움직이며 산을 올라갔다. 우리는 산 높은 곳 묘지를 향해 지그재그를 그리며 올라가는 이 사람들이 점점 작아지는 모습을 오랫동안 바라보았다.

우리는 포도밭으로 들어가서 준비해 온 푸짐한 점심을 먹었다. 캐비아, 소시지, 구운 양고기 등심, 신선한 토마토, 와인, 흑빵을 먹었다. 바로 먹을 수 있는 포도도 따서 실컷 먹었다. 그러나 이 모든 것이 이미 약해진 위장에는 도움이 되지 않았다. 작은 계곡은 녹음이 무성했고, 공기는 기분 좋게 따뜻했다. 사방에 푸른 식물들의 향기가 퍼져 왔다. 잠시 후 우리는 다시 지프에 올라타 녹다운이 되어 고리로 돌아왔다.

미국에서 한 도시를 방문하는 사람은 상공회의소, 비행장, 새 법원 건물, 수영장과 무기고를 관람하게 된다. 러시아 도시를 방문하는 사람은 박물관과 문화휴식공원을 꼭 보아야 한다. 모든 도시마다 문화휴식공원이 있고, 우리는 이미 그 모습에 익숙해졌다. 벤치들, 긴 꽃밭, 스탈린과 레닌 동상, 도시에서 혁명 중 벌어진 전투에 대한 돌기념비가 늘 있었다. 도시의 문화휴식공원을 둘러보기를 거절하는 것은 미국 도시에서 부동산 개발 단지를 보는 것을 거절하는 것만큼 예의에 벗어난다. 우리는 요동치는 지프를 타고 햇볕을 한껏 받으며 오느라 죽을 만큼 피곤했지만 고리시의 문화휴식공원을 보러 가지 않을 수 없었다.

우리는 자갈길을 걸어가면서 꽃들을 감상했고 갑자기 공원 뒤쪽에서 신기한 음악 소리가 들려오는 것을 알았다. 백파이프 연주와 거의 똑같았는데, 북으로 반주가 되고 있었다. 우리는 음악 소리가 나는 쪽으로 걸어갔고, 남자 두 명은 플루트를, 한 사람은 작은 북을 치고 있었다. 왜 음악 소리가 백파이프 소리와 똑같은지 바로 깨달았다. 플루트를 부는 사람은 숨을 크게 들이쉬어 뺨을 부풀려서 음악이 중단되지 않도록 입안에 모은 공기를 불어내며 계속 연주를 했다. 음악은 원시적이며 격렬했다. 두 명의 플루트 주자와 드럼 연주자는 높은 담이 있는 입구에서 연주를 하고 있었다. 벽 주위로 나무들이 촘촘히 서 있었고, 어린애들은 그 틈으로 안을 들여다보고 있었다.[61]

61 스타인벡이 플루트라고 서술한 악기는 조지아 전통 관악기 구다스트비리(gudastviri), 타악기는 돌리(doli)로 보인다.

조지아 전국 씨름 대회가 벌어지고 있었기 때문에 공원에 오기 잘했다는 생각이 들었다. 오늘은 결승전이 있는 날이었다. 지난 3일 동안 시합이 진행되어 오늘은 전국 결승전이 벌어지는 날이었다.

둥글게 처진 담벼락 안에 빙 둘러 자리가 놓인 원형경기장이 있었다. 씨름장 자체도 반경 약 10미터의 원형경기장이었고, 모래가 두껍게 깔려 있었다. 한쪽에는 심판석이 있었고, 그들 뒤로 선수들이 탈의를 하는 작은 별채가 있었다.

사람들은 아주 친절했다. 벤치에 우리가 앉을 자리를 양보했고, 카파가 경기 사진을 찍을 수 있도록 통로를 비워주었다.

두 플루트 주자와 드럼 연주자는 제일 앞줄에 앉았다. 선수들이 호명되었다. 선수들은 특이한 복장을 하고 있었다. 팔소매가 없는 짧은 캔버스 재킷에 캔버스 허리띠, 반바지를 입고 있었다. 이들은 맨발이었다.

선수 두 명이 심판석에 와서 공시으로 확인을 받는다. 그러고 나서 두 사람은 원형경기장 양편에 마주 자리를 잡는다. 그 순간 맹렬한 음악이 연주되고 둔중한 북소리가 그 밑에 깔린다. 선수들은 서로에게 접근하여 싸움을 시작한다.

신기한 레슬링이었다. 내 생각에 여기에 가장 가까운 것은 주짓수 같다. 선수들은 상대 몸 아무 곳이나 잡을 수 있는 것이 아니다. 상대 몸에서 잡을 수 있는 곳은 재킷과 벨트 부분이다. 서로 몸을 잡으면 상대를 넘어뜨리거나, 몸을 던져버리거나, 상대의 균형을 무너뜨려 상대를 땅에 쓰러지게 하고 상

조지아 씨름, 조지아 트빌리시, 1947.

조지아 씨름을 보는 사람들, 조지아 트빌리시, 1947.

대를 내리누르는 것이다. 공격과 방어 전 과정 동안 격렬한 음악은 계속 연주되다가 한 사람이 패하면 음악은 중단된다.

시합은 오래 걸리지 않았다. 보통 일 분 정도면 한 선수가 내동댕이쳐진다. 한 시합이 끝나면 다음 선수들이 심판석에서 확인을 받는다. 이것은 대단한 스피드와 힘, 테크닉을 필요로 하는 운동이다. 몸을 메어치는 동작이 어떤 때는 너무 격렬하고 빨라서 공격을 받은 선수는 공중에 몸이 떠서 등을 대고 땅에 떨어진다.

시합이 계속될수록 관중들은 점점 더 흥분했고, 점점 더 많은 선수들이 탈락했다. 그러나 우리는 자리를 떠야 했다. 그날 밤 기차를 타고 흑해 연안으로 가야 했다. 떠나기 전 우리는 트빌리시 오페라 개막식에 초대되었다. 그런데 우리 지프차에 문제가 생겼고, 오페라에 가려면 70킬로미터를 달려가야 했다. 문제는 연료공급관 쪽에 있었다. 우리는 더디게 갈 수밖에 없었다. 조금 가다가 연료공급관의 가스를 빼내기 위해 잠시 쉰 다음에 다시 가야 했다.

트빌리시에 돌아왔을 때 우리는 너무 피곤했다. 너무 피곤해서 오페라 개막식에 갈 수도 없었다. 부러진 내 무릎은 미친 듯이 달린 지프 때문에 너무 강한 진동을 받았다. 나는 겨우 걸을 수 있을 정도였다. 나는 한 시간 정도 뜨거운 물에 마사지를 하며 고통스러운 무릎 관절을 풀어주고 싶었다.

기차역에 가보니 덥고 사람이 넘쳤다. 사람이 가득 찬 객차 안 통로를 지나 우리 객차 칸에 들어갔다. 1912년 만들어진 유럽 침대차 1등 침대칸이었다. 이 열차에 대해서는 행복한 추억이 남아 있었다. 녹색의 벨벳 장식은 이 열차를 타 본 사람들이 기억하는 바로 그 녹색이었다. 검은 나무 패널이 반짝거렸고 왁스가 칠해져 있었다. 빛나는 금속과 퀴퀴한 냄새도 기억하는 그대로였다. 나는 이 객차가 그동안 어디에 가 있었는지 궁금했다. 오래전 이 객차를 만든 벨기에 사람들은 이 객차를 오랫동안 쓸 수 있도록 만들었다. 40년 전 이 객차는 세계에서 가장 뛰어난 객차였고, 지금도 안락하고 멋진 형태를 유지하고 있다. 거무스레한 나무 패널은 해가 갈수록 색이 짙어지고, 녹색 실내 천은 더욱 파래졌다. 이 객차는 위엄과 왕족 문화의 유산이었다.

기차 안은 매우 더워서 객차 칸 창문을 열었다. 그러자 경비원이 바로 달려와 우리를 노려보곤 창문을 닫았다. 그가 사라지자마자 다시 창문을 열었다. 그는 우리가 반란을 일으키는 것을 비로 알아차린 것 같았다. 그는 바로 돌아오더니 우리 얼굴에 손가락을 흔들어대며 러시아어로 한바탕 훈계를 했다. 그가 창문을 연다고 격노를 해서 뜨거운 기차 안에서 질식해 죽을 지경이었지만, 감히 다시 창문을 열 생각을 하지 못했다. 그가 훈계한 내용을 통역으로 들어보니 그날 밤 우리가 달리는 동안에 터널을 여러 번 통과해야 하는데, 창문을 열어놓으면 엔진 매연이 객차 안으로 들어와서 녹색 소파 덮개를 더럽힌다는 것이었다. 우리는 스스로 소파 덮개를 닦을 테니까 창문을 열게 해 달라고 그에게 부탁했다. 그러나 그는 더욱 엄하게 우리에게 손가락을 흔들며 다시 훈계를 했다. 러시아식 규칙은 정해지면 위반하는 일을 허용되지 않았다.

이 상황은 모스크바에 갔었던 미국 군인에게 들은 얘기를 상기시켰다. 2차세계대전 중 그가 타고 가던 비행기가 모스크바에 착륙했고, 한 보초가 아무도 비행기에 타지 못하게 하라는 명령을 받고 경비했다. 방문단이 다시 비행기에 오를 시간이 되었는데도 보초는 아무도 비행기에 타지 못하게 했다. 미국 군인은 자신이 가진 명령서, 패스, 신분증 제시에도 불구하고 비행기에 오르려다가 거의 총에 맞을 뻔했다고 했다. 결국 보초는 교대를 했지만, 명령은 바뀌지 않았다. 당직 지휘관은 명령은 불변이라 명령을 바꾸는 것보다 보초를 바꾸는 것이 쉽다고 설명했다. 첫 번째 보초병은 "아무도 비행기에 타지 못하게 하라."라는 명령을 받은 반면, 바뀐 두 번째 보초병은 "사람들이 비행기에 타게 하라."라는 명령을 받았다. 서로 다른 두 가지 다른 명령이나, 변경된 명령은 사람을 혼동하게 만든다. 보초를 바꾸는 것이 훨씬 쉬운 일이다. 그리고 이것이 규율을 위해서도 훨씬 좋은 일이다. 한 가지 명령을 받은 사람은 두 가지 사이에서 선택해야 하는 사람보다 훨씬 자기 일을 충실하게 할 수 있는 법이다.

우리 기차의 경비원이 창문 여는 것을 절대 허용하지 않을 것이라는 사실에는 의심의 여지가 없었다. 우리는 질식해 죽을 지경이었지만, 아무 상관이 없었다. 객차 칸의 창문을 연

채로 여행하는 것이 어떤 처벌을 받는지 알 수 없었지만, 경비원의 진지한 태도로 미루어보건대 10년 형 정도 받을 것 같았다.

우리 기차는 드디어 출발했고, 우리는 작은 땀상자 안에서 밤을 나야 했다. 그러나 기차는 출발하자마자 멈춰 섰다. 밤 내내 기차는 3킬로미터 갈 때마다 한 번씩 섰다. 우리는 결국 땀에 젖어 잠이 들었는데, 탄광에 갇힌 꿈을 꾸었다.

아침에 일찍 잠에서 깬 우리는 새로운 나라, 완전히 바뀐 나라에 와 있는 것을 발견했다. 우리는 숲이 철로변까지 내려온 아열대 지역에 들어와 있었다. 바나나가 자라고 공기에는 습기가 많았다. 트빌리시 주변의 땅과 공기는 건조했었다.

철로변 작은 집들은 꽃에 파묻혀 있었고 나뭇잎이 무성했다. 활짝 핀 무궁화 꽃이 언덕을 따라 피었고, 사방에 오렌지 나무가 자라고 있었다. 여기는 가장 풍요롭고 아름다운 나라였다. 철로변을 따라 조성된 텃밭에는 캔자스주에서만큼 키 큰 옥수수가 서 있었고, 몇몇 곳에서는 사람 키의 두 배가 되었고, 멜론밭도 있었다. 아침 일찍 사람들은 집의 공기가 잘 통하는 현관에 나와 지나가는 기차를 구경했다. 여자들은 아열대 지역 사람들이 늘 그러하듯이 화려한 색의 옷을 입고 있었다. 머리에 두른 머릿수건은 붉고 푸르고 노란색이었고, 밝고 무늬가 장식된 천으로 만든 치마를 입고 있었다. 우리는 대나무 숲과 거대한 양치식물 숲을 지나 키 큰 담배나무 숲도 통과했다. 이제 집들은 땅바닥 위 기둥 위에 지어져서

1층으로 들어가는 높은 사다리가 보였다. 집 아래에서 이른 아침 햇빛 속에 어린이들과 개들이 놀고 있었다.

산등성이에는 나무가 빽빽이 들어섰다. 눈에 보이는 모든 것은 무성한 식물들로 덮여 있었다.

그런 다음 우리는 아마도 세계에서 가장 아름다운 농작물인 차밭에 들어섰다. 차나무의 낮은 울타리가 몇 킬로미터에 걸쳐 뻗쳐 있었고, 산등성이로 올라갔다. 아침 이른 시간이지만, 줄지어서 여인들은 차나무에서 찻잎을 땄고, 작은 새들처럼 관목 사이에서 펄럭이는 그들의 손가락이 보였다.

우리는 아주 허기진 채로 잠에서 깨었지만, 아무것도 할 수 없었다. 기차에는 먹을 것이 전혀 없었다. 사실 러시아에 있는 내내 이동 수단에서 먹을 것을 찾을 수 없었다. 당신 스스로 점심을 챙겨 오든지 굶든지 둘 중 하나였다. 이것이 여행객들이 직접 들고 챙겨 다니는 짐꾸러미들을 설명한다. 10분의 1은 옷과 짐이고, 10분의 9는 먹을 것이다. 우리는 다시 창문을 열려고 시도했지만, 앞에 터널이 있어서 창문을 열 수 없었다. 저 멀리 우리 훨씬 아래쪽에 바다의 푸른 물결이 보였다.

우리가 탄 기차는 흑해 연안으로 내려서더니 해안을 따라 달렸다. 해안 전체가 거대한 여름 휴양지였다. 조금만 가면 거대한 휴양소나 호텔이 보였고, 아침 이른 시간이지만 해안에는 수영하는 사람들이 넘쳐났다. 여기는 소련 전체에서 으뜸가는 휴양지이고 휴가지였다.

이제 우리 기차는 몇 미터마다 서는 것 같았다. 설 때마다 각 휴양소에 배정된 승객들이 기차에서 내렸다. 여기는 모든 러시아 노동자들이 선망하는 휴가지이다. 오랜 고된 노동에 대한 보상이고, 다치거나 병에 걸린 사람들이 다시 회복하는 곳이다. 고요한 바다와 따뜻한 공기를 가진 이 나라를 보면서 왜 러시아의 모든 사람들이 "조지아를 볼 때까지만 기다려라!"라고 말하는지 이해할 수 있었다.

바투미[62]는 작고 상쾌한 아열대 도시이다. 해변과 호텔들이 늘어선 도시이며 흑해의 중요한 항구이다. 공원과 나무 그늘로 가려진 거리로 구성된 도시이며, 바다에서 불어오는 산들바람이 도시를 시원하게 만든다.

인투어리스트 호텔은 소련에서 가장 멋지고 화려한 호텔이다. 방은 쾌적하고, 최근에 단장이 되었고, 방마다 의자가 있는 발코니가 있었다. 벽 한 면 전체를 차지한 창문을 활짝 열면 방 전체를 외부와 통하게 할 수 있다. 옛날 박물관 같은 객차 칸에서 하룻밤을 보낸 우리는 침대가 너무 그리웠지만, 침대에 누울 수가 없었다. 우리는 후다닥 목욕만 했다. 주어진 시간은 너무 짧았고, 우리는 짧은 시간 안에 많은 것을 보아야 했다.

오후에 몇 군데 휴양소를 둘러보았다. 휴양소는 멋진 정원을 가진 거대한 궁전이었고, 거의 모두 바다를 향해 있었다.

---

[62] **바투미(Batumi)** 흑해 연안의 휴양도시로 조지아 아자리야의 수도이자 조지아 최대 항구도시.

이러한 문제에 대해서 전문가가 되는 것은 위험하다. 러시아를 여행한 거의 모든 사람이 소위 전문가라고 자처한다. 그리고 거의 모든 전문가가 다른 전문가가 한 말을 무색하게 만든다. 그래서 휴양소를 묘사할 때 우리는 조심해야 했다. 우리는 우리가 본 대상에 대해 들은 것만 반복해서 서술해야 하지만, 이것도 다른 사람이 논쟁거리로 삼을 수 있다.

처음 방문한 휴양소는 아주 화려한 호텔 같아 보였다. 호텔은 해변에서부터 시작된 긴 계단 끝에 자리 잡고 있었고, 멋진 나무들이 둘러싸고 있었다. 호텔 앞에는 바다를 내려다보는 거대한 현관이 있었다. 이 호텔은 모스크바 전기공 직업동맹이 소유하고 있었고, 여기 머무는 사람들은 전기기술자들이었다. 우리는 그들이 어떻게 이 휴양소에 오게 되었는지 물어보았다. 그들은 각 공장과 작업장에는 공장 노동자뿐 아니라 사내 의사가 포함된 위원회가 있어서, 위원회가 여러 사항을 고려하고 휴양소에 갈 사람들을 지명한다고 대답했다. 근속 기간, 건강 상태, 피로 누적 정도, 뛰어난 성과에 대한 보상 등이 고려된다고 했다. 만일 노동자가 건강이 좋지 않아서 장시간 휴양이 필요하면 공장위원회의 의료팀이 휴양소로 가도록 권고한다고 했다.

휴양소의 한 파트는 남자 혼자 온 노동자들에게 배당되었고, 다른 한 파트는 여자 혼자 온 노동자들이 사용했다. 세 번째 파트는 가족을 위한 휴양소로, 아파트 형식으로 만들어졌다. 모든 사람이 식사를 할 수 있는 식당, 게임을 하는 방,

독서실, 음악감상실이 갖추어져 있었다. 한 놀이방에서 사람들은 체스와 체커게임을 했고, 다른 방에서는 탁구 시합이 벌어지고 있었다. 테니스장에는 시합하는 사람과 구경하는 사람들로 가득 찼다. 계단에는 해변에서 올라오고 수영하러 내려가는 사람들이 줄지어 있었다. 호텔은 자체 보트와 낚시 도구를 갖추고 있었다. 많은 사람들이 그저 의자에 앉아 바다를 바라보았다. 건강을 잃은 사람들이 여기에서 회복하고 있었고, 산업재해를 당한 사람이 흑해로 내려와 따뜻한 공기를 마시며 건강을 회복하고 있었다. 보통 휴가는 28일간 지속되지만, 병가의 경우에는 공장위원회가 허가하는 만큼 체류 기간이 늘어날 수 있다.

많은 직업동맹이 바닷가에 자신들의 노동자들을 위한 휴양소를 가지고 있다는 얘기를 들었다. 이 휴양소는 약 300명을 수용할 수 있었다.

우리는 해안으로 몇 킬로미터 차를 몰아 요양소를 방문했다. 이곳도 거대한 호텔 같아 보였다. 여기는 폐결핵 환자와 다른 호흡기 질환을 가진 환자들을 위한 국영요양소였다. 이곳은 병원이기도 하고 휴양소이기도 했다. 이곳은 햇볕이 잘 드는 아주 쾌적한 장소였다. 침대에 누워 있는 환자들은 정원과 바다가 내려다보이는 발코니로 침대를 끌어내고, 소련에서 축구 다음으로 인기 있는 체스를 하고 있었다.

이 요양소에 온 사람들은 거주 구역 의료팀에 의해 선정되어 이곳으로 내려왔다. 이곳은 정말 휴양을 하는 곳이다. 우리가 이곳에 왔을 때, 환자들은 모두 병상에 누워 있었기 때문에 거의 사람이 없는 것처럼 보였다. 우리가 그곳에 있는 동안, 벨이 울리면서 사람들이 하나둘 나타나 산책을 하기 시작했다.

우리는 바닷가에 그러한 요양소가 수백 개가 있다는 얘기를 들었다. 해안 도로를 차를 타고 가면서 바닷가 언덕 숲속에 이런 시설을 많이 발견했다.

차를 타고 가는 동안 아열대 소나기가 쏟아졌다. 우리는 호텔로 돌아가서 마침내 두어 시간 눈을 붙일 수 있었다. 그리고 범상치 않은 음악 소리에 잠에서 깨어났다. 분명히 베니 굿맨 스타일로 연주되는 클라리넷 소리의 한 소절이 들렸다. 연주가 끝나자 두 번째 클라리넷이 같은 소절을 연주했다. 잠이 덜 깬 우리는 가까운 방에서 무슨 일이 벌어지는지 이해하는 데 시간이 걸렸다. 누군가 베니 굿맨의 음반을 틀어놓고 흉내 내려고 하였지만, 별로 성공적이지 못했다. 연주는 계속 반복되고 같은 소절이 반복적으로 연주되었다. 유럽인들에게 미국의 스윙 음악이 얼마나 절도 있고, 전문적이고 독특한지 이해하는 것이 어려운지 알 수 있었다. 아마 우리 음악가들도 조지아 음악의 섬세한 리듬과 멜로디를 이해하는 데 똑같이 어려움을 겪을 것이다. 러시아인들은 우리 음악을 다루는 데 곤란을 많이 겪지만, 열정을 가지고 기꺼이 감내한다. 우리는 트빌리시에서 미국의 스윙 음악을 많이 듣지 못했지만, 바투미에는 많이 들을 수 있었다. 이 음악이 좀 더 많이 연주되는 모스크바에서 많은 방문객이 내려왔기 때문에 호텔에서는 스윙 음악을 자주 들을 수 있었다.

저녁에 우리는 트빌리시 재즈 오케스트라가 연주하는 바닷가 콘서트에 초대되었다. 해변 옆 작은 반달 모양 음악당에 오케스트라가 자리를 잡고 미국 재즈 음악 「샤인Shine」과 「차이나 보이China Boy」, 「인 더 무드In the Mood」를 연주했다. 카파와 내가 콘서트에 왔을 때 우리는 커다란 꽃다발을 받았고, 다소 멍청하게 느껴졌다. 우리는 7킬로그램이나 나가는 붓꽃을 들고 그 사이로 콘서트를 들여다보는 그런 사람들이 아니었다. 꽃다발은 정말 컸는데, 이것을 어떻게 할 수가 없었다. 꽃다발을 옆에 놓을 수가 없어서 꽃 사이로 무대를 쳐다보았다.

우리는 왜 이 사람들이 미국 음악을 잘 연주할 수 없는지 깨달았다. 우리 스윙 음악은 즉석에서 만들어지고 즉흥적으로 연주된다. 음악가들은 연주에 자신과 자신의 상상력을 불어넣는 데 반해, 러시아 오케스트라는 음반에서 들은 것을 맹목적으로 흉내 낼 뿐이다. 이러한 음반은 흉내 낼 수 없는 법이다. 이들이 스윙 음악을 제대로 연주하려면, 아마도 '다이나'[63]의 테마를 스스로 생각해서 그것을 즉흥적으로 연주해야 자신들만의 음악을 연주할 수 있다. 이것은 미국의 스윙 음악이 아니라 조지아식 스윙 음악이 될 것이다.

---

63 여자 이름 또는 다이너마이트의 준말.

오케스트라가 자신들 고유의 음악으로 연주를 바꾸고, 조지아 언덕의 야생적 춤을 연주한 것은 큰 다행이었다. 연주자들이 자신들의 집에 돌아온 것 같았고, 제대로 된 음악 같아서 우리도 안도했다. 연주가 끝나고, 지휘자와 몇 연주자가 같이 저녁 식사를 하기 위해 우리와 함께 호텔로 왔다. 지휘자는 강단 있고 열정 넘치는 사람이었다. 우리는 흐마르스키의 '더블플레이' 통역을 통해 미국 스윙 음악의 배경과 그것이 어떻게 발전되었고, 현재 어떤 상태인지 그에게 설명했다. 그는 이 이론에 매혹되어 조지아어로 폭발적인 설명을 하며 끼어들었다. 단순한 멜로디를 놓고 연주가가 음악의 창조자가 된다는 것, 단순히 받아 적거나 보존되는 것이 아니라 단지 연주되는 것이라는 말은 그에게 너무나 새로운 이론이었다. 그와 연주자들은 이야기를 들으면서 이 이론에 점점 더 흥분했다. 우리는 미국식 테마를 사용할 이유가 전혀 없다고 설명했다. 조지아 주제를 이용하여 똑같은 식으로 즉흥 연주를 하는 것도 그만큼 좋은 일이고, 이들이 실행해보아야 할 더 좋은 아이디어라고 말했다. 잠시 후 그들은 자리에서 벌떡 일어나 작별 인사를 하고 떠났다. 그날 밤 흑해 바닷가 어디에선가 미국식 즉흥 연주가 거칠게 실험되고 있을 것이라고 우리는 상상했다.

우리는 결코 충분히 잠을 잘 수 없었다. 그러나 이 때문에 지친 것은 아니다. 우리는 항상 어딘가 찾아다녔고, 차분히 앉아 무언가를 생각해볼 시간적 여유가 없었다. 카파의 카메라는 불꽃놀이처럼 계속 번쩍거리며 사진을 찍었고, 필름의 상당 부분이 노출되었다. 아마도 그랬을 것 같다. 우리는 계속 무언가 새로운 것을 보았고, 무언가를 보아야만 했다. 비효율적인 존재인 우리들은 시간의 작은 부분만 이용하여 사물을 보고, 나머지 시간은 편히 쉬며 아무것도 보지 않는다. 그러나 이 여행에서 한정된 시간밖에 없는 우리는 항상 쉬지 않고 무언가를 보았고, 극도로 피곤해졌다. 그러나 또 다른 문제도 있다. 우리는 세계의 역사에서 선善이 한 번이나 두 번밖에 반복되지 않는 짧은 생을 산다. 그 이유 중 하나는 해야 할 일이 너무 많아서 우리가 의도적으로 그렇게 하는 것이고, 다른 이유는 사용할 수 있는 악이 많지 않기 때문이다. 우리는 아주 평범한 종種이다. 우리는 날씬한 발목을 좋아하고, 발목 위 몇 인치가 멋진 나일론 스타킹에 덮여 있는 것을 보길 좋아한다. 우리는 여자들이 순진하고 어리석은 남자들을 골탕 먹이기 위해 사용하는 모든 속임수와 거짓과 위주를 좋아한다. 멋진 머리 손질, 향수, 아름다운 옷, 손톱 장식, 립스틱, 아이섀도, 가짜 속눈썹 같은 것을 아주 좋아한다. 우리는 속임수를 당하고 바보가 되는 일에 분명한 허기가 있다. 우리는 섬세한 프랑스산 향료, 오래된 와인, 1934년산 페리에 주에 샴페인을 좋아한다. 우리는 향긋한 냄새가 나는 비누와 부드러운 흰 셔츠를 좋아한다. 우리는 피를 흘리는 듯한 수백 개의 바이올린이 연주하는 집시 음악을 좋아한다. 우리는 루이 암스트롱의 째지는 듯한 트럼펫 연주와 피 위

러셀의 히스테릭한 웃음 같은 클라리넷 연주를 좋아한다. 그리고 우리는 깨끗한 마음이 넘치는 삶을 살아간다. 우리는 의식적으로 늘 신중하다. 소련 언론에서 외국인에 대한 가장 일반적인 공격은 만취와 방탕함에 관한 것이다. 우리는 적당한 정도로 알코올을 즐기고, 상대적이기는 해도 다른 사람보다 더 방탕하지 않으면서 성자의 삶을 살아보겠다고 결심하곤 한다. 그러나 이렇게 하는 것은 만족할 만큼 성공적이지 못했다.

우리를 지치게 만든 또 다른 것은 늘 높은 지적 수준에서 이루어지는 우리의 대화였다. 러시아인들이 고루하고, 술에 취하지 않고, 전혀 호색적이지 않다고 잘라서 말하는 것은 아니다. 좀 더 은밀한 자신만의 개인적 삶에서 이들이 어떤지 잘 모르지만, 주부들이 파티에 가기 위해 화장을 하는 것처럼 우리가 서로에게 무언가를 과시하려고 하는 것은 충분히 가능한 일이다. 어쨌든 우리는 극도로 피로했을 뿐 아니라 한 꺼풀 벗기면 퇴폐가 꿈틀거리는 것을 느꼈다.

다음 날 아침 많은 비가 내렸다. 따뜻하고 부드러운 비였다. 우리는 다시 돌아누워 잠에 빠졌다. 10시경 해가 구름을 뚫고 나와 비쳤고, 우리 위원회가 우리를 차밭으로 데리고 가기 위해 왔다.

우리는 해안을 따라 달려 녹음이 우거진 산을 지나 깊숙한 계곡으로 들어갔다. 이곳에는 짙은 녹색의 차 관목이 수 킬로미터에 걸쳐 펼쳐져 있었고, 여기저기 오렌지나무 숲이 보였다. 정말 아름다운 시골 풍경이었고, 이곳은 우리가 처음 방문한 국영농장이었다.

여기서도 다시 한번 일반화한 설명을 할 수는 없고, 우리가 본 것과 들은 것만 말할 수 있다. 국영농장은 미국의 기업처럼 운영되었다. 농장 관리인이 있고, 이사회도 있고, 피고용자도 있었다. 농장 노동자들은 새로 지은 깨끗하고 쾌적한 아파트에서 생활했다. 각 가족은 자신들의 아파트를 가지고 있었고, 여자들이 일을 나가면 아이들을 맡길 수 있는 탁아소도 있었다. 이들은 공장에서 일하는 사람들과 같은 지위를 갖고 있었다.

여기는 자체 학교와 오케스트라까지 보유한 거대한 농장이었다. 운영자는 사업가 같은 사람이어서, 이런 사람은 미국 회사의 공장장이 쉽게 될 수 있을 것 같았다. 이곳은 집단농장과는 많이 달랐다. 집단농장에서는 각 농민이 집단으로 얻은 이익을 공유할 수 있지만, 여기는 단순히 차를 재배하는 공장 같은 곳이다.

남자들은 땅을 돌보는 일을 했고, 섬세한 손 감각이 필요한 찻잎을 따는 일은 거의 여자들이 했다. 여자들은 차밭을 가로질러 긴 줄로 서서 작업을 했다. 이들은 일하면서 노래를 부르고 서로 얘기를 나누었다. 이런 정경은 정말 그림 같았다. 카파는 많은 사진을 찍었다. 다른 곳에서와 마찬가지로 이곳에서도 일을 잘하는 사람들에게 표창이 주어졌다. 찻잎 따는 속도로 메달을 받은 소녀가 있었는데, 그녀의 손은

차밭 전경, 조지아 트빌리시, 1947.

차나무 위에서 번개처럼 움직였다. 그녀는 옅은 녹색의 싱싱한 찻잎을 따서 바구니에 넣었다. 짙은 녹색의 차 관목들과 여인들이 입은 다양한 색의 옷은 산등성이에 아주 멋진 광경을 연출했다. 산 아래에는 새로 딴 찻잎을 모아서 가공공장으로 가져갈 트럭이 기다리고 있었다.

우리는 트럭을 따라서 찻잎 가공공장으로 갔다. 이곳에서는 모든 작업이 기계로 자동으로 이루어졌다. 찻잎을 가는 기계가 찻잎을 눌러서 산화시키면, 건조시키는 오븐으로 무한 벨트가 날랐다. 공장은 거의 여자들에 의해 운영되고 있었다. 공장장도 여성이었고, 차 맛을 검사하는 사람도 여자들이었다. 찻잎을 압착하고 산화시키는 기계도 여자가 작동시키고, 차가 건조되는 커다란 솥도 여자가 관리했다. 여자들이 차의 등급을 매기고 포장도 했다. 포장된 차 상자를 나르는 일만 남자들이 했다.

찻잎 가공공장장인 45세 정도의 인물 좋은 여자는 농업학교를 졸업한 사람이었다. 그녀의 공장은 여러 등급의 차를 생산했는데, 최고 품질의 작은 찻잎에서부터 시베리아로 보내지는 벽돌 같은 찻잎 덩어리도 생산했다. 차는 러시아 사람들이 가장 중요하게 여기는 음료이기 때문에 차밭과 차 가공공장은 이 지역의 가장 주요한 산업 중 하나로 여겨졌다.

우리가 농장을 떠날 때 공장장은 커다란 이 지역 최고의 차 선물 꾸러미를 주었다. 정말 좋은 차였다. 우리는 이곳 커피가 맛이 좋지 않아 커피를 끊은 지 오래되었다. 우리는 차

마시는 습관을 들였고, 이후로 아침 식사 때 스스로 차를 끓여 마셨다. 우리 차가 다른 곳에서 살 수 있는 차보다 훨씬 좋았다.

우리는 50-60명 어린이들이 푸른 잔디밭에서 춤을 추고 있는 탁아소에 들렀다. 이 아이들은 엄마들이 차밭에서 일하는 동안 이곳에 맡겨졌다. 카파는 긴 곱슬머리에 커다란 눈을 가진 아주 예쁜 소녀를 보고 사진을 찍으려고 했는데, 소녀는 놀라서 울음을 터뜨렸고, 달래기가 어려웠다. 카파는 작은 소년을 사진 찍었는데, 그 애도 역시 울음을 터뜨렸다. 카파는 역시 어린애들의 친구였다. 선생님은 작은 소녀가 조지아 애가 아니고 조지아 가족이 입양한 우크라이나 고아라고 설명했다. 소녀는 아직 조지아 말을 하지 못해 어려움을 겪고 있었다. 많은 조지아 가족들이 전쟁으로 파괴된 지역의 어린아이들을 입양했다. 이 풍요로운 나라는 전쟁의 참화를 입지 않아서, 사람들은 나머지 지역에 책임감을 느끼고 있었다. 우리는 이곳저곳의 작은 집들을 방문했다. 집마다 정원과 과수원이 딸려 있었다. 가는 곳마다 우리는 한 손 가득 헤이즐넛을 먹거나 집에서 만든 치즈와 갓 구워낸 흑빵을 먹을 수 있었다. 집을 드리운 나무에서 바로 딴 복숭아와 포도송이를 먹기도 했다. 끊임없이 먹어댔지만, 음식을 거절할 수 없었다. 조지아 보드카도 맛보았는데, 폭발하는 듯한 끝맛을 가지고 있어서 다른 사람에게 권하고 싶은 술은 아니었다. 정말 폭탄 같은 독주였고, 우리의 위는 감당하지 못했다. 이것은 전혀 보드카가 아니고, 우리가 '그라파'라고 부른 증류한 와인이었다.[64] 우리가 마시기에는 너무 독했다.

위가 음식으로 한껏 부풀어 올랐을 때 농장장이 우리를 따라잡았다. 키가 크고 곧으며, 풍채 좋은 사람이었는데, 파르티잔 같은 유니폼에 빳빳한 모자를 쓰고 있었다. 그는 자기 집에 가서 뭘 좀 먹고 가라고 했다. 하느님 맙소사! 한 입만 더 먹었다가는 우리 배가 터질 거라고 흐마르스키와 다른 통역을 통해 설명했다. 그러자 그는 먹는 시늉만이라도 해 달라고, 우리가 그의 집으로 가서 함께 와인 한 잔을 하는 것을 큰 영광으로 삼겠다고 했다.

러시아가 손님에게 제공하는 비밀 무기는 음식이라는 것을 우리는 깨닫기 시작했다. 음식을 한 입만 먹고, 와인 딱 한 잔만 하자는 그의 제안을 도저히 거절할 수 없었다. 그래서 언덕 위에 산뜻하게 지어진 그의 작은 집으로 갔다.

우리는 알아차렸어야 했다. 풀이 잘 깎여진 그의 집 마당에는 음식 한 입과 와인 한 잔이라는 말로 정당화할 수 없는 여러 사람이 모여 있었다. 두 예쁜 처녀가 집 안에서 물이 담긴 작은 항아리를 들고 나왔다. 아가씨들은 우리 손에 물을 부어주었고, 우리는 손과 얼굴을 씻었다. 그녀들은 붉은색 수가 놓인 흰 수건을 우리에게 펼쳐주어 물기를 닦게 해주었다.

그런 다음 우리는 집 안으로 초대되었다. 복도를 지나 큰

---

[64] 그라파(grappa)는 포도를 압착하고 남은 찌꺼기를 증류한 무색의 이탈리아 브랜디로, 스타인벡과 카파는 조지아의 독주 브랜디인 차차(chacha)를 마신 듯하다.

방으로 안내되었다. 방은 화려한 색으로 짜인 벽 카펫으로 장식되어 있었다. 일부 장식은 인디언 담요를 생각나게 했다. 마룻바닥에는 멕시코의 페타테petate 같은 매트가 깔려 있었다. 우리는 식탁을 보고 거의 죽을 뻔했다. 약 4미터 길이의 식탁에는 약 20명의 손님이 앉아 있었다. 튀긴 통닭이 전채로 나온 식사는 다른 어디에서도 경험하지 못했고, 사람당 닭 반 마리가 전채였다. 다음으로 녹색 소스를 치고 양념과 사워크림이 얹어진 삶은 닭이 나왔다. 그다음으로 치즈스틱과 토마토 샐러드와 조지아 피클이 나왔다. 다음으로 양념이 잔뜩 들어간 맛있는 양고기 스튜가 나왔다. 다음으로 집에서 만든 튀긴 치즈가 나왔다. 조지아 호밀빵은 마치 포커 칩처럼 쌓여 있었다. 그리고 식탁 가운데에 포도, 배, 사과가 가득 놓여 있었다. 이런 와중에 두려운 일은 모든 것이 너무 맛있다는 것이었다. 모든 맛이 전부 새로워서 우리는 모든 것을 맛보고 싶었다. 우리는 과식으로 배가 터져 죽을 지경이었다. 32인치 허리와 허리띠를 결코 풀지 않는 것을 자랑하는 카파도 턱 아래가 잔뜩 부은 모습을 하고 있었고, 눈동자는 조금 튀어나와 핏기가 보였다. 나는 2, 3일간 아무것도 먹지 않아야 몸이 정상으로 돌아올 것 같은 느낌을 받았다.

나는 한 영국 사람 이야기를 기억해내고 그것을 이해할 수 있었다. 그는 전쟁 중 물건들을 사러 미국으로 출장을 가서 중서부 지역으로 갔다. 가는 곳마다 그는 배 터지게 먹었다. 그는 하루에 저녁을 3번, 4번 먹었고 엄청나게 먹은 점심으

연회에 참석한 사람들, 조지아 트빌리시, 1947.

로 그는 거의 쓰러질 지경이었다. 식사 사이에도 사람들은 그의 입에 무언가를 계속 넣어주었다. 사람들은 영국에 먹을 것이 부족하니 안타깝게 생각했고, 그가 지방을 축적해 돌아가서 잠시 동안 버틸 수 있도록 그를 계속 먹였다. 3일이 지나자 몸이 아팠지만 그는 계속 먹어야 했다. 일주일이 지나자 그는 절망적 상황에 이르렀다. 영국의 절제된 음식에 익숙한 그의 위장은 완전히 뒤집어졌다. 그가 아프자 사람들은 그의 배고픔에 더욱 미안함을 느껴 그에게 더 많은 음식을 먹였다. 솔직한 그는 처음에 너무 많은 음식을 먹어 죽을 지경이라고 말했지만 사람들은 믿지 않았다. 그래서 그는 거짓말을 조금 했다. 고향에 있는 사람들이 이렇게 좋은 음식을 먹지 못하는데 자신만 너무 많은 음식을 먹는 것이 옳지 않은 것 같다고 말했다. 그러자 사람들은 그 말을 웃음으로 받아넘기고 계속 음식을 주었다. 그는 농장에 다가가면서 많은 닭이 죽어 너무 불쌍했고, 아침에 면도를 할 때 면도날에 닭털이 묻어나온다고 말했다. 2주가 지나자 그는 결국 쓰러져 병원으로 실려 갔고, 사람들은 그를 펌프질해서 살려냈다. 의사는 아무리 배가 고파도 그렇게 많이 먹어서는 안 된다고 말했다. 그는 미친 듯이 웃어 대며 몸을 뒤집어 베개에 얼굴을 묻고 웃었다. 이 이야기를 들었을 때 나는 이것이 과장된 이야기라고 생각했지만, 점점 더 맞는 이야기라고 믿기 시작했다.

우리는 20명의 손님에게 소개되고 자리에 앉았다. 그러자 문제가 시작되었다. 먹지 않으면 우리는 먹도록 강요되었고,

먹으면 즉각 음식이 다시 채워졌다. 지역 와인이 가득 담긴 디캔터가 서로에게 넘겨지는 동안 부드럽고 향이 가득한 뛰어난 와인인 것을 발견했고, 이것이 우리 목숨을 구했다. 와인 몇 잔이 돈 다음 주인이 자리에서 일어났고, 그의 부인이 부엌에서 나와 옆에 섰다. 부인은 강인한 얼굴을 한 검은 눈의 미인이었다. 농장장은 우리의 건강을 위해 건배를 했고, 미국의 건강을 위해 잔을 비웠다. 그런 다음 그는 가장 친한 친구를 연회의 사회자로 지명했다. 주인이 친구를 건배사를 주관하는 사람으로 지명하는 것이 조지아의 전통이라는 말을 들은 적이 있었다. 그다음부터는 식탁에서 아무도 마음대로 건배사를 할 수 없었다. 누군가 건배사를 원하면, 그는 연회 사회자에게 자신의 뜻을 전해야 했다. 연회 사회자는 언변이 뛰어난 사람이 지명된다. 그러면 건배사를 연회 사회자가 주관하게 된다. 이렇게 되면 손님들은 건배사를 하는 수고를 덜게 된다.

새 연회 사회자는 상당히 긴 연설을 했다. 여기서는 짧은 건배사도 아주 길어질 수밖에 없다는 것을 언급하지 않을 수 없다. 문장마다 조지아어에서 러시아어로, 다음에는 러시아어에서 영어로 통역되어야 했다. 통역이 되는 사이 어떤 말이 혼동되거나 사라지는 것은 아무도 모를 일이었다. 특히 저녁 식사가 진행되는 동안은 더욱 그랬다. 연회 사회자는 농장의 경제전문가였다. 그는 첫 건배사에서 통상적인 정중한 말을 한 다음, 하고 싶은 말을 하기 시작했다. 그는 미국인들과 러시아인들을 이간질하는 사건과 오해에 대해 탄식을 했다. 그는 해결책은 무역이라고 했다. 러시아와 미국 사이에 무역 협정이 맺어져야 한다고 말했다. 러시아는 미국이 만들어내는 농기계, 트랙터, 트럭, 기관차를 절대적으로 필요로 하고 있다고 지적했다. 그는 미국 또한 러시아가 생산해내는 것들을 필요로 한다고 말했다. 그는 희귀금속, 금, 목재 펄프, 크롬, 텅스텐 같은 것을 무역할 수 있다고 했다. 그는 아마도 이 문제를 꽤 오래 생각하고 여러 번 곱씹은 것 같았다. 그는 이러한 상호이해를 가로막고 있는 수많은 어려움을 잘 모르는 것 같았고, 모르기는 우리도 마찬가지였다.

우리는 외국인이었고, 메모 조각을 연회 사회자에게 전달할 수 없었기 때문에, 매 건배사에 답사를 하도록 허락되었다. 그래서 우리는 모든 종류의 장막, 즉 철의 장막, 나일론 장막, 정치적 장막, 거짓의 장막, 미신의 장막이 제거되는 날을 위해 건배했다. 장막이 전쟁의 전주이고, 만일 전쟁이 일어난다면 그것은 단지 두 가지 이유 때문이라고 말했다. 하나는 어리석음 때문이고, 다른 하나는 의도 때문이라고 말했다. 만일 어느 지도자가 그런 의도를 가지고 있다면 그런 지도자는 제거되어야 하고, 만일 어리석음 때문에 전쟁이 일어난다면 그 원인을 좀 더 자세히 살펴보아야 한다고 설명했다. 가장 어리석고, 가장 호전적인 사람을 포함해서 어느 누구도 현대의 전쟁에서 승리를 거둘 수 없다는 것을 알기 때문에 진지하게 전쟁을 제안하는 지도자는 미친 범죄자로 끝까지 추적해서 물러나게 해야 한다고 말했다. 카파는 전쟁을 너무도 많이 보아왔고, 나는 조금밖에 보지 못했지만, 우리 둘 다 이 문제를 매우 심각하게 생각하고 있었다.

우리가 건배사를 끝냈을 때 많은 와인이 디캔터에서 따라졌고, 모든 사람이 식탁에서 일어났다. 모든 사람이 자신의 잔을 식탁의 나머지 모든 사람과 부딪쳐야 했다. 조지아식의 친밀한 건배가 진행되었다. 모든 사람이 자기 옆 사람과 팔짱을 낀 채 자기 잔의 술을 마셨다. 여자들은 부엌에서 몸을 기울여 이 모습을 지켜보았고, 입구에는 이웃들이 모여 있었다. 와인 디캔터가 이들에게도 건네졌다.

우리가 만난 조지아 사람들은 웨일스 사람들 같았다. 열 사람이 모이면 최소한 일곱은 가수였다. 이제 식탁에서 노랫소리가 터져 나와, 대단한 합창이 시작되었다. 이들은 조지아 산악 목동들의 노래와 오래된 전투가를 불렀고, 너무 좋은 목소리였고, 합창이 너무 뛰어나서 이 사람들이 전문 성악가 집단처럼 보였지만, 실제로는 평범한 사람들이었다. 노래 템포가 빨라지자 두 사람이 의자를 뒤집어서 무릎 위에 올려놓더니 북처럼 두드렸다. 그러자 춤이 시작되었다. 부엌에서 여자들이 나와 춤을 추었고, 남자들도 식탁에서 튀어나와 춤을 추었다. 음악은 남성 합창과 의자 바닥을 두드리는 소리와 손뼉이었다.

대단한 무용 음악이었다. 어떤 때는 남자 혼자 춤을 추거나 여자 혼자 춤을 추고, 어떤 때는 남녀가 같이 추었는데,

스텝이 빠른 조지아 전통 춤이었다. 이것이 우리가 음식 한 입 먹고, 와인 한잔하기 위해 조지아 농가에 잠깐 들른 경험이었다. 우리는 아쉬운 작별을 하지 않을 수 없었다.

   우리 지프차가 바투미를 향해 언덕을 달려 내려올 때 비가 다시 내리기 시작했다.

   그날 밤 트빌리시로 돌아가는 기차를 탔다. 우리는 기차를 타기 전에 극장을 가보기로 되어 있었다. 그러나 피로가 심하고 과식을 하고 와인을 너무 마시고, 너무 많은 인상을 받아서 극장 공연은 큰 인상을 남기지 못했다. 연극은 조지아어로 공연된 「오이디푸스 왕」이었다. 우리 두 눈은 오이디푸스가 번쩍이는 금이빨의 잘생긴 사람이고, 그의 붉은 머리는 화려하게 붉다는 것만 알아차릴 정도로만 떠져 있었다. 그는 계단을 계속 오르내리며 연기를 했다. 그는 힘차고 우아하게 자신의 대사를 이어나갔다. 오이디푸스가 자신의 눈을 꺼내고, 자신의 피 묻은 셔츠를 찢을 때 우리 눈은 거의 감겼지만, 우리는 다시 눈을 억지로 떴다. 관객들은 여기를 찾아온 미국인들인 우리를 뒤돌아보느라 절반의 시간을 보냈다. 우리는 이곳에서 화성인보다 조금 덜 신기한 존재였고, 우리는 반쯤 잠이 든 상태였으므로 우리의 이점을 살리지 못했다. 우리 호스트는 우리를 극장 밖으로 데리고 나가 차로 밀어 넣었고, 억지로 기차 계단에 오르게 했다. 우리는 몽유병 환자 같았다. 그날 밤 창문을 열기 위해 경비원과 싸울 필요가 없었다. 기차 침대에 쓰러져 바로 잠이 들어버렸다.

우리는 이 대단한 조지아 사람들의 상대가 되지 못했다. 그들은 우리보다 더 먹고, 더 마시고, 더 춤을 추고, 더 많이 노래했다. 그들은 이탈리아인들의 열정적인 쾌활함과 부르군트족[65]의 육체적 에너지를 소유했다. 이들은 모든 것을 멋지게 해냈다. 조지아 사람들은 우리가 만난 러시아 사람들과 아주 달랐다. 이들이 다른 소련 공화국에서 왜 그렇게 존경을 받는지 이해하는 것은 어렵지 않았다. 이들의 에너지는 아열대 기후에서 살아남았을 뿐 아니라 더 강인해졌다. 그 어떤 것도 이들의 개성과 영혼을 부술 수 없었다. 이것은 오랫동안 침략자들과 차르 군대와 독재자들과 얼마 되지 않는 지역 귀족들에 의해 단련이 되었다. 모든 것이 이들의 기백에 도전했지만 어떤 것도 아무런 흔적도 남기지 못했다.

기차는 오전 11시경 트빌리시 역에 도착했고, 우리는 그 직전까지 잤다. 우리는 간신히 일어나 옷을 추슬러 입고 호텔로 가서 좀 더 잠을 잤다. 우리는 전혀 먹지 않았고 차 한 잔 마시지 않았다. 왜냐하면 다음 날 아침 모스크바로 날아가기 전에 해야 할 일이 하나 더 있었기 때문이다. 그날 밤 트빌리시의 지식인들과 예술인들이 우리를 위한 환송 파티를 베풀었다. 만일 이번에도 먹기 시합으로 변형된다면, 이것은 정확히 본 것이었다. 우리는 내내 먹기만 한 듯 보인 것

---

[65] 부르군트족(Burgundians) 고대 게르만 민족의 한 부족. 로마제국의 용병으로 이름을 떨치다가 로마제국의 세력이 약해지면서 영토를 확장하고 부르군트 왕국을 건립하였으나 아틸라의 훈족 용병군에게 패하여 멸망하였다.

은 아니었지만, 실제로는 그랬다.

　몸에도 홍수가 나서, 풍부한 음식과 와인에 무뎌질 수 있었고, 양념과 오래된 와인 맛도 사라질 수 있다. 마찬가지로 마음도 인상에 수몰되고, 경치에 압도되고, 색과 움직임을 더 이상 감지하지 못할 수도 있다. 우리는 너무 많이 먹고, 너무 많이 마시고, 너무 많이 보았기 때문에 고통을 당하고 있었다. 외국에 가면 한 달간은 인상이 예민해져서 정확하지만, 그다음에 이것은 흐릿해지고, 5년 동안 반응이 정확하지 못해지기 때문에, 한 나라에 한 달 아니면 5년을 머물러야 한다는 말이 있다.

　우리는 더 이상 사물을 예리하게 보지 못하고 있다는 느낌을 받았다. 그리고 그날 밤 조지아 지식인들이 베푸는 만찬에 다소의 공포도 느끼고 있었다. 우리는 너무 피곤했고, 연설, 특히 지적인 연설을 듣고 싶지 않았다. 예술, 정치, 경제, 국제 관계에 대해 생각하고 싶지 않았다. 특히 먹거나 술을 마시고 싶지 않았다. 단지 침대로 가서 비행기 시간까지 잠을 자고 싶었다. 그러나 조지아인들은 우리를 너무 친절하게 대해주고, 너무 유쾌해서 우리는 저녁 식사에 가야만 했다. 이것은 이들이 우리에게 정중히 부탁한 공식적인 일이었다. 우리는 조지아인들을 믿고, 그들의 민족적 천재성을 믿었어야 했다. 왜냐하면 그날 만찬은 우리가 이럴 것이라고 예상한 것과 같지 않았기 때문이다.

　우리는 복장이 말이 아니었다. 우리는 옷을 많이 가져오지 않았고, 당신이 비행기를 타고 여행한다면 그렇게 하는 것은 불가능하다. 바지는 소련에 들어온 이후 제대로 다려진 적이 없었다. 코트에는 실수로 쏟아진 음식 자국이 있었다. 셔츠는 빨래했지만 제대로 다려지지 않았다. 우리는 한껏 멋을 낸 미국의 멋진 스타일과 거리가 멀었다. 그러나 카파는 머리를 제대로 감았고, 우리 둘 다 그래야 했었다. 스펀지로 옷의 얼룩을 닦아내고, 새 셔츠를 입었다. 이렇게 우리는 만찬에 갈 준비를 마쳤다.

조지아 친구들은 우리를 푸니쿨라[66]에 태워 바로 절벽 위의 거대한 식당으로 데리고 올라갔다. 이 장소에서는 계곡 전체가 내려다보인다. 올라갔을 때 이미 해가 졌는데, 우리 아래 불빛에 빛나는 도시가 있었다. 저녁 하늘은 검은 캅카스 산봉우리 뒤에 황금색의 노을을 펼치고 있었다.

대단한 파티였다. 1킬로미터나 될 듯이 긴 식탁이 펼쳐져 있었다. 약 80명이 손님을 위해 차려진 자리였다. 조지아의 무용수들이 있었고, 가수들, 작곡가들, 영화제작자들, 시인들, 소설가들이 앉아 있었다. 식탁은 꽃에 덮여 멋지게 장식되었고 도시는 다이아몬드 줄처럼 절벽 아래 펼쳐졌다. 멋진 여자 가수들과 무용수들이 있었다.

만찬은 다른 모든 만찬과 마찬가지로 지루한 몇 번의 축사로 시작되었다. 그러나 조지아인의 본성과 조지아인의 천

---

66 **푸니쿨라(funicular)** 무동력 기차로 대개 가파른 언덕에서 내려오는 기차의 무게로 아래 있는 기차가 끌려 올라간다.

재성은 이것을 참지 못했고, 연설은 바로 뒷전으로 물러났다. 조지아인들은 고루한 사람들이 아니어서, 오랫동안 연설을 할 수 없었다. 노래가 터져 나오며 독창, 합창이 이어졌다. 춤도 시작되었다. 와인이 돌기 시작했다. 카파는 저 유명한 자신의 장기인 코자츠키 춤[67]을 추었다. 우아하지는 않지만, 그 춤을 출 수 있다는 것만으로도 대단했다. 아마도 잠을 제대로 잔 덕분에 우리는 새 생명을 얻었고, 와인도 약간의 도움을 주었다. 파티는 밤늦게까지 계속되었다. 나는 한 조지아 작곡가가 잔을 높이 들고 웃음을 터뜨리며 "정치는 지옥에나 가라!"라고 건배한 것을 기억한다. 나는 멋진 여자와 춤을 춘 것을 기억하고, 그녀는 세계적으로 유명한 조지아 무용수였다. 나는 길거리에서 같이 합창을 한 것을 기억한다. 경찰이 다가와 노래 내용이 무엇인지 관찰하다가 이들도 합창에 참여했다. 흐마르스키는 약간 기분이 좋은 듯했다. 그도 우리만큼 조지아가 낯설었다. 언어 장벽은 사라져버렸고, 나라의 경계도 사라져버려서 더 이상 통역이 필요 없었다.

우리는 멋진 시간을 보냈다. 공포와 망설임을 갖고 온 만찬은 대단히 멋진 파티가 되었다.

해 뜰 시간이 되어서야 우리는 간신히 몸을 끌고 호텔로 돌아왔다. 우리 비행기가 몇 시간 뒤에 출발 예정이어서 잠

---

[67] 코자크들의 춤으로 현란한 발동작이 특징이다.

을 잘 수가 없었다. 우리는 몽롱한 상태에서 짐을 싸고, 어떻게 왔는지 알 수 없게 공항에 도착했다.

해 뜨기 전 어두운 시간에 공항에 오는 것은 이미 일상이 되었다. 우리의 호스트들이 우리를 공항으로 데려가기 위해 큰 차를 가지고 왔다. 이들은 구역질을 참고 있는 듯했는데, 우리도 마찬가지였다. 밤샘 파티로 기력은 남아 있지 않았다. 우리는 짐과 카메라와 필름을 가지고 해가 뜨기 전에 공항으로 왔고, 늘 그랬듯이 식당으로 가서 차와 큰 비스킷을 먹었다. 비행장 반대쪽 끝에서는 러시아 전투기가 정찰에 나서기 위해 두 대씩 떴다.

흐마르스키도 지쳐서 주의력이 산만해졌다. 우리 쪽에 거대한 수송기 C-47이 발동을 건 상태였고, 사람들이 탑승했다. 이 비행기가 우리가 타고 갈 비행기인지 물었고, 아니라는 대답을 들었다. 비행기는 이륙했다. 한 시간 뒤 비행기에 대해 다시 물었다. 한 시간 전 출발한 비행기가 우리가 타야 했던 비행기였다. 크렘린의 그렘린이 다시 망령을 부렸다. 우리는 그 비행기에 타야 한다고 아무도 말해주지 않은 것에 대해 씁쓸하게 불평을 쏟아냈다. 흐마르스키도 화가 잔뜩 났다. 그는 공항 책임자와 길고 격렬한 대화를 나눴다. 그는 손으로 큰 제스처를 하며 말했고, 우리가 도저히 발음할 수 없는 러시아어 자음을 써가며 항의했다. 그 말은 연속으로 터지는 폭죽 같았다. 흐마르스키는 이 문제를 모든 관련 기관에 보고하겠다고 위협했고, 공항 책임자는 바짝 기가 죽었다. 그러고 나서 그의 얼굴이 밝아지더니 "당신들은 특별기를 타고 가면 됩니다. 지금 비행기가 준비되었습니다."라고 말했다.

우리는 감동을 받아 기분이 좋아졌다. 평생 특별기를 타고 어디를 가본 적이 없었기 때문이다. 우리는 비행기 바닥에 발을 뻗고 잘 수 있을 것이라고 상상했다. 특별기는 한 시간 뒤에 출발한다고 했다. 비행기가 출발 준비를 하는 데 그렇게 오랜 시간이 걸렸다. 우리는 다시 식당으로 가서 차를 더 마시고, 큰 비스킷을 또 먹었다.

한 시간 뒤 우리는 재차 물었다. 엔진 정비를 좀 더 해야 한다는 말을 들었고, 35분만 더 기다리면 '특별기'를 타고 갈 수 있다고 했다.

우리의 호스트들은 완전히 진이 빠져서 그대로 쓰러질 것 같았다. 우리는 그들에게 트빌리시로 돌아가서 잠을 좀 자라고 말했지만, 이들은 너무 정중해서 그렇게 하려고 하지 않았다. 그들은 모스크바로 떠나는 우리를 끝까지 환송하려고 했다. 차를 두 잔 더 마시고 45분을 기다렸다. 우리는 다시 한번 비행기에 대해 물어보았다. 공항 책임자는 터키 정부가 파견한 대표단이 모스크바 정도 800주년 행사에 참여하기 위해 공항으로 오고 있다는 말을 했다. 우리가 특별히 마다하지 않으면, 그들도 우리 비행기를 타고 간다고 했다. 우리가 허락한다면 그들은 우리와 함께 특별기를 타고 갈 수 있었다. 우리는 지금 터키 정부를 전혀 좋아하지는 않지만 그렇게 말을 하는데, 주권국가의 대표단이 우리의 작은 특별기를 같이 타고 가는 것을 거절할 수 없었다. 우리는 아주 너그럽게 생각하고 허락을 내렸다.

그래서 "그 사람들도 타게 하세요. 우리는 그들과 함께 가겠습니다."라고 말했다.

그러나 한 가지 문제가 있었는데, 아직 그들이 공항에 도착하지 않은 것이었다. 그들은 아직 트빌리시에 있었고, 반 시간 뒤 도착할 예정이었다.

우리는 다시 식당으로 들어갔고, 다시 두어 잔 차를 마시고 큰 비스킷을 또 먹었다. 해가 뜨고 공기가 뜨거워졌다. 러시아 정찰기들이 착륙하고 다른 팀이 이륙했다. 우리는 걷잡을 수 없는 피로로 눈이 천근만근 무거웠다. 한 시간이 지나 우리는 다시 공항 책임자에게 다가갔고, 흐마르스키조차도 이제 완전히 흥분했다. 도대체 터키 사람들은 어디에 있는 건가?

아마도 그들이 탄 기차가 트빌리시에 도착하지 않고, 철로 어디에선가 지연되고 있고, 우리가 그들이 비행기에 타도록 허락했기 때문에 공항 책임자는 이들을 공항에서 나오되도록 할 수는 없다고 하며 반 시간을 더 기다려줄 수 있는지 물었다.

우리 몸에 채운 차가 목구멍까지 찼다. 우리는 다시 식당으로 가서 다시 차 한 잔을 마셨는데, 우리 입에서 거품이 되어 나왔다. 흐마르스키는 얼굴을 팔에 묻고 엎드렸다. 나는 그에게 그렘린의 정의를 상기시켰다. 그러자 그는 소련에서는 사람들이 유령을 믿지 않는다고 했다.

내가 말했다. "흐마르스키 씨, 이제 당신도 유령을 믿지요?"

그러자 그는 피곤한 눈을 치켜뜨고 주먹으로 식탁을 치더니 소리를 지르면서 공항 책임자에게 달려갔다.

트빌리시에서 우리를 배웅하러 온 우리의 호스트들은 나무 아래 땅바닥에 쪼그리고 앉아 거의 잠이 든 상태였다. 그러나 우리는 비행기가 35분 뒤에 뜬다니 잠을 잘 수가 없었다.

두 시간 반 후 터키인들의 짐이 도착했다. 트럭에 스무 개의 터질 듯한 짐가방이 실려 왔지만 터키인들은 보이지 않았다. 알고 보니 밤새 기차 여행을 한 터키 사람들은 피로감에 목욕을 하고 아침을 먹고, 좀 쉬러 호텔로 들어갔다. 공항 책임자는 아주 미안해했지만, 이것은 국제적인 문제이니 우리가 터키인들이 비행기를 타게 허락해주면 그는 더할 나위 없이 행복하겠고, 자신의 자리와 명성을 지킬 수 있다고 했다.

다시 한번 우리는 한없이 관대해졌다. 우리는 과학적 진리를 발견했다. 우리는 사람의 몸이 얼마나 많이 인내를 할 수 있는지 알았고, 그 한계에 도달했다.

12시 반 터키인들이 도착했다. 이들은 모두 뚱뚱했다. 남자 넷과 여자 둘이었다. 그들이 겨우 2주 남짓 러시아에 머물 것이면서 도대체 왜 스무 개가 되는 거대한 가방을 가지고 왔는지는 알 수가 없었다. 아마도 이들은 하렘을 접어서 가지고 왔을지도 모른다는 생각이 들었다. 그들은 뒤뚱거리며 활주로를 걸어가 비행기에 올랐다. 우리가 비행기를 둘러 쌌을 때 그들은 비행기 문을 닫으려고 했다. 문에서 다소 실랑이가 지나고 그들은 우리를 비행기에 오르게 했다. 이것은 우리 특별기가 아니라, 터키인들의 특별기였다. 우리가 그들을 함께 타고 가게 허락한 것이 아니라, 그들이 우리를 함께 타고 가게 허락한 셈이 되었지만, 이것을 썩 내켜 하지 않았다. 우리는 미국 납세자로서 이들의 위대한 국가의 민주주의에 봉사하기 위해 우리의 달러를 제공하고 있다는 것을 상기시키고 싶지 않았다. 우리가 간절히 바라는 것은 빨리 비행기에 타서 트빌리시를 조금이라도 빨리 떠나는 것이었다. 흐마르스키는 거의 울다시피 하며 움직이는 모든 것을 향하여 주먹을 흔들어댔다. 그는 이 사건에 대해 모스크바의 모든 신문에 편지를 쓸 생각을 했다.

드디어 우리가 비행기에 올라타는 것이 허락되었고, 둥글둥글하게 생기고, 질 치려입은 터키인들은 우리가 같이 탄 것을 투덜거리며 자기 자리에 앉았다. 그들은 의심스러운 눈으로 우리의 짐을 쳐다보았다. 그들은 우리가 만난 터키인들 중 가장 좋은 냄새가 나는 사람들이었다는 것을 말하고 싶다. 그들 모두가 싸구려 이발소에서 막 나온 것 같았다. 우리가 찌는 듯한 공항에서 기다리는 동안 이들은 장미 향유로 목욕을 하지 않았나 하는 생각이 들었다.

우리는 트빌리시의 우리의 호스트들에게 열심히 손을 흔들었다. 이들은 너무 친절했고, 우리를 너무 잘 대해주었다.

우리는 그들에게 꽤 귀찮은 존재였을 것이다. 우리의 친구인 기마 대원 운전사는 격렬하게 손을 흔들었다. 아무것도 그를 지치게 만들 수 없었다.

늘 그렇듯이 에어컨이 작동하지 않아 비행기 안은 후덥지근했고, 장미 향유 냄새가 코를 찔렀다. 우리 비행기는 공중으로 힘겹게 떠오르더니 캅카스산맥을 넘어가기 위해 급상승했다. 비행기 아래 산등성이의 오래된 성들과 요새들을 보았다.

조지아는 마법과 같은 곳이다. 당신이 그곳을 떠날 때면 꿈을 꾼 것같이 느낀다. 조지아인들도 마법과 같은 사람들이었다. 이들이 세상에서 가장 풍요롭고 아름다운 나라를 가진 것은 사실이었다. 이제야 왜 러시아인들이 "조지아를 볼 때까지는 아무것도 본 것이 아니다."라고 말하는지 제대로 이해할 수 있을 것 같았다.

우리는 흑해 위를 날아 수후미에 잠시 착륙했지만, 이번에는 승무원들이 수영을 하러 가지 않았다. 과일을 파는 여자들의 줄은 여전히 그곳에 있었고, 우리는 모스크바에 있는 특파원들을 위해 복숭아 큰 상자를 샀다. 금방 익지 않은 단단한 복숭아를 골랐다. 그러나 슬픈 일은 복숭아가 더 이상 익지 않았다는 것이다. 복숭아는 우리가 산 상태로 썩기 시작했다.

우리는 캅카스의 낮은 산맥을 지나 끝없이 이어지는 평원 위를 날았다. 우리 비행기는 로스토프에 착륙하지 않고 바로 모스크바로 갔다. 모스크바는 추웠다. 이미 겨울이 빠르게 다가오고 있었다.

  흐마르스키는 아주 조바심이 많은 사람이었다. 이번에 우리는 흐마르스키를 거의 자를 뻔했다. 그러나 흐마르스키의 그렘린도 지쳤다. 모스크바 공항에서는 아무 문제가 없었다. 사람들이 마중 나왔고, 기다리는 차를 타고 아무 문제 없이 모스크바로 들어갔다. 우리는 사보이호텔의 우리 방을 보고 너무 행복했다. 미친 원숭이, 미친 염소와 창백해진 물고기들이 반가웠다. 방을 찾아 계단을 올라갈 때 크레이지 엘라의 흉상이 우리에게 윙크를 하고 목인사를 했다. 2층의 박제 곰은 몸을 펴서 경례를 했다.

  카파는 오래된 영국 경제 신문을 가지고 욕조에 들어갔다. 그가 거기 있는 동안 나는 잠이 들었다. 내가 아는 한 그는 욕조에서 밤을 샜을 것이다.

9
모스크바 마지막 여정

 모스크바는 경축 행사 준비가 한창이었다. 수많은 사람들이 건물에 어마어마한 크기의 국가 영웅들의 포스터와 초상화를 붙였다. 그 면적은 수 에이커에 달할 것이다. 다리에는 장식용 전구를 달았다. 크렘린 벽과 탑들, 심지어 성곽에도 줄을 지어 전구가 달렸다. 모든 공공건물에는 투광조명이 설치되었다. 모든 광장에는 댄스 무대가 설치되고, 일부 광장에는 사탕, 아이스크림, 기념품을 파는 러시아 동화에 나오는 집같이 생긴 작은 부스들이 만들어졌다. 특별한 기념 배지가 만들어졌고, 모든 사람이 배지를 달고 있었다.

 많은 나라의 대표단들이 쉴 새 없이 도착했다. 버스와 기차가 사람들로 가득 찼다. 도로도 모스크바로 들어오는 사람들로 가득 찼다. 이들은 며칠을 보낼 옷뿐만 아니라 음식도 가지고 왔다. 그들은 늘 자주 배가 고파서, 이동할 때마다 뭔가를 먹었고, 모두 빵 몇 덩어리를 가지고 다녔다. 깃발과 배너, 종이로 된 조화가 모든 건물을 장식하고 있었다. 정부 각 부처는 사무실이 위치한 모든 건물에 자신들의 표지판을 달

모스크바 크렘린 야경, 러시아 모스크바, 1947.

왔다. 지하철공사는 거대한 모스크바 지하철 지도를 건물에 걸고, 그 아래에 모형 지하철이 왔다 갔다 하게 했다. 이것을 보려고 사람들이 몰려들어 하루 종일 모형 지하철을 바라보고, 밤늦도록 구경했다. 식품을 잔뜩 실은 화물차와 트럭들이 시내로 들어왔다. 양배추, 멜론, 토마토, 오이 등 집단농장들에서 모스크바의 800주년 기념으로 보낸 선물이었다.

거리를 다니는 모든 사람은 메달, 리본, 훈장 등 전쟁을 기념하는 것을 가슴에 달고 있었다. 도시에는 행사가 넘쳐났다.

나는 헤럴드트리뷴 지국에 갔는데, 스위트 조 뉴먼이 보낸 전보가 있었다. 그는 스톡홀름에 발이 묶여 있었고, 내가 헤럴드트리뷴지를 위해 이 행사를 취재해 달라는 부탁이었다.[68] 그는 이 행사에 맞춰 돌아올 수 없었다.

카파는 필름을 가지고 필사적으로 작업을 했다. 그는 스스로 자신의 작업을 비판하고, 인화의 질을 비판하고, 모든 것을 투덜거렸다. 그는 지금 엄청난 양의 음화를 가지고 있었고, 창가에서 오랜 시간을 보내며 음화를 점검하며 계속 불평을 했다. 제대로 된 것은 하나도 없었고, 바로 된 것도 하나도 없었다.

우리는 대외문화교류처의 카라가노프 씨를 찾아가서, 필름을 러시아 밖으로 가지고 나가기 위해서는 어떻게 해야 하는지 정확하게 알려 달라고 부탁했다. 당연히 검열이 있을

---

68   스타인벡은 2차세계대전 중 『헤럴드트리뷴』 특파원으로 일했다.

것으로 생각했고, 우리가 사전에 이를 위해 어떤 준비를 해야 하는지 미리 알고 싶었다. 카라가노프 씨는 바로 알아보고 우리에게 알려주겠다고 말했다.

기념일 전날 우리는 볼쇼이극장으로 초대받았지만, 어떤 행사가 있는지는 알지 못했다. 다행스러운 사건으로 인해 우리는 그곳에 갈 수 없었다. 그곳에서 6시간 동안 연설이 이어졌는데, 정부 고위 관리들이 참석해 있었기 때문에 아무도 중간에 자리를 뜰 수 없었다고 했다. 이것은 우리에게 일어난 사건 중 가장 행운의 사건이었다.

식당과 카바레는 사람들로 가득했고, 많은 좌석이 소련의 여러 공화국과 외국에서 온 손님들을 위해 배정되어서 우리는 자리를 예약할 수 없었다. 사실 그날 저녁 식사를 하는 것은 아주 어려웠다. 모스크바 시내에는 어마어마한 사람들이 떼 지어 다녔다. 이들은 천천히 거리를 걸으며 한 광장에서 음악을 듣고, 다시 어슬렁거리며 다음 광장으로 갔다. 이들은 구경하고 다시 걸어가고 다시 구경했다. 시골에서 올라온 사람들은 눈이 휘둥그레졌다. 이들 중 일부는 전에 모스크바를 본 적이 없었고, 아무도 이렇게 환하게 불이 켜진 모스크바를 본 적이 없었다. 광장에서는 사람들이 서로 붙잡고 춤을 췄지만, 춤추는 사람이 그렇게 많은 것이 아니었다. 대부분의 사람들은 걷다가 구경하고, 다시 걸어가서 다른 것을 구경했다. 박물관은 사람으로 꽉 차서 도저히 들어갈 수 없었다. 극장도 사람들로 가득 찼다. 최소한 거대한 스탈린 초상화 하나가 걸리지 않은 건물은 없었다. 두 번째로 큰 초상화는 몰로토프였다. 다음으로 여러 공화국의 당 제1서기들의 커다란 초상화가 걸려 있었고, 소련의 영웅들 초상화가 걸렸는데, 그 크기는 점점 작아졌다.

그날 저녁 우리는 모스크바에 오래 주재한 미국 특파원의 집에서 열린 작은 파티에 갔다. 그는 러시아어를 유창하게 말하고 읽을 줄 알았는데, 그는 현재 러시아에서 집을 유지하는 것과 관련된 여러 가지 어려움을 말해주었다. 호텔 서비스와 마찬가지로 관료주의적 체계 때문에 발생하는 어려움이었다. 너무 많은 기록과 회계 절차가 있어서 집을 수리하는 것은 사실상 불가능했다.

저녁 식사 후 그는 책장에서 책을 하나 꺼내서 "이 책을 내가 읽어드리겠습니다."라고 말하고, 러시아어 문장을 번역해가면서 천천히 책을 읽어 내려갔다. 그는 "이것은 정확한 번역은 아니고, 거의 원문에 가까운 번역입니다."라고 덧붙였다.

"모스크바의 러시아인들은 외국인들에게 의심이 많다. 외국인들은 끊임없이 비밀경찰의 감시를 받는다. 모든 행동이 관찰되어 본부에 보고된다. 모든 외국인들에게는 경비원이 배정된다. 이뿐만 아니라, 러시아인들은 외국인을 자기 집에 초대하지 않는다. 이들은 외국인과 얘기를 많이 하는 것도 두려워하는 것으로 보인다. 외국인이 정부 관리에게 보낸 청원은 대개 회신이 없으며, 다시 청원을 보내도 답을 받지 못

춤추는 시민들, 러시아 모스크바, 1947.

한다. 귀찮게 보채면, 그 관리가 도시에 없거나 아프다는 답이 돌아온다. 외국인은 많은 어려움을 겪은 후에야 러시아를 여행할 수 있는 허가를 받는다. 여행 중에도 이들은 세밀한 감시를 받는다. 이런 전반적인 냉대와 의심 때문에 모스크바를 방문하는 외국인들은 자기들끼리만 어울리게 된다."

이것 말고도 이런 식의 이야기가 많았다. 이야기를 끝내고 우리 친구는 우리에게 물었다. "이런 것에 대해 어떻게 생각합니까?"

우리는 "당신은 검열을 통과할 것 같지 않네요."라고 대답했다.

그는 웃음을 터뜨리더니, "이 이야기는 1634년에 쓰인 것입니다. 이것은 아담 올레아리우스Adam Olearius라는 사람이 쓴 『모스크바 공국, 타타르, 페르시아 여행기Voyages in Muscovy, Tartary and Persia』 책 내용이죠. 모스크바에서 열린 회의에 대한 설명도 들어보실래요?"라고 물었다.

그는 다른 책에서 일부를 발췌해 읽었는데, 내용은 다음과 같았다. "외교적으로 러시아 사람들은 같이 어울리기에 아주 힘든 사람들이다. 한 계획을 제안하면, 이들은 다른 계획을 가지고 나온다. 러시아 외교관들은 넓은 세계에서 훈련을 받지 못했다. 이들은 대부분 러시아를 떠나본 적 없는 사람들이다. 실제로 프랑스에서 산 러시아 사람은 프랑스인으로 여겨지고, 독일에서 산 러시아 사람은 독일인으로 간주되어 고국에서 신뢰를 받지 못한다. 러시아인들은 외교에서 직선적으로 나가지 않는다. 이들은 결코 핵심으로 가는 법이 없다. 이들은 얘기를 빙빙 돌리며 논쟁을 한다. 몇 단어를 끄집어내어, 이를 통해 논쟁하고 빙빙 돌린다. 결국 전반적인 혼란이 회의 결과가 된다."

잠시 숨을 돌리고 그가 말했다. "이것은 1661년 마이어부르크의 남작인 프랑스 외교관 오귀스탱이라는 사람이 쓴 글입니다. 이런 일들은 현재 상황에 비추어보면 좀 나은 편이지요. 나는 일부 면에서 러시아는 크게 변하지 않았다고 생각합니다. 외국에서 온 대사들과 외교관들은 지난 600년간 이곳에서 거의 미칠 지경이었습니다."

밤늦은 시간에 우리 호스트는 우리를 숙소로 데려다주려고 했다. 그러나 중간에 그의 차에 기름이 떨어졌다. 그는 차에서 내리더니 지나가는 첫 차를 잡아서, 러시아어로 재빨리 말하곤 운전자에게 100루블을 주었다. 우리는 그 차를 탔고, 전혀 모르는 사람이 우리를 숙소로 데려다주었다. 우리는 이런 일이 늘 일어난다는 것을 알았다. 밤늦은 시간에는 어떤 차도 택시가 되고, 아주 높은 가격을 부른다. 정규 택시가 운행되지 않는 것은 오히려 행운이었다. 당신이 목적지를 말하면, 그는 자신이 가는 방향으로 갈 것인지 물을 것이다. 이런 차들은 마치 전차처럼 운행되었다.[69]

모든 장식에 더해서 새로운 장비와 기계 들도 경축 행사에

---

[69] 소련 시대에는 상업용 택시가 거의 없었고, 야간에 거의 모든 차가 손님을 태워주는 택시가 되었다.

나왔다. 거대한 새 전기 전차, 철로 없이 다니는 전차가 거리에 전시되었다. 지스 자동차 공장은 멋진 신형 차들을 많이 전시했는데, 이 차들은 외국에서 온 큰 대표단만 사용할 수 있게 제공되었다.

이제 겨우 9월 6일인데 모스크바는 아주 추워지기 시작했다. 우리 호텔방도 아주 추웠지만, 몇 달간 난방은 없을 것이었다. 우리는 잠잘 때가 아니면 방에서도 외투를 입고 있었다. 메트로폴호텔에 있는 특파원들은 여름 동안 치워두었던 전기난로를 꺼냈다.

경축일 새벽까지 카파는 카메라를 들고 거리를 미친 듯이 다녔다. 그는 이제 자신을 도와서 모스크바 여기저기를 같이 다니고, 경찰에게 아무 문제가 없다고 설명해주는 러시아 사진사를 두었다. 붉은 광장에서는 그에게 배정된 경찰이 따로 있어서 일을 수월하게 하고, 불쾌한 일이 일어나지 않게 처리해주었다. 그는 건물들, 전시물들, 군중, 얼굴들, 천천히 걸어 다니는 사람들을 사진 찍었다. 카파는 자신의 일을 할 수 있게 되어 아주 행복해했다.

사람들이 다니는 많은 거리에 작은 식당들이 만들어졌다. 하나가 우리 호텔 맞은편에 있었고, 흰 식탁보가 덮인 두 개의 작은 테이블에 꽃병과 큰 사모바르가 놓여 있었다. 식당 유리장 안에는 소시지와 치즈를 빵 위에 얹은 작은 샌드위치와 피클이 담긴 병, 작은 배와 사과 등을 들여놓고 팔았다.

해가 화창한 추운 날이었다. 서커스에서 나온 코끼리들이

모스크바 정도 800주년 행사에 모인 거리의 군중, 러시아 모스크바, 1947.

광대를 따라 거리를 행진했다. 오늘 군사 퍼레이드는 없었지만, 스타디움에는 큰 행진이 예고되었고, 우리는 오후에 거기로 갔다.

스타디움에서는 밝은 옷을 입은 공장 노동자들이 매스게임을 하고 있었다. 이들은 집단체조와 행진을 했다. 그들은 운동장에 큰 도형을 만들었다. 남녀 육상 경기도 있었다. 투포환 경기와 배구 경기도 열렸다. 춤추는 말들이 나온 행사도 있었는데, 멋지게 훈련된 말들이 왈츠도 추고, 폴카도 추고, 머리 숙여 인사도 하고, 발레의 피루엣[70] 동작도 했다.

정부 고관이 그 자리에 있었다. 그러나 우리 관람석이 고관 관람석과 같은 방향을 바라보고 있어서 그를 볼 수 없었고, 누군지도 몰랐다. 사실 우리는 하나의 기록을 거의 만들었다. 러시아에 있었던 기간 내내 우리는 중요한 사람을 한 사람도 보지 않았다. 흑해에 머물고 있는 스탈린은 이 행사를 위해 모스크바로 오지 않았다.

스타디움에서 진행된 행사는 오후 내내 계속되었다. 자전거 퍼레이드도 있었고 오토바이 시합도 열렸고, 마지막으로 엄청난 연습을 한 것이 분명한 마지막 쇼가 있었다. 오토바이가 열을 지어 트랙을 돌았다. 자리에는 오토바이 운전사가 앉아 있었고, 오토바이마다 위에는 몸에 딱 붙는 옷을 입은 여자들이 커다란 붉은 기를 들고 서 있었다. 오토바이가 전

70　한쪽 발로 서서 도는 동작. 말이 뒷발을 축으로 180도 도는 것을 반(半) 피루엣이라고 한다.

모스크바 정도 800주년 행사 불꽃놀이를 감상하는 시민들, 러시아 모스크바, 1947.

속력으로 달리자 거대한 깃발들이 활짝 펼쳐졌다. 이 퍼레이드 팀이 트랙을 두 바퀴 돌고 나서 쇼는 끝났다.

우리는 디니모 스타디움을 떠나 숙소로 향했다. 나는 조 뉴먼을 대신해서 헤럴드트리뷴에 기사를 송고해야 했고, 카파는 군중 속으로 들어가서 계속 사진을 찍어야 했다. 그러나 절반쯤 왔을 때 우리 차 타이어가 터져서 걸어와야 했다. 카파는 군중 속에 파묻혔고, 나는 한참 동안 그를 볼 수 없었다. 나는 간신히 헤럴드트리뷴 지국으로 돌아와 기사를 써서 검열국에 넘겼다.

우리는 그날 저녁 내셔널호텔에서 루이 아라공Louis Aragon 부부와 저녁 식사를 했다.[71] 이들은 크렘린 뒤편의 거대한 광

모스크바 정도 기념일 불꽃놀이, 러시아 모스크바, 1947.

장이 내려다보이는 발코니가 있는 방을 쓰고 있었다. 이곳에서 우리는 끊임없이 솟아오르는 불꽃놀이를 볼 수 있었고, 간격을 두고 울리는 예포 소리를 들을 수 있었다. 우리 앞의 광장은 사람들로 꽉 찼다. 아마도 수백만 명의 사람이 모인 것 같았다. 이들은 천천히 돌아다니며 광장 앞뒤로 파도처럼 움직였다. 광장 한가운데에는 무대가 설치되어 연설을 하고, 음악을 연주했다. 가수들과 무용수들이 나왔다. 이렇게 많은 사람이 빽빽하게 몰려 있는 모습을 본 것은 새해 전야 타임스퀘어가 유일했다.

아주 밤늦게야 우리는 사람들을 뚫고 우리 호텔에 돌아왔다. 아직도 수많은 사람들이 거리를 이리저리 어슬렁거리고 걸어 다니며 조명과 전구 장식을 구경했다.

나는 잠자리에 들었지만, 카파는 필름통을 내려놓고 음화를 꺼냈다. 내가 잠자리에 들 때도 그는 음화를 불에 비춰보며 제대로 찍힌 것이 없다고 심하게 투덜거렸다. 그는 카메라 중 하나에 빛이 새어 들어간 것을 발견했고, 모든 필름을 망쳤다고 생각했다. 이것은 그를 그다지 행복하게 만들지 못했고, 그가 심히 불쌍해 보여서 나는 다음 날 아침 그에게 단 하나의 지적인 질문도 하지 않기로 결심했다.

체류할 시간은 얼마 남지 않았는데, 우리가 하고 싶은 일은 너무 많았다. 우리는 우리가 도착했을 때 모두 흑해, 아니

---

71 프랑스의 시인 루이 아라공은 초현실주의에 가담하는 한편 열렬한 공산주의자였고, 부인이 러시아인이었다.

면 레닌그라드, 시골로 휴가를 떠난 러시아 작가들을 만나고 싶었다. 연극, 발레도 보고 싶었고, 발레학교도 가보고 싶었다. 카파는 많은 픽업 쇼트를 찍고 싶어 했다. 우리는 거의 매일 대외문화교류처에 전화를 걸어 우리 사진들이 검열을 통과했는지 물었다. 우리는 이것이 점점 걱정되었다. 우리는 사진을 어떻게 해야 하는지 아무 정보도 얻을 수 없었다. 우리는 특별한 청원을 내야겠다고 생각했다. 이들이 이 문제를 검토하고 있다는 것 외에는 아무 정보도 없었다. 그러는 동안 우리 호텔방의 모든 서랍은 필름과 인화된 필름판으로 가득 찼다.

  깊은 가을이 닥쳤고, 빠르게 겨울이 다가오고 있었다. 모스크바 인근 시골 지역에는 파란 안개가 들판 가까이 걸려 있었고, 사방에서 사람들은 감자를 캐고, 배추를 저장했다.

  나와 카파 사이에 차가운 기운이 감돌았다. 왜냐하면 방에서 이상한 냄새가 났고 우리는 이것이 깨끗이 세탁되지 않은 옷에서 나는 냄새라고 여겼다. 우리는 스스로 깨끗하다고 생각했다. 목욕을 많이 하고, 정기적으로 옷을 세탁하도록 보냈지만, 냄새는 점점 심해졌다. 우리는 의심의 눈초리로 서로를 쳐다보았고, 서로를 흉보는 얘기를 슬슬 했다. 냄새는 점점 심해졌다. 우리는 창문을 열고 지내야 했다. 3일째 되는 날 우리는 원인을 발견했다. 원인은 메이컨 장군이 준 DDT 캔이었다. DDT캔 중 하나의 마개가 제대로 닫히지 않아서 냄새가 새어 나와 방을 채운 것이다. 이런 냄새를 생각하지 못하고 우리는 서로를 의심하며 상대에게서 냄새가 난다고 여긴 것이다. 에어로졸 냄새를 알면 이 냄새는 상쾌하고 깨끗한 냄새이지만, 모르면 다소 구역질 나는 냄새로 여겨진다. 우리는 악의 근원을 발견하고 마개를 막아 아주 뿌듯했고, 우리 방은 아름다움을 되찾았다.

경축일 다음 날 밤 엘러리 퀸을 훔쳐 간 카파를 용서한 에드 길모어가 우리를 저녁 식사에 초대했다. 그의 아내는 외모만 멋졌을 뿐만 아니라 멋진 요리사였다. 에드 길모어가 새로 도착한 스윙 레코드를 몇 장 가지고 있어서 그날 밤 우리는 행복하고, 잘 먹고, 알코올 효과 덕에 살짝 퇴폐적인 시간을 보냈다. 우리는 마티니와 작은 피로시키를 먹고, 밤늦은 시간에 춤을 좀 추었다. 멋진 저녁이었고, 카파의 죄를 용서한 에드 길모어의 능력을 찬양했다. 다음 날 스위트 조 뉴먼이 스톡홀름에서 아주 좋은 선물을 안고 돌아왔다. 그는 만년필, 리이터, 담배, 캔에 든 간식, 스카치 몇 병과 가방 가득 화장지를 가져왔다. 그가 다시 돌아와서 너무 좋았다.

모스크바는 본격적으로 겨울을 맞이하고 있었다. 연극 공연이 시작되고 발레 시즌이 되고 상점들은 두터운 면으로 누빈 옷과 사람들이 겨울에 신는 신발을 내놓았다. 아이들은 귀덮개가 있는 모자를 쓰고, 모피 옷깃이 달린 두꺼운 코트를 입고 거리에 나왔다. 미국 대사관 수리반은 건물 전체에 전기 배선을 새로 하느라 바빴다. 작년 겨울에 배선이 타버려 전기 난로를 켤 수 없었고, 직원들은 외투를 입고 일해야 했다.

우리는 대사관 무관부의 젊은 장교 다섯 명이 같이 사는 집에 저녁을 먹으러 갔다. 저녁 식사는 훌륭했지만, 이들은 다른 사람들보다 활동에 더 제약을 받아서 생활은 행복하지 못했다. 이들은 가장 조심스러운 생활을 해야 했다. 내 생각에 미국에 있는 러시아 무관들도 세밀한 감시를 받을 것 같았다. 이들 집 앞에는 항상 정복을 입은 경찰이 지켰고, 이들이 집을 나서면 보이지 않는 미행이 따랐다.

쾌적한 집 안에서 우리는 미군 장교들과 미국 음식을 들며 저녁 식사를 했다. 양고기 다리, 완두콩, 훌륭한 수프, 샐러드, 작은 쿠키들과 블랙커피를 들었다. 우리는 400년 전 밖에는 투구를 쓴 러시아 경비병이 창을 들고 이들을 감시하고 있는 곳에서 어떻게 금과 붉은 장식이 달린 장교복을 입은 영국, 프랑스의 젊은 장교들이 이런 집에서 문 너머를 바라보았을지 상상해보았다. 이런 일들은 별로 변한 것 같지가 않았다.

다른 관광객들처럼 우리는 차이콥스키가 살던 집을 보기 위해 모스크바에서 몇 킬로미터 떨어진 클린Klin이라는 작은 마을을 방문했다. 넓은 정원 안에 예쁜 집이 자리 잡고 있었다. 아래층은 도서관으로 사용되고 있었고, 차이콥스키의 악보들이 보관되어 있는 박물관이었다. 작곡가가 살던 2층은 옛날 그대로 보존되어 있었다. 그의 침실은 그가 남겨놓은 그대로였다. 커다란 실내 가운이 좁은 철제 간이침대에 걸려 있었고, 창가에는 작은 책상이 있었다. 한 여성 팬이 선물한,

페이즐리 무늬로 장식된 커튼이 달린 옷장 테이블과 거울이 방구석에 서 있었고, 그 위에는 머릿기름이 아직 놓여 있었다. 거실에는 그가 한 번 들인 후 평생 쓴 그랜드피아노가 있었다. 책상에는 그릇에 작은 시가와 담배 파이프와 몽당연필이 놓여 있었다. 그의 가족 그림이 벽에 걸려 있었고, 그가 차를 마시던 유리로 된 베란다에는 깨끗한 악보가 놓여 있었다. 그의 조카가 박물관 관리인이었고, 이제는 멋진 노인이 되었다.

그가 말했다. "우리는 차이콥스키가 잠깐 외출했다가 다시 돌아올 것 같아 보이게 이 집을 유지하려고 합니다."

노인은 거의 과거에 살고 있었다. 그는 마치 지금 살아 있는 것처럼 음악의 거인들에 대해 얘기했다. 무소륵스키, 림스키코르사코프, 차이콥스키와 다른 음악가들을 얘기했다. 이 집은 실제로 차이콥스키의 존재로 채워졌다. 피아노는 조율되어 있고, 일 년에 한 번 연주되었다. 가장 뛰어난 피아니스트가 와서 연주하고, 연주는 녹음된다. 차이콥스키의 조카는 우리를 위해 잠시 연주를 했는데, 피아노는 소리가 부드러웠고, 약간 조율이 되어 있지 않았다.

우리는 도서관에 보관 중인 악보를 보았다. 악보는 종이 위에 핀으로 꽂혀 있었고, 급한 손으로 쓴 부분으로 나뉘어 있기도 했고, 한 부분 전체가 줄이 그어져 있기도 했다. 어떤 페이지에는 단지 여덟 개의 음표만 남아 있고, 나머지는 수정 연필로 무자비하게 지워져 있었다. 다른 작곡가들의 악보

모스크바대학교 구건물, 러시아 모스크바, 1947.

도 보았지만, 깨끗하게 작성되어 있었고, 음표가 지워진 곳은 없었다. 그러나 차이콥스키는 하루가, 또 음표 하나하나가 자신 생의 마지막 날인 것처럼 작곡을 했다. 그는 미친 듯이 자신의 음악을 적었다.

노인은 우리와 함께 정원에 앉았다. 우리는 현대 작곡가에 대해 얘기를 나눴다. 그는 조금 슬픈 표정으로 "재능 있는 사람들이지요. 아주 좋은 장인이고, 성실하고 지적인 사람들입니다. 그러나 천재는 아니에요. 천재는 아닙니다."라고 말했다. 그는 차이콥스키가 여름이건 겨울이건 매일 일을 마치고 걷던 긴 정원을 바라보았다.

독일군이 이 쾌적한 집에 들어왔었다. 그들은 여기를 차고로 만들어, 정원에 탱크를 세워두었다. 조카는 독일군이 들어오기 전에 소중한 도서관의 악보와 그림, 피아노를 옮겨놓았다. 이제 이 모든 것이 돌아왔고, 신비로우면서도 귀신이 나올 듯한 장소가 되었다. 관리인의 작은 집 창문에서 피아노를 연습하는 소리가 들렸다. 한 아이가 망설이고 더듬거리면서 피아노 연습을 하고 있었다. 음악을 위해 사는 작은 사람의 열정적 외로움이 정원을 채웠다.

우리의 시간은 이제 얼마 남지 않았고, 우리의 생활도 부산해졌다. 우리는 마지막 며칠 동안 모든 것을 보기 위해 이리저리로 뛰어다녔다. 모스크바대학교[72]를 방문했다. 학생들

---

[72] 현재의 모스크바대학교 캠퍼스는 1953년 지어졌다.

은 우리 학생들과 크게 다르지 않았다. 복도에 모여 크게 웃었고, 한 수업에서 다음 수업으로 뛰어다녔다. 우리 학생들처럼 남녀 학생이 쌍을 이루고 있기도 했다. 2차세계대전 중 대학도 폭격을 받았으나 수업을 진행하면서 학생들은 건물을 재건했다. 학교는 문을 닫은 적이 없었다.

발레 시즌이 시작되었다. 우리는 거의 매일 밤 발레를 보러 갔고, 지금까지 본 것 중 가장 아름다운 발레였다. 공연은 7시 30분에 시작되어 11시가 넘어 끝났다. 출연진은 대단했다. 상업 발레단은 이런 규모의 발레를 공연할 수 없었다. 이런 공연, 연습, 세트, 음악은 보조를 받지 않으면 공연될 수 없었다. 티켓을 판매한 돈만으로 이런 발레단과 공연을 유지하기란 불가능했다.

우리는 모스크바 연극극장도 가서 시모노프의 「러시아 문제」 공연을 보았다. 우리가 연극을 보고 잘못 생각했던지, 아니면 우리가 본 공연이 그렇게 수준 높은 것이 아니었든지 둘 중 하나였다. 우리가 보기에 연기가 과장되고, 말하고자 하는 바를 너무 심하게 강조하고, 현실적이지 않고 너무 양식화되어 한마디로 부자연스러웠다. 미국 신문 재벌 배우는 미국 관객들의 실소를 자아냈을 정도의 연기를 했고, 미국 언론인들에 대한 러시아인들의 인식은 벤 헥트[73] 못지않게 비현실적이었다. 그러나 이 희곡은 믿기지 않을 정도로 성공

---

[73] **벤 헥트(Ben Hecht, 1894-1964)** 미국의 소설가, 극작가. 1차세계대전을 전후하여 일어난 '시카고 문예부흥'의 중심인물로 활약하였다.

적이었다. 그리고 연극이 그려내는 미국 저널리즘의 이미지는 거의 모든 관객들에게 절대적 진리로 받아들여졌다. 우리는 과도한 연출이 일반적인 것을 보기 위해 다른 공연과 배우들도 보고 싶었지만 시간이 없었다. 뉴욕 기준으로 보면 「러시아 문제」 공연은 좋은 연극이 아니었다는 것만 말하고 싶다.

시모노프는 오늘날 소련에서 가장 인기 있는 작가이다. 모든 사람이 그의 시를 알고 낭송했다. 그의 전쟁 회고는 미국의 어니 파일Ernie Pyle만큼 많이 읽혔다. 시모노프는 아주 괜찮은 사람이었다. 그는 자신의 전원주택으로 우리를 초청했다. 집은 단순하고 안락하며 작았는데 넓은 과수원과 함께 있었다. 그곳에서 그는 아내와 조용히 살고 있었다. 그의 집은 화려하지 않았고, 아주 단순했다. 우리는 멋진 점심 식사를 했다. 그는 멋진 자동차를 좋아해서, 캐딜락과 지프를 가지고 있었다. 그의 텃밭, 정원, 과수원, 가금류 사육장에서 나온 재료가 그의 식탁을 채웠다. 그는 만족할 만하고, 단순하고 평안한 생활을 하는 것 같았다. 그러나 그에게도 인기를 시기한 적들이 있었다. 그는 정부가 아주 애지중지하는 작가였고, 훈장을 여러 번 받았다. 그는 러시아 사람들에게 폭넓게 사랑받고 있었다.

그와 그의 부인은 멋지고 친절한 사람들이었다. 우리는 그들이 아주 마음에 들었다. 그리고 모든 전문가들이 그러하듯이 그의 연극에 대한 우리의 비평에는 개인적인 감정이 없었

볼쇼이극장 관람석, 러시아 모스크바, 1947.

볼쇼이 발레, 러시아 모스크바, 1947.

다. 우리는 다트 게임도 하고, 춤을 추고 노래를 불렀다. 우리는 밤늦게 모스크바 시내로 돌아왔다.

모스크바는 아직도 부산했다. 모든 초상화, 깃발, 배너가 우기가 와서 색을 망치기 전에 빨리 철거되어야 했기 때문이다. 이것들은 볼셰비키혁명 30주년 행사에 다시 사용되어야 했다. 올해는 모스크바에 큰 경축 행사가 많은 해였다. 건물, 크렘린, 다리 위의 조명들은 비에 영향을 받지 않기 때문에 그대로 두었다. 이것들도 11월 7일 볼셰비키혁명 기념일에 필요했다.

우리는 크렘린 내부를 보고 싶었다. 모두가 크렘린을 구경하지만, 우리는 사진도 찍으려고 했다. 마침내 관람 허가가 나왔다. 그러나 사진 촬영 허가는 받지 못했다. 크렘린 내부를 사진 찍는 것은 허락되지 않았고, 카메라도 가지고 들어갈 수 없었다. 우리는 특별 관람이 아니라, 일반 여행자들이 구경하는 동선을 따라가며 볼 수 있었다. 그러나 이것이 바로 우리가 원하던 것이었다. 흐마르스키가 다시 한번 안내를 맡았다. 그러나 믿어지지 않게도 흐마르스키도 크렘린 내부에는 들어가본 적이 없었다. 관람 허가는 누구에게나 제공되는 것은 아니었다.

우리는 삼엄하게 경비된 긴 둑길을 걸어갔다. 입구에는 병사들이 있었다. 우리 이름을 적고, 우리 허가서를 세심히 들여다본 다음 그들은 벨을 울렸다. 그러자 호위병이 우리를 대문 안으로 데리고 들어갔다. 정부 건물이 있는 쪽은 갈 수 없었다. 우리는 거대한 장소 내부를 걸었다. 오래전에 지어진 오랜 성당과 많은 이반 4세 이후 차르들이 사용했던 거대한 궁전 안의 박물관으로 들어갔다. 우리는 이반 4세가 사용한 작은 침실과 작은 휴게실과 개인 예배당을 들어가보았다. 이것들은 아주 아름다웠지만, 낯설고 고색창연했다. 잘 보존되어 있었다. 갑옷, 금은제 접시, 무기, 도자기, 예복, 500년간의 황실 선물들이 보존되어 있었다. 다이아몬드와 에메랄드가 박힌 커다란 왕관과 예카테리나 여제의 커다란 썰매도 있었다. 우리는 모피 외투와 보야르boyar라고 불린 고대 귀족들의 화려한 갑옷도 보았다. 외국 왕가가 차르에게 보낸 선물들도 있었다. 엘리자베스 여왕이 보낸 커다란 은제 개와 프레데리크 대왕이 예카테리나 여제에게 보낸 은제 식기, 도자기, 영예의 검, 군주들의 칭송의 편지들도 보관되어 있었다.

황실 박물관을 본 다음에 느낀 감정은, 왕가에서 멀리했어야 힐 악취미가 절대적 필요품이었음이 분명했다는 것이다.

우리는 전사들의 그림이 그려진 이반 4세 홀도 보았는데, 이곳은 여자는 들어올 수 없던 곳이었다. 아주 긴 황실 계단을 올라가 거대한 거울방을 보았다. 그리고 마지막 차르와 그의 가족이 살았던 공간도 보았다. 너무 많은 가구와 과도한 장식과 너무 짙게 치장된 목재 장식이 눈에 들어왔다. 이런 괴물 같은 물건들 사이에서 자라고 생활한 어린이는 자아와는 다른 어른의 성격을 갖게 될 것이 분명했다. 이런 것을 보고 나면, 이런 잡동사니 사이에서 살아온 왕자들의 성격을 이해하기가 훨씬 쉬울 것 같았다. 어린 왕자가 총을 원하면 그에게 22구경 총을 주었을 것인가? 아니다, 그는 상아조각으로 되어 있고 보석이 박힌 작은 수제 은제 나팔총을 받았을 것이다. 이것은 20세기에 완전히 시대착오적이다. 그는 밖으로 나가 토끼를 좇고, 풀밭에 앉아 있을 수 없었고, 대신 그가 총으로 쏠 수 있도록 백조들을 몰아다 주었을 것이다.

두 시간을 황제 궁전에서 보내고 우리는 너무 우울해졌고, 하루 종일 우울을 떨쳐버릴 수 없었다. 그런 곳에서 일생을 보내야 한다니! 어찌 되었든, 우리는 보게 되어 좋았다. 그러나 기분을 되돌릴 수는 없었다. 그곳은 세상에서 가장 우울한 장소였다. 이 홀들과 계단을 걷다 보면 살인이 얼마나 쉽게 일어날 수 있는지, 아버지가 아들을 죽이고, 아들이 아버지를 죽이는 것이 얼마나 쉬운지 이해할 수 있게 된다. 실제 바깥세상은 너무 멀게 느껴져서 존재하지 않는 것처럼 된다. 궁전의 창문을 통해 우리는 크렘린 벽들과 모스크바시를 볼 수 있었다. 감옥 같은 여기에 갇혀 있는 황제들은 이 도시에 대해 어떤 생각을 했을지 상상이 갔다. 우리 호텔방 아래 붉은 광장에는 대리석 단이 있었고, 여기에서 신민들의 목을 잘랐다. 아마도 스스로의 공포로 인해 이런 일을 했을 것이다. 우리는 긴 통로를 지나 삼엄하게 경비된 대문을 빠져나오며 안도감을 느꼈다.

우리는 그곳에서 도망쳐 메트로폴호텔의 헤럴드트리뷴 지국 사무실로 가서 스위트 조 뉴먼을 데리고 바에 가서 보드카 400그램과 거나한 점심을 시켰다. 그러나 크렘린이 우리에게 준 감상을 극복하는 데는 오랜 시간이 걸렸다.

우리는 크렘린 반대편에 있던 정부 건물들은 보지 못했다. 여기는 관광객들이 절대 들어갈 수 없는 곳이다. 거기가 어떻게 생겼는지도 알 수 없었고, 단지 담벽 위로 건물 지붕만 보았다. 그러나 그곳에는 집단 전체가 살고 있다는 얘기를 들었다. 정부 고관들은 그곳에 아파트와 하인, 시중꾼들, 관리인들, 경비병을 데리고 있고, 모든 생활을 그 안에서 한다고 들었다. 그러나 스탈린은 그 안에 살지 않고 다른 곳에 아파트를 가지고 있다고 들었는데, 아무도 어디인지 모르는 것 같았다. 지금 그는 여름이 계속되는 흑해에 가 있다는 소문이 돌았다.

한 특파원이 스탈린이 차를 타고 이동하는 것을 목격했다고 했다. 그는 접이식 좌석에 이상한 각도로 몸을 뒤로 기울이고 앉아 있었고, 매우 뻣뻣했다고 했다. "나는 그때 저것이 스탈린인지 인형인지 의아했어. 그는 자연스러워 보이지 않았지."

카파는 매일 아침 자신의 필름에 대해 걱정을 하고, 거의 매일 우리는 대외문화교류처에 전화를 해서 우리가 필름을 가지고 나갈 수 있는 절차가 진행되고 있는지 물었다. 그러면 매일 그 일을 위해 노력하고 있으니 걱정하지 말라는 답을 받았다. 그러나 필름이 압수되고 하나도 반출하지 못한 이야기를 들었기 때문에 걱정을 하지 않을 수 없었다. 우리는 들은 이야기를 무의식적으로 믿고 있었다. 그러나 다른 한편으로는 대외문화교류처의 카라가노프 씨는 우리를 한 번도 실망시킨 적 없었고, 사실이 아닌 것을 말한 적이 없다는 사실을 기억했다. 우리는 그를 그 정도로 믿었다.

이제 모스크바의 작가협회가 우리를 저녁 식사에 초대했다. 그러나 거기에는 모든 지식인들과 스탈린이 '러시아 영혼의 건축가'라고 부른 작가들이 올 것이기 때문에 우리는 걱정을 했다. 아주 염려되는 상황이었다.

이제 우리의 여행은 마무리 단계에 왔고 우리는 정신이 없었다. 여기 온 목적을 달성했는지 알 수 없었다. 할 것도, 볼 것도 너무 많았다. 언어 장벽은 상상을 초월했다. 많은 러시아 사람을 만났지만, 답을 듣고 싶었던 질문들이 제대로 답을 받았는지도 확신이 없었다. 나는 대화를 다 기록으로 남겼고, 그것도 아주 상세하게 적었고, 나중에 쉽게 알아볼 수 있도록 날씨도 적었다. 그러나 우리는 너무 가까이 갔다. 우리가 무엇을 얻었는지 알 수 없었다. 우리는 미국 신문들이 크게 떠드는 것들에 대해 아무것도 몰랐다. 러시아의 군사 준비, 원자탄 연구, 강제노동, 크렘린의 정치적 속임수 등에 대해서는 아무 정보도 얻지 못했다. 우리는 많은 독일군 포로들이 노동에 투입되어 자신들의 군대가 만들어놓은 폐허를 치우는 것을 보았다. 우리 눈에 이것은 그렇게 부당한 것으로 보이지는 않았다. 포로들은 과로에 시달리거나 제대로 먹지 못하는 것 같지는 않았다. 그러나 물론 실제 통계를 알

학교 수업 광경, 러시아 모스크바, 1947.

순 없었다. 커다란 군사 연습도 있었을 테지만 우리는 보지 못했다. 그곳에는 많은 병사가 투입되었을 것이다. 그러나 다른 한편으로 생각하면 우리는 스파이로 이곳에 온 것이 아니었다.

우리는 마지막 순간에 모스크바의 모든 것을 보려고 노력했다. 학교를 찾아다녔고, 여자 사업가, 여배우, 학생들과 대화를 나눴다. 우리는 모든 것을 사기 위해 긴 줄이 선 상점도 가보았다. 새 음반이 나왔다는 방송이 나오면 긴 줄이 바로 만들어지고, 몇 시간 만에 음반은 품절된다. 새로운 책이 나왔을 때도 같은 일이 벌어진다. 우리가 소련에 있었던 두 달 동안 옷차림은 더 나아진 것 같았고, 신문들은 빵, 야채, 감자, 옷감 가격이 하락했다고 보도했다. 상품이 나올 때마다 상점마다 사려는 사람들이 몰려들었다. 전쟁 생산체제로 변했던 러시아 경제는 서서히 평화 시기 생산으로 다시 돌아왔고, 생필품과 고급 상품을 막론하고 소비재 부족에 시달렸던 사람들은 물건을 사러 상점으로 몰려들었다. 아이스크림이 상점에 들어오면 아이스크림을 사려는 줄이 거리 한 블록을 채우며 만들어졌다. 아이스크림 박스를 가지고 나온 사람이 있으면 사람들이 그에게 몰려가서, 돈을 받을 틈이 없을 정도로 빨리 다 팔렸다. 러시아 사람들은 아이스크림을 좋아하고, 아이스크림이 충분히 공급된 적은 없었다.

카파는 매일 사진에 대해 물어보았다. 그는 이제 4천 장 가까운 음화를 가지고 있었고, 걱정으로 몸져누울 지경이었다. 일이 잘 풀릴 것이고, 결정을 내리기 위한 절차가 진행되고 있다는 말을 매일 들었다.

모스크바 작가들이 베푼 만찬은 조지아 식당에 열렸다. 약 30명의 작가와 작가협회 임원들이 모였다. 그중에는 시모노프도 있었고, 일리야 예렌부르크[74]도 있었다. 이 시점에 나는 더 이상 보드카를 전혀 마실 수 없는 상태가 되었다. 몸이 보드카를 거부했다. 와인은 각기 숫자를 가지고 있었다. 60번 와인은 진한 레드와인이고, 30번은 부드러운 화이트와인이었다. 이 숫자는 정확하지는 않았고, 드라이 와인에 가볍고 맛이 좋은 45번 와인이 우리 입맛에 맞아서 늘 그것을 주문했다. 우리 마음에 드는 드라이 샴페인도 있었다. 식당에는 조지아 악단과 무용수들이 있었고, 음식은 조지아에 먹은 것과 같았는데, 우리 입맛에 러시아에서 최고의 음식이었다.

우리는 가장 멋진 옷을 차려입었다. 우리 옷은 낡은 스타일이고 헐렁했다. 사실 우아하지 못했고, 스위트 라나는 우리를 조금 부끄러워했다. 우리는 만찬용 의상이 없었다. 사실 여행하면서 만난 사람 중에서 만찬용 예복을 입은 사람을 본 적이 없었다. 아마도 외교관들은 그런 의상을 가지고 있는지도 모르겠다.

식사 자리의 연설은 길었고 어려웠다. 식탁에 앉은 사람

---

[74] **일리야 예렌부르크(Ilya Ehrenburg, 1891-1967)** 우크라이나 출신의 유대인 소설가, 시인, 평론가. 자본주의 사회를 풍자한 『트러스트 DE』를 비롯하여 풍자적, 문명비판적 소설을 썼다.

대부분은 러시아어 말고도 영어나 프랑스어, 독일어를 할 줄 알았다. 그들은 우리가 소련에 머무는 동안 좋은 시간을 갖기를 바랐다. 우리가 원하는 정보를 얻었기를 바랐다. 그들은 우리의 건강을 위해 여러 번 건배했다. 우리는 정치 체제를 조사하기 위해 여기 온 것이 아니고, 평범한 러시아 사람들이 사는 모습을 보러 왔다고 대답했다. 우리는 많은 사람을 보았고, 우리가 본 것에 대해 객관적 진실을 말할 수 있게 되기를 희망한다고 말했다. 예렌부르크가 일어나서 우리가 그 일을 할 수 있다면 자신들은 더할 나위 없이 기쁠 것이라고 말했다. 그때 식탁 끝에 앉아 있던 사람이 일어나서 진리는 몇 가지 종류가 있기 때문에 우리는 러시아 국민과 미국 국민 사이의 우호관계를 증진시킬 진리를 말해야 된다고 주장했다.

이 말로 언쟁이 일어났다. 예렌부르크는 바로 이를 혹독하게 비판했다. 그는 작가에게 무엇을 쓰라고 말하는 것은 모욕이라고 했다. 작가가 진실을 쓴다는 평판을 얻었으면 어떤 제안도 해서는 안 된다고 했다. 그는 동료의 얼굴을 향해 손가락을 흔들면서 그의 태도가 잘못되었다는 식으로 얘기했다. 시모노프도 즉각 예렌부르크의 말을 옹호하고, 앞에 그 말을 한 사람을 비난했다. 그는 자신의 말을 자신 없게 변명했다. 흐마르스키도 한마디 하려고 했으나 논쟁이 계속되어 그는 논쟁에 묻혀버렸다. 당의 노선이 너무 엄격해서 아무런 논쟁도 할 수 없다고 우리는 늘 들어왔다. 이날 만찬의 분위기로 봐서는 이 말은 사실이 아닌 것 같았다. 카라가노프가 양쪽을 화해시키는 말을 했고, 만찬은 다시 분위기를 찾았다.

비록 내가 약골로 보였어도, 건배에서 보드카를 포기하고 와인으로 바꾼 선택은 내 위장에 훨씬 좋았다. 나는 좀 더 건강한 약골이었다. 단지 보드카는 나에게 맞지 않았다. 만찬은 좋은 분위기 속에서 밤 11시에 끝났다. 더 이상 아무도 무엇을 써야 한다고 감히 말하지 않았다.

우리의 항공권이 예약되었다. 우리는 3일 뒤 떠나기로 되었지만, 아직 우리 사진에 대한 해결이 나지 않았다. 카파는 불행한 생각을 되씹고, 되씹었다. 미국 대사관 직원들과 특파원들이 우리를 잘 대해주었기 때문에 우리도 칵테일파티를 열어야 한다고 생각했다. 『크리스천 사이언스 모니터』의 특파원인 불쌍한 스티븐스가 모스크바에 드물게 집을 가지고 있었다. 나머지 특파원들은 호텔에 살았다. 그래서 스티븐스 집이 파티 장소로 결정되었다. 그가 원하지 않았더라도 별다른 방도는 없었다. 우리는 초대해야 할 명단을 만들어보았는데, 적어도 100명은 초대해야 했다. 스티븐스의 응접실은 20명밖에 들어갈 수 없었다. 그러나 어떻게 할 방법이 없었다. 초대한 사람 몇은 오지 않을 것으로 예상했지만, 우리가 틀렸다. 약 150명이 왔다. 모스크바에서 파티는 아주 좋은 행사이다. 이날도 아주 유쾌한 파티가 진행되었지만, 마실 것이 부족했다. 방에는 너무 사람이 많아서 팔을 입으로 올리기도 힘들 정도였다. 한 번 팔을 올리면 내리기도 힘들었다. 스티븐스는 자기 집에서 열린 파티를 제대로 보지 못했다. 초반에 구석에 갇힌 그는 그 자리에서 벗어나지 못했다.

우리는 대사관 직원들과 특파원들에게 커다란 감사를 전하고 싶다. 이들은 우리에게 가능한 모든 도움과 격려를 주었다. 또한 그들은 어렵고 힘든 여건에서도 일을 아주 잘하고 있었다. 한 가지 분명한 것은 이들은 세계의 많은 사람들처럼 모스크바에서 일어나는 일에 당황하지 않고 있었다. 이들은 전혀 유쾌하지 않은, 아마도 세계에서 가장 어려운 정치적 장면을 마주하고 있는 것 같았다. 우리는 대사부터 전기 배선을 다시 깔고 있는 T/5 작업팀까지 모두에게 깊이 감사한다.

우리는 일요일 출발하게 되어 있었다. 금요일 밤 우리는 볼쇼이극장으로 발레를 보러 갔다. 우리가 극장에서 나왔을 때 급한 전화가 왔다. 대외문화교류처의 카라가노프의 전화였다. 드디어 그는 외국인업무국의 의견을 받았는데, 우리 사진은 소련을 떠나기 전 한 장도 남기지 말고 모두 인화되고 현상되어야 했다. 이 작업을 할 사람들도 배정됐다. 모두 3천 장의 사진을 현상해야 했다. 우리는 마지막 순간에 우리가 이 작업을 해야 했다면 어떻게 했을지 알 수 없었다. 그들은 우리가 모든 사진을 이미 현상한 것을 모르고 있었다. 카파는 모든 음화를 다 싸서 모았고, 아침 일찍 이것을 가지러 사람이 왔다. 카파는 고뇌 속에 하루를 보냈다. 그는 병아리들을 잃어버린 암탉처럼 끙끙대며 방 안을 왔다 갔다 했다.

그는 필름을 다시 찾지 못하면 소련을 떠나지 않겠다는 계획을 세웠다. 그는 항공 예약을 취소할 생각이었다. 그는 그가 떠난 다음에 따로 필름을 보내준다는 제안에 동의하지 않았다. 그는 끙끙대며 방을 오갔다. 그는 머리를 두세 번 감았지만 목욕을 하는 것은 잊었다. 그는 산모가 애를 낳는 것의 두 배 이상의 고통을 겪는 것 같았다. 내 공책은 보내 달라는 요청도 받지 않았다. 설령 그렇게 되었더라도 크게 달라지지는 않았을 것이다. 아무도 내 노트를 읽을 수 없었다. 나 자신도 읽으려면 쉽지 않았다.

우리는 여러 사람들을 만나 그들이 필요로 하는 물건들을 보내주겠다고 약속하며 돌아다녔다. 우리 생각에 스위트 조는 우리가 떠나 슬퍼 보였다. 우리는 그의 담배, 책을 훔쳤고, 그의 옷, 비누, 화장지를 사용했고, 얼마 남지 않은 그의 위스키를 축냈고, 모든 가능한 방법으로 그의 호의를 배반했는데, 그래도 그는 우리가 떠나 슬픈 것 같았다.

카파는 절반의 시간 동안 만일 필름에 무슨 일이 생기면 반혁명을 일으킬 생각을 했고, 나머지 절반의 시간 동안은 자살할 생각을 했다. 그는 붉은 광장의 처형대에서 스스로 목을 자를 생각을 했다. 그날 밤 우리는 그랜드호텔에서 슬픈 파티를 했다. 음악은 어느 때보다 크게 울렸고, 우리가 미스 시차스(미스 허리업 Miss Hurry-up)라고 이름 붙인 웨이트리스는 어느 때보다 느리게 움직였다.

우리는 마지막으로 공항에 나가기 위해 깜깜할 때 일어났다. 마지막으로 스탈린 초상화 아래 앉았고, 그가 자신의 훈장 위에서 우리를 비웃듯이 웃으며 내려다보는 것 같았다. 우리는 늘 마시던 차를 마셨지만, 카파는 거의 경련을 일으켰다. 그때 사람이 오더니 앞에 상자를 내려놓았다. 딱딱한 판지 박스였고, 뚜껑은 줄로 박음질되어 있었다. 그리고 매듭은 밀봉이 되어 있었다. 카파는 키예프 비행장에서 세관검사를 할 때까지 이 밀봉을 건드릴 수 없었다. 키예프는 우리가 프라하로 가기 전 마지막 경유지였다.

카라가노프, 흐마르스키, 스위트 라나, 스위트 조 뉴먼이 우리를 배웅했다. 짐은 처음보다 훨씬 가벼워졌다. 우리는 줄 수 있는 모든 것을 다 주고 떠났다. 양복, 재킷, 카메라 몇 대, 남는 모든 플래시, 쓰지 않은 필름도 다 주었다. 비행기에 올라 자리에 앉았다. 키예프까지는 네 시간 비행이었다. 카파는 판지 박스를 손으로 잡고 있었는데, 그는 상자를 열어볼 수 없었다. 만일 밀봉이 떨어지면, 세관검사를 통과할 수 없었다. 그는 상자 무게를 손으로 달아보았다. "가벼워, 원래 무게 절반밖에 안 되는 것 같아."라고 그는 침통하게 말했다.

나는 "그 안에 돌이 들어 있고 필름은 하나도 들어 있지 않을 수도 있어."라고 말했다.

그는 상자를 흔들어보았다. "필름 같은 소리가 나."

"낡은 신문지일 수도 있어."라고 나는 말했다.

"너는 개자식이야."라고 그는 말했다. 그는 스스로에게 물었다. "그 사람들은 무엇을 꺼내고 싶어 했을까? 그들 비위를 건드릴 만한 것은 없는데."

"그 사람들은 단순히 카파의 사진을 싫어할 수도 있어."라고 나는 말했다.

비행기는 숲과 들판이 있고, 은빛 강이 꺾어지고 휘어지는 거대한 평원을 가로질러 날았다. 아름다운 날이었다. 옅은 남색의 가을 안개가 땅 가까이 떠 있었다. 여승무원은 핑크빛 음료를 승무원들에게 가져다주고, 자신도 한 병을 따서 마셨다.

정오에 우리는 키예프의 들판에 착륙했다. 세관원은 우리의 소지품을 대충 살펴보았지만, 필름 박스는 바로 집어 들었다. 이것과 관련해서 이미 지령이 있었던 것 같았다. 카파가 놀란 양처럼 바라보는 가운데 한 직원이 실을 풀었다. 그리고 직원들은 모두 미소를 지으며 우리와 악수를 하고 비행기에서 내려갔고, 비행기 문이 닫혔다. 카파는 떨리는 손으로 박스를 열어보았다. 모든 필름이 다 그 안에 있는 것 같았다. 그는 미소를 짓더니 머리를 뒤로 젖혔다. 비행기가 활주로를 이륙하기 전에 그는 잠에 곯아떨어졌다. 일부 음화가 압수되었지만, 많은 수는 아니었다. 검열자들은 너무 많은 지형을 보여주는 사진은 압수했고, 스탈린그라드의 미친 소녀의 생생한 사진도 사라졌다. 우리가 보기에는 아무 문제가 없어 보이는 독일군 포로들을 담은 사진도 압수되었다. 농장과 사람 얼굴들, 러시아 사람들을 찍은 사진은 그대로 있었고, 이것이 우리가 이곳을 방문한 첫 번째 목적이었다.

비행기는 국경을 넘어 오후 일찍 프라하에 도착했다. 나는 카파를 깨웠다.

그래, 바로 이것이었다. 이것이 우리가 그곳을 간 이유였다. 우리는 의심을 했었지만, 우리는 러시아 사람들도 사람이고, 다른 사람들과 마찬가지로 아주 좋은 사람들이라는 것을 발견했다. 우리가 만난 사람들은 전쟁을 증오하고, 이들도 다른 모든 사람들이 원하는 것을 원하고 있었다. 좋은 생활과 나아지는 평안함, 안전, 평화를 원하고 있었다.

우리는 이 기록이 교조적인 좌파와 아둔한 우파 모두를 만족시키지 못할 것이라는 것을 안다. 전자는 이것이 너무 반러시아적이라고 할 것이고, 후자는 너무 친러시아적이라고 비판할 것이다. 그러나 이것은 너무 피상적인 게 분명하다. 어떻게 그렇지 않을 수 있겠는가? 우리는 러시아 사람들도 세계의 모든 다른 사람들과 같다는 것 외에는 아무 결론도 내리지 않겠다. 나쁜 사람도 그곳에 분명히 있지만, 훨씬 많은 사람이 좋은 사람들이다.

편집 후기

편집 후기를 쓰는데 떠오르는 사람이 있다. 전봉건 시인이다.

"DDT라는 글자가 의미하는 것은 소독약 또는 이를 잡는 약이라는 것이다. 초연硝煙이라는 글자가 의미하는 것은 수많은 총포가 뿜어낸 연기라는 것이다. 지평이라는 글자가 의미하는 것은 땅의 끝이라는 것이다."

—「JET·DDT」, 『새들에게—전봉건 시선』, 고려원, 1983.

시인은 한국전쟁에 참전했던 이력이 있다. 검색해보니 1950년 1월에 등단하고 몇 달 뒤 전쟁이 일어나 입대했다고 한다. 시인은 '6·25' 연작을 비롯 전쟁을 주제로 한 시를 많이 남겼다.

무엇으로 전쟁을 말할 수 있을까. 그보다 무엇으로 전쟁을 지나올 수 있으며, 무슨 마음으로 전쟁 뒤의 폐허와 그곳의 사람들을 볼 수 있을까, 난 궁금했다. 『러시아 저널』을 작업하면서, 2022년 현재 러시아와 우크라이나 간에 벌어지는 믿기 힘든 참상을 외신 보도로 접하면서 가진 물음이었다. 어쩌면 한국 서울에서 내가 느끼는 불안한 안락함일 수도 있다.

『러시아 저널』을 작업하면서 가장 기이하게 느껴진 것은 마치 데자뷰처럼 놀랍도록 닮은 그때와 지금이다. 지금 또한 전쟁 중. 스타인벡과 카파가 본 그때는 피해자가 러시아고 가해자가 독일이라는 것만 다르다. 마치 베트남전쟁을 보면 그 구도에 있어 한국전쟁이 자연스럽게 연상되는 것과 같다. 나에게는 이런 일이 어떻게 벌어질 수 있는지, 시차를 두고 비슷한 일이 반복될 수 있는지 그것이 국제적 전쟁이라는 것이 너무 놀랍기만 한데 이런 내게 어느새 누군가가 속삭인다. 그게 인간사고 인류사라고. 그렇게 보면 하나 이상할 게 없다고. 『러시아 저널』을 보며 난 이런 말을 듣게 된 내가 무엇보다 가장 놀랍다.

이 작품을 미행이 하게 된 건 지극히 당연한 일이었다. 어떤 출판사가 이 작품을 마다할 수 있을까. 처음 번역가 선생님께 작품을 소개받고 흥분되던 기억이 생생하다. '스타인벡이 냉전 때 러시아에 갔다고? 로버트 카파 사진이라고?' 검색창 밑에 나타난 원서 표지를 보며 망연했던 기억도. 전쟁이 좋은 일이 아니라서 보석 같은 작품 앞이라도 복잡한 심정이 되지만, 이런 작품이 존재한다는 것만으로도 그저 놀라 있다. "『러시아 저널』의 속편이 될 수 있는 이러한 보도가 몇 년 안에 나올 것은 분명하다." 그러므로 옮긴이 서문의 이 대목은 우리에게 많은 점을 시사한다.

원작은 장에 제목이 없지만 한국어판에서는 제목을 달았다. (스타인벡은 제목을 달진 않았지만 역시 이동 경로대로 장을 구분해놓았다.) 작품 이해를 돕고 여행자들의 발자취를 부각시키고 싶었다. 또한 '러시아, 우크라이나, 조지아 여행'이라는 부제를 마련해 여행의 목적지를 명료하게 했다. 여행자들이 느끼는 각 도시의 상반된 인상, 폐허가 된 곳과 전쟁의 참화를 벗어날 수 있었던 곳에서 느끼는 심리의 거리는 독자를 작품에 이입하게 만들어주는 긴밀한 요소일 것이다. 내가 본 원서는 대체로 불친절했는데, 이 점이 한결 부드러워졌으면 하는 바람이다.

사진에 대해서도 할 말이 있다. 원서의 사진 상태는 쓰기 민망할 정도의 수준이었는데 저작권사에서 카파의 고해상 데이터(사진 파일)를 받을 수 없었다. 자신들이 제공할 수 있는 건 원서 내 사진, 저해상 데이터밖에 없다는 말만 들려왔다. 미국에서도 그렇게 내고 있고 더 이상 해줄 수 있는 것이 없다는 말이다. (여기서 카파가 여행 내내 사진을 검열로 잃을까, 필름에 빛이 많이 들어갈까, 카메라 가방을 맡겨두고 얼마나 '어미닭'처럼 전전긍긍했는지 한번 같이 상기해보자.) 작품의 판권을 사서 펴내는 출판사 입장에서는 실망감을 느낄 수밖에 없는 지점이다. 때문에 로버트 카파의 사진을 보정하고, 고화질로 교체하는 작업을 거쳐 화질을 최대한 끌어올리기 위해 우리는 노력했다. 모든 것은 시간과 인내와 비용이 드는 품이지만, 이 작품에는 그런 노력이 아깝지 않았다. 명작은 이처럼 시간을 거스르는 무언가라고 확신하기 때문이다. 원작에는 없는 사진 캡션은 작품에 대한 애정으로 번역가 선생님께서 신경 써주신 결과이며, 편집자인 나는 그 과정을 잘 따라가면 되었다. 스위트 라나를 따라다니는 카파처럼, 스타인벡처럼. 같이 전장을 누비는 것도 그렇지 않을까. 많은 것을 볼 수 있는 시간이었다.

"사람이 상하고 죽는 전쟁의 마당에도 꽃은 핀다. 이러한 사실을 부인하는 시인은 없다. 그런데 어떤 시인은 말하기를, 그 꽃색깔은 불에 탄 살색깔이나 땅을 적신 핏빛이라고 한다. 그렇게 말하는 것만이 정직한 일이고, 그렇게 말하는 시만이 진실한 시라고 단정한다.

그러나 나는 그러한 입장과 많이 다르다. 전쟁의 마당에 피는 꽃의 색깔도 내게는 그것들이 생래로 지닌 분홍빛이거나 노랑빛이거나 흰빛이거나 그러하다. 그러기에 나는 그것들의 색깔은 그것들이 생래로 지닌 색깔 그대로이다라고 말한다."

―자서自序, 『새들에게―전봉건 시선』, 고려원, 1983.

궁금하다. 스타인벡은 어떻게 알았을까? 진실된, 진정한 보도는 본 그대로여야 한다는 것을. 그대로 정확히 말하는 것이 가장 파급력 있고 호소 있는 관찰이라는 것을. 폐허 속에서도 환한 꽃이 핀다는 것을. 그러기 위해선 선입견 없는 카메라가 필요하고 그 적임자는 자신의 절친한 친구 로버트 카파라는 것을. 그래서 이들은 결국 역사적인 기록을 남겼다. 할 말이 더 있을 것 같은데, 다시없을 둘의 역사적인 동행 앞에서는 말이 무거워 더 나아가지 않는다. 조지아 가족이 입양한 우크라이나 고아가 생각난다. 하루속히 우크라이나의 평화를 빈다.

미행에서 만든 책들

1	소설	마르셀 프루스트	최미경	쾌락과 나날
2	시	조르주 바타유	권지현	아르캉젤리크
3	소설	유리 올레샤	김성일	리옴빠
4	시	월리스 스티븐스	정하연	하모니엄
5	소설	나카지마 아쓰시	박은정	빛과 바람과 꿈
6	시	요제프 어틸러	진경애	너무 아프다
7	시	플로르벨라 이스팡카	김지은	누구의 것도 아닌 나
8	소설	카트린 퀴세	권지현	데이비드 호크니의 인생
9	르포	스티그 다게르만	이유진	독일의 가을
10	동화	거트루드 스타인	신혜빈	세상은 둥글다
11	산문	미시마 유키오	강방화·손정임	문장독본
12	소설	마르셀 프루스트	최미경	익명의 발신인
13	시	E. E. 커밍스	송혜리	내 심장이 항상 열려 있기를
14	시	E. E. 커밍스	송혜리	세상이 더 푸르러진다면
15	산문	데라야마 슈지	손정임	가출 예찬
16	칼럼	에릭 사티	박윤신	사티 에릭 사티
17	산문	뤽 다르덴	조은미	인간의 일에 대하여
18	르포	존 스타인벡·로버트 카파	허승철	러시아 저널

한국 문학

1	시	김성호		로로

존 스타인벡(John Steinbeck, 1902-1968)은 캘리포니아 살리나스에서 태어나 태평양 해안에서 약 40킬로미터 떨어진 척박한 계곡에서 자랐다. 계곡과 해안은 그가 쓴 소설들의 배경이 되었다. 1919년 스탠퍼드대학에 들어가 문학과 창작 수업을 듣다가 1925년 중퇴했다. 이후 5년간 뉴욕에서 노동자와 기자로 생계를 이어갔고 첫 소설 『황금배(Cup of Gold)』(1929)를 썼다. 결혼을 하고 1935년 『토르티야 마을(Tortilla Flat)』을 출간한 후에야 작가로서 성공과 재정적 안정이 찾아온다. 이후 스타인벡은 캘리포니아의 노동계급을 집중적으로 다루었다. 『의심스러운 싸움(In Dubious Battle)』(1936), 『생쥐와 인간(Of Mice and Men)』(1937), 많은 이들이 최고의 작품으로 꼽는 『분노의 포도(The Grapes of Wrath)』(1939)가 그 대표작이다. 『분노의 포도』로 퓰리처상을 수상한다. 2차세계대전 중 스타인벡은 전쟁에 관련된 작품을 발표한다. 『폭탄 투하(Bombs Away)』(1942), 『통조림공장 골목(Cannery Row)』(1945), 『진주(The Pearl)』(1947), 『러시아 저널(A Russian Journal)』(1948), 그다음으로 고향을 배경으로 자신의 가족사를 담은 『에덴의 동쪽(East of Eden)』(1952)을 발표했다. 스타인벡은 세 번째 부인과 함께 말년을 뉴욕 등지에서 보내며 많은 곳을 여행했고, 『찰리와 함께한 미국 여행(Travels with Charley in Search of America)』(1962), 『미국과 미국인(America and Americans)』(1966) 등을 발표했다. 1962년 노벨문학상을 수상했으며, 1968년 사망했다.

로버트 카파(Robert Capa, 1913-1954)는 헝가리 부다페스트에서 태어났다. 본명은 엔드레 에르뇌 프리드먼. 미국 활동을 위해 개명했고, 20세기 가장 유명한 종군 사진기자가 되었다. 십 대에 헝가리를 떠나 인도차이나에서 지뢰를 밟고 사망한 1954년까지 전쟁 사진을 찍으며 전 세계를 돌아다녔다. 그는 스페인 내전에서 전쟁을 목격했고, 인간의 고뇌를 포착한 강렬한 사진으로 국제적 명성을 얻는다. 1938년 중국으로 가서 일본군의 침략을 목격했다. 1947년 보도사진 그룹인 매그넘 포토스(Magnum Photos)를 공동 설립했고, 존 스타인벡과 함께 소련을 방문해 전쟁의 폐허를 기록했다. 2차세계대전, 1948년 이스라엘 독립전쟁, 1954년 인도차이나 전쟁을 취재했다. 『만들어지는 죽음(Death in the Making)』(1938), 『워털루가의 전투(The Battle of Waterloo Road)』(1941), 『초점에서 약간 벗어난(Slightly Out of Focus)』(1947), 『러시아 저널(A Russian Journal)』(1948) 등의 사진 책을 출간했다.

옮긴이 허승철은 고려대학교를 졸업하고 미국 버클리대학과 브라운대학에서 수학했고, 1988년 브라운대학에서 슬라브어학 박사학위를 받았다. 하버드대학교 러시아연구소(현 Davis Center for Russian Studies)에서 연구교수로 재직했으며, 현재 고려대학교 노어노문학과 교수로 있다. 2006년부터 2008년까지 우크라이나 주재 한국대사(조지아, 몰도바 겸임 대사)로 일했다. 저서로 『우크라이나 현대사』, 『코카서스 3국의 문화와 역사』 등이 있고, 번역서로 『1991』, 『얄타』, 『크림반도 견문록』(1, 2권), 『체르노빌 히스토리』, 『핵전쟁 위기』, 『유럽의 문 우크라이나』 등이 있다. 그간 러시아에 대한 책 20여 권을 비롯해 우크라이나에 대한 책 14권, 조지아에 대한 책 6권을 저술하고 번역했다.

러시아 저널
러시아, 우크라이나, 조지아 여행

존 스타인벡
사진 로버트 카파

허승철 옮김

초판 1쇄 발행 2022년 12월 10일
펴낸곳 미행
출판등록 제2020-000047호
전화 070-4045-7249
메일 mihaenghouse@gmail.com
인쇄 제책 영신사
ISBN 979-11-92004-11-2 03840

A RUSSIAN JOURNAL
by John Steinbeck

Copyright © 1948 by John Steinbeck
Copyright renewed © 1976 by Elaine Steinbeck, Thom Steinbeck, and John Steınbeck IV
Korean Edition © Mihaeng House, 2022

All rights reserved.

This Korean edition was published by Mihaeng House by arrangement with The Estate of Elaine A. Steinbeck c/o McIntosh and Otis, Inc. through KCC (Korea Copyright Center Inc.), Seoul.

이 책은 (주)한국저작권센터(KCC)를 통한 저작권자와의 독점계약으로 미행에서 출간되었습니다. 저작권법에 의해 한국 내에서 보호를 받는 저작물이므로 무단전재와 복제를 금합니다.